인공지능 비즈니스 트렌드

인공지능 비즈니스 트렌드

초판 1쇄 발행 2019년 7월 10일
초판 4쇄 발행 2020년 6월 10일

지은이 | 테크니들(조성환, 이용규, 윤준탁, 권지훈, 곽준혁, 임재완)
발행인 | 유영준

편집부 | 오향림
디자인 | 비닐하우스
인쇄 | 두성P&L
발행처 | 와이즈맵
출판신고 | 제2017-000130호(2017년 1월 11일)
주소 | 서울 강남구 봉은사로16길 14, 나우빌딩 4층 쉐어원오피스 401호(우편번호 06124)
전화 | (02)554-2948
팩스 | (02)554-2949
홈페이지 | www.wisemap.co.kr

ISBN 979-11-89328-16-0 (03320)

* 와이즈맵은 독자 여러분의 소중한 원고와 출판 아이디어를 기다립니다.
출판을 희망하시는 분은 book@wisemap.co.kr로 원고 또는 아이디어를 보내주시기 바랍니다.
* 파손된 책은 구입하신 곳에서 교환해 드리며 책값은 뒤표지에 있습니다.

이 도서의 국립중앙도서관 출판예정도서목록(CIP)은 서지정보유통지원시스템 홈페이지(seoji.nl.go.kr)와 국가자료 공동목록시스템(www.nl.go.kr/kolisnet)에서 이용하실 수 있습니다.
(CIP제어번호 : CIP2019023804)

인공지능은
어떻게
비즈니스의
미래를
지배하는가

인공지능 비즈니스 트렌드

AI BUSINESS TREND

테크니들 지음
조 성 환
이 용 규
윤 준 탁
권 지 훈
곽 준 혁
임 재 완

“인류의 진화는 도구의 진화다”

영화 〈2001: 스페이스 오디세이〉 중

테크니들 독자들께 이 책을 바칩니다.

techNeedle.com

techNeedle.com

조성환
미국 샌디에이고 바이오테크 스타트업 CTO

이용규
'유미특허법인' 파트너 변리사

윤준탁
컨설팅 기업 '에이블랩스 Able Labs' 대표
《아마존 이노베이션_특허를 통해 살펴본 아마존의 기술혁신 전략 보고서》 저자

권지훈
미국 실리콘밸리 벤처캐피탈리스트

곽준혁
미국 예일대학교에서 컴퓨터과학과 심리학을 전공
예일대학교 지각인지 연구소 Yale Perception&Cognition Lab 연구원

임재완
'테크니들 techNeedle' 편집장
《플랫폼이 콘텐츠다》 역자

인공지능,
글로벌 비즈니스 트렌드가 되다

문학동네가 네이버와 함께 제작한 '유인나 오디오북' 시리즈를 들어보셨는지 모르겠습니다. 이 오디오북 시리즈는 탤런트 유인나 씨가 한 권의 책을 처음부터 끝까지 직접 읽는 형식이 아닙니다. 네이버의 음성합성 기술을 활용해 만들어진 유인나 씨의 목소리로 《데미안》, 《노인과 바다》 등 고전을 읽어주는 형식입니다. 네이버에서 검색을 통해 쉽게 들을 수 있는데, 유인나 씨 특유의 감미로운 목소리로 책을 들을 수 있는 매우 신선하고 독특한 경험이 될 것입니다. 이처럼 우리는 이미 생활 곳곳에서 인공지능의 영향력을 체험하고 있습니다. 쇼핑을 도와주는 이마트의 '트로이Tro.e', 사용자의 음성을 인식해 음악이나 뉴스를 들려주는 '카카오 미니 스피커', 사용자가 보고 싶어 할 만한 영화를 추천해주는 '왓챠 플레이Watcha Play' 등이 대표적입니다.

물론 현재의 인공지능 기술이 사용자가 만족할 만한 수준에 도달한 것은 분명 아닙니다. 내 목소리와 언어를 정확히 인식한다고 하지만, 인공지능 스피커는 가끔 엉뚱한 답변을 내놓습니다. 음성합성기술로 만들어진 오디오북에 달린 댓글에는 목소리가 어색하게 들린다는 평이 있습니다. 내가 보고 싶어 할 만한 영화를 추천받는 것도 처음에는 흥미롭지만, 그것이 정말 내가 보고 싶었던 영화인지 나도 잘 모를 때가 있습니다. 그렇습니다. 인공지능 기술은 이제 출발선에 선 것입니다.

우리는 인공지능이 가져올 거대한 변화에 어떤 준비를 하고 있을까요? 인공지능은 프로그래밍 개발자들만의 이야기 같기도 하고, 구글이나 애플 같은 최첨단 IT 기업들이 수십 년 뒤를 대비해 만들고 있는 SF 영화 속의 기술 같기도 합니다. 그러나 그간 인터넷이 가져온 변화, 스마트폰이 불러일으킨 혁신을 생각하면 인공지능도 분명 우리 삶에 거대한

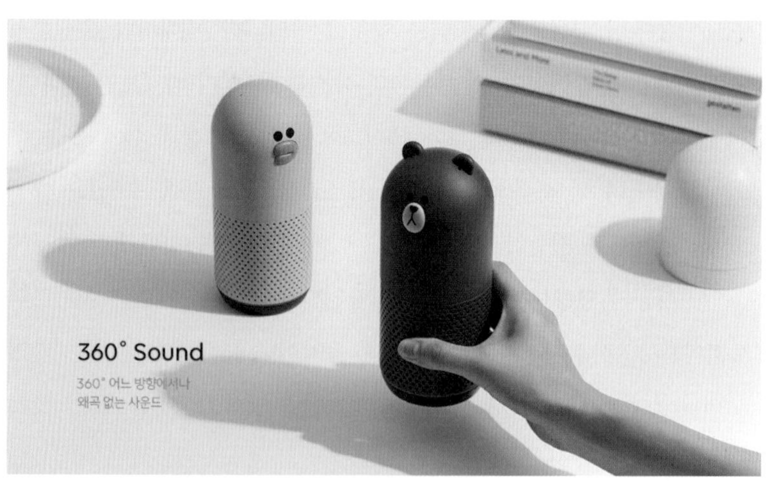

네이버의 음성인식 인공지능 비서 클로바 Clova, **자체 개발한 음성합성기술을 활용해 배우 유인나의 목소리로 오디오북 서비스를 제공한다.** **출처** clova.ai

파장을 몰고 올 것이 분명합니다.

이 책은 인공지능 기술에 대한 책은 아닙니다. 머신러닝, 딥러닝 등의 알고리즘은 그 자체로 매우 중요하지만 기술적인 세부사항은 인공지능을 직접 개발하거나 연구하는 사람들만 알면 됩니다. 인터넷이 어떻게 만들어졌는지, 모바일 어플을 어떤 프로그램으로 개발하는지에 관해 모든 사람이 꼭 알 필요는 없는 것과 같습니다. 반면 비즈니스 혁신에 관심 있는 사람이라면 인공지능 기술이 앞으로 우리에게 어떤 영향을 줄 것인가에 대해서는 반드시 알아야 합니다. 그래야 새로운 제품을 만들고, 새로운 시장 기회를 찾고, 새로운 꿈을 꿀 수 있기 때문입니다.

또한 미국, 중국 등 다른 나라에서는 인공지능 기술을 비즈니스로 연결시키기 위해 어떤 노력을 하고 있는지 아는 것도 중요합니다. 그들이 무엇을 하고 있는지 알아야 그들보다 뛰어난 '메이드 인 코리아' 제품을 만들어낼 수 있기 때문입니다. 온라인과 모바일 시대에는 중국이 미국보다 어느 정도 뒤처져 있던 것이 사실이지만, 인공지능 연구에 있어서만큼은 중국과 미국이 대등한 경기를 펼치고 있습니다. 중국 정부도 BATBaidu, Alibaba, Tencent로 불리는 자국의 IT 대기업뿐 아니라 다양한 중소기업들을 적극 후원하며 인공지능을 발판으로 IT 굴기 시대를 준비하고 있습니다.

저희 필진이 이 책을 쓰게 된 계기도 중국과 미국 기업들의 적극적인 움직임을 보면서 생긴 일종의 위기의식 때문입니다. 인공지능 비즈니스 세계에서는 이미 글로벌 전쟁이 시작됐는데, 아직 국내에는 이를 위한 대중적인 경영 도서가 없었고, 인공지능 관련 책이 있더라도 번역 도서이거나 기술 중심인 경우가 대부분이었습니다. 누군가는 이 변화의 트렌드를 기록하고 전달하는 것이 필요하겠다는 생각이 들었습니다.

목차를 보시면 아시겠지만 저희는 인공지능 비즈니스의 트렌드 분석을 위해 다양한 프레임을 적용했습니다. 인공지능 제품의 비즈니스 모델부터 특허, 투자, 인수합병, 마케팅, 정부 지원, R&D, 산학협력, 리더십 그리고 예상되는 리스크까지 다루고자 노력했습니다. 전체 숲을 보는 거시적 분석과 함께 나무를 한 그루씩 자세히 살피는 미시적 분석도 놓치지 않으려 했습니다. 참고로 본문 각 파트의 시작 페이지에 수록된 영어 문장은 스티브 잡스의 어록 중 해당 파트와 관련 있다고 생각되는 문장을 추린 것입니다.

요컨대 이 책은 인공지능의 글로벌 임팩트를 종합적으로 보고자 하는 분들께 유용한 정보를 제공할 수 있습니다. 중국과 미국 기업들이 어떤 인공지능 비즈니스를 준비하고 있는지 엿보고 싶은 분들께도 체계적이고 일목요연한 참고서가 될 것입니다. 혹은 인공지능 기술을 활용해 새로운 성장 동력을 찾는 기업이나 개인에게 도움이 될 수도 있을 것입니다.

인공지능 기술의 빠른 변화 때문에 이 책에 담긴 사례 가운데 이미 예전 이야기가 되어버린 경우가 존재할 수 있습니다. 자료를 조사하고 글을 쓰고 책으로 엮는 데 시간이 걸릴 수밖에 없기 때문입니다. 그런 만큼 이를 미리 감안해 가능한 한 최신 사례를 담고자 노력했으며, 독자 여러분께서는 혹시 예전 사례를 발견하시더라도 넓은 마음으로 이해해주셨으면 감사하겠습니다.

끝으로 본서의 집필진과 테크니들에 대한 소개를 드려야 할 것 같습니다. 〈테크니들techNeedle.com〉은 2012년 개설된 테크 미디어입니다. 실리콘밸리를 중심으로 한 글로벌 테크 소식을 필진의 인사이트와 함께 전달하고 있습니다. 이 책의 저자들(조성환, 이용규, 윤준탁, 권지훈, 곽준혁, 임재완)은 모두 테크니들에서 필진으로 활동하고 있으며, 각자 현업에서 느끼고 체험한 인사이트를 바탕으로 테크 산업의 현재와 미래를 독자들에게 충실히 전달하고자 노력하고 있습니다. 이 책이 한국의 인공지능 산업 발전에 조금이나마 보탬이 되었으면 합니다.

2019년 6월

〈테크니들〉 편집장 임재완 올림

AI
BUSINESS
TREND

CONTENTS

PART 02

인공지능 기반의 최신 비즈니스 전략

PART 03

인공지능 혁신의 3가지 열쇠, 특허·연구·협력

PART 04

글로벌 인공지능 시대를 대비하라

프 롤 로 그

구글, 아마존, 삼성은 왜 인공지능에 미래를 거는가

1800년대 중반, 금을 캐기 위해 많은 사람들이 미국 서부로 몰려들었다. 이른바 골드러시gold rush였다. 1849년에는 금을 캐러온 사람들이 유독 많아서 그들을 포티나이너스49ers라고 불렀다. 2000년대 들어 새로운 골드러시가 시작되었다. 인공지능이라는 이름의 금광이다. 구글, 아마존, 바이두 등의 글로벌 IT 기업들과 학자들이 그 옛날의 곡괭이를 대신해 키보드와 GPUGraphics Processing Unit: 그래픽처리장치를 들고 금을 캐고 있다. 인공지능에 미래가 있기 때문이다.

뉴 골드러시의 맨 앞 줄에는 구글이 있다. 구글은 2014년 매출 0원의 인공지능 스타트업 딥마인드DeepMind Technologies를 4억 파운드(약 6,800억 원)에 인수했다. 2018년 5월에는 내부 연구소 이름을 구글 리서치Google Research에서 구글 AIGoogle AI로 바꿨다. 구글이 하는 모든 연구가 인공지능에 의해, 인공지능을 위한, 인공지능에 대한 연구여야 한다는 의지가 담겼다.

신기술과 야성으로 무장한 스타트업도 뉴 골드러시를 이끌고 있다. 2018년 7월, 자율주행차를 개발하는 죽스Zoox가 5억 달러(약 5,500억 원)의 투자를 받았다. 이는 2018년 미국 인공지능 분야에서 가장 큰 규모의 투자 건이었다.

중국의 인공지능 스타트업으로, 안면인식 분야에서 세계 최고 수준의 기술력을 보유한 센스타임SenseTime도 이 골드러시에서 빠질 수 없다. 센스타임은 2018년 5월, 글로벌 인공지능 분야에서 가장 큰 금액인 6억 2,000만 달러(약 6,900억 원)를 투자 받았다. 2018년 5월까지 16억 달러 이상을 투자 받았으며, 기업가치는 45억 달러로 전 세계 인공지능 스타트업 중 가장 높은 평가를 받고 있는 유니콘이다. 홍콩중문대학 교수인 탕샤오어우湯曉鷗가 2014년에 설립한 센스타임은 딥러닝과 컴퓨터 비전 기술을 이용해 사람과 사물의 인식률을 극대화했다.

우리 기업들도 뉴 골드러시의 선두 그룹에서 달리고 있다. 삼성은 2018년 9월 '삼성 AI 포럼 2018'을 개최해 얀 르쿤Yann LeCun, 요수아 벤지오Yoshua Bengio, 세바스찬 승Sebastian Seung 등 인공지능 분야 스타 학자들의 강연을 일반인들이 서울에서 직접 들을 수 있게 했다. 뿐만 아니라 미국, 영국, 캐나다, 러시아 등에 글로벌 AI 연구센터를 개소하기도 했다. LG는 2019년 1월, 라스베이거스에서 열린 CESConsumer Electronics Show: 소비자 가전쇼에서 랜딩AI Landing.AI와 전략적 파트너십을 맺었다. 랜딩AI는 구글의 딥러닝 연구 조직인 구글 브레인Google Brain과 세계 최대 온라인 공개수업 플랫폼 코세라Coursera를 세운 앤드루

'삼성 AI 포럼 2018'에서 강연 중인 얀 르쿤 뉴욕대학 교수 출처 www.sait.samsung.co.kr

응Andrew Ng 교수가 설립한 인공지능 스타트업이다. 네이버와 카카오, SK 등의 국내 기업들도 인공지능 우수 인력들을 적극 영입해 글로벌 무대에서 괄목할 만한 성과를 보이고 있다.

인공지능을 향한 글로벌 기업들의 대규모 투자와 인재 확보 경쟁이 가열되고 있는 이유는 인공지능 기술이 그 어떤 기술보다 강력한 혁신과 성장의 발판이 되기 때문이다. 인공지능 기술은 저성장 산업 구조를 고성장 구조로 바꿀 수 있으며, 기존의 산업 구조를 탈피해 새로운 비즈니스를 만들어낼 수 있다. 또한 IT뿐만 아니라 의료, 보안, 건설, 유통, 금융, 교육 등 거의 모든 산업 분야에 인공지능이 적용되고 있다. 컴퓨터가 스스로 학습하고 행동할 수 있게 만듦으로써 인공지능은 비즈니스를 스마트smart하고, 스피디speedy하고 스트롱strong하게 만들고 있는 것이다.

따라서 지금 시점에서 중요한 것은 인공지능 비즈니스에 대한 실질적인 고민이다. 어떻게 하면 이 기회를 나의 기회, 우리의 기회로 빠르게 만들 수 있을지 생각하면서 인공지능의 과거와 현재, 미래를 종합적으로 살펴볼 필요가 있다. 본서의 각론을 다음 장부터 하나씩 살펴보자.

PART **01**

인공지능,
비즈니스의 미래를 꿈꾸다

AI
BUSINESS
TREND

A lot of times,
people don't know what they want
until you show it to them.

”

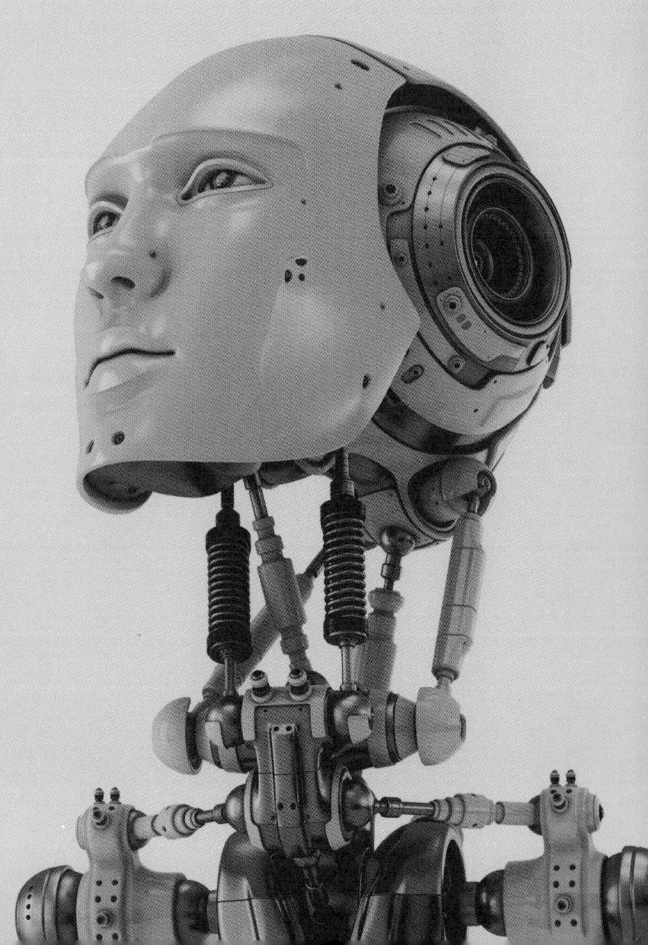

AI
BUSINESS
TREND

01

다트머스 회의와 튜링 테스트
_ 인공지능의 과거와 현재

인공지능 기술은 최근에 개발된 새로운 기술이 아니다.
인공지능의 미래를 보고 싶다면,
인공지능의 과거와 현재부터 짚어볼 필요가 있다.

인공지능은 그동안 영화에나 등장하던 소재였다. 1968년 개봉한 스탠리 큐브릭 감독의 명작 〈2001: 스페이스 오디세이〉를 비롯해 〈스타워즈〉, 〈터미네이터〉, 〈바이센테니얼 맨〉 등이 인공지능을 다룬 대표적인 영화다. 이들 영화에서 인공지능은 외모는 로봇인데 사람처럼 말하고, 감정을 느끼고, 때론 인류를 위협하는 존재로 그려졌다. 눈에 보이지 않는 운영체제로 등장하는 경우도 많았다. 그랬던 인공지능이 이제 스크린을 벗어나 거침없이 현실이 되고 있다. 그리고 이 현실은 우리에게 편리함이나 안정감을 주기보다는 일종의 충격과 혼란으로 다가오고 있다. 이세돌 기사와 알파고AlphaGo의 바둑 대결이 단적인 예다. 경기가 잘 안 풀리자 이세돌 기사가 머리를 쥐어뜯던 장면을 우리는 생생하게 기억하고 있다. 알파고는 도대체 어떤 프로그램이기에 세계에서 바둑을 가장 잘 둔다는 이세돌 기사를 꺾을 수 있었던 것일까? 자기 스스로 바둑을 학습한다는데, 어떤 원리로 사람의 도움 없이 혼자 바둑을 익히는 것일까?

인공지능이라는 존재로 인해 혼란스러움을 느끼는 사람은 비단 이세돌 기사뿐만은 아니다. 정확하게 암을 분류해내는 인공지능 의사, 복잡한 판례 분석을 몇 초 안에 끝내는 인공지능 변호사, 통계자료를 바탕으로 정확하게 기사를 써내는 로봇 저널리스트, 어떤 주식을 사는 게

좋을지 가감 없이 알려주는 인공지능 애널리스트, 챗봇으로 운영되는 고객센터까지…. 거의 모든 산업군에 영향을 미치게 될 인공지능은 이미 우리 삶의 일부로 자리 잡았다.

인공지능 비즈니스의 글로벌 트렌드에 관심을 가져야 하는 이유는 미래 비즈니스의 핵심 기술이 인공지능이고, 그 무대는 필연적으로 글로벌이 될 것이기 때문이다. 이 책을 펼친 독자들의 생각도 크게 다르지 않을 것이다. 어떤 것에 관해서든 그것의 미래를 예측하기에 앞서 필요한 것은 과거를 돌아보는 작업이다. 인공지능의 이론과 기술이 어떤 토대에서 태어났으며, 그동안 어떤 과정을 거쳐 성장했는지 살펴보는 작업은 그래서 더욱 중요한 의미를 지닌다.

인공지능 이론의 창시자들

1939년 미국 뉴욕에서 열린 만국 박람회에 벨 연구소Bell Lab는 '보더Voder'라는 이름의 신기한 기계를 출품했다. 보더는 'Voice Operating Demonstrator(목소리 조작 시연기)'의 약자로, 특정 단어를 타이핑하면 사람이 말하듯 인공적인 소리를 내는 기계였다. 보더는 스스로 생각하는 컴퓨터는 아니었지만, 기계가 비슷하게나마 사람을 흉내 낼 수 있다는 것을 보여준 역사적인 사례다.[1]

인공지능의 기본 개념은 영국 맨체스터대학의 교수였던 앨런 튜링Allen Turing이 1950년에 발표한 〈계산기와 인간 지성Computing Machinery and Intelligence〉이라는 제목의 논문에서 구체화되었다. 그는 이 논문에서 '과연 컴퓨터 스스로 생각할 수 있을까?'라는 질문을 던지며, 어린이가 경험을 통해 지식을 배우듯 기계도 비슷한 방식으로 학습하도록 만들어질 수 있다고 주장했다. 이를 증명하기 위해 앨런 튜링은 그 유명한 '튜링 테스트Turing Test'를 제안한다. 튜링 테스트는 사람이 컴퓨터의 지능을 직접 확인하는 방식이 아니다. 가령 컴퓨터와 인간에게 각각 동일한 질문을 했을 때, 그 답이 컴퓨터로부터 나온 것인지 혹은 인간으로부터 나온 것인지를 구별할 수 없다면 해당 컴퓨터는 인간과 유사한 지능을 지녔다고 간접적으로 증명하는 방식이다.

튜링 테스트는 발표 후 큰 화제가 되었지만 이에 대한 비판 또한 적지 않았다. 대표적 반론이 1980년 미국의 철학자 존 설John Searle이 제안한 '중국어 방Chinese Room 실험'이다. 이 실험에서는 중국어에 대한 자료가 풍부하게 갖춰진 방에 중국어를 모르는 피실험자를 넣고, 밖에서 중국어 질문지를 넣어 풀게 한다. 만약 피실험자가 질문에 대해 정확한 답변을 내놓을 경우, 방 안의 피실험자가 실제로 중국어를 잘하는 것인지, 아니면 단순히 방 안의 풍부한 자료를 보고 중국어를 잘하는 것처럼 흉내 낸 것인지 알 수 없다는 것이 이 실험의 결론이다.

이 실험에서 중요한 개념이 등장하는데, 바로 '강한 인공지능'과 '약한 인공지능' 개념이다. 강한 인공지능은 실제 인간과 유사한 지능이 있는 인공지능이고, 약한 인공지능은 인간의 지능을 흉내 낸 것에 불과한 인공지능이다. 즉, 중국어 방 실험에서의 강한 인공지능은 실제 중국어를 할 줄 아는 지능이고, 약한 인공지능은 중국어를 할 줄 아는 것처럼 흉내 내는 지능인 것이다.

존 설이 튜링 테스트의 비판자 입장이었다면, 휴 뢰브너Hugh Loebner는 튜링 테스트를 옹호하는 입장이었다. 그는 1990년 뢰브너 상Loebner prize을 만들어 인간의 지능을 가장 유사하게 흉내 내는, 즉 튜링 테스트를 잘 통과하는 프로그램을 만드는 개발자에게 매년 이 상을 수여하고 있다.

튜링 테스트와 그에 대한 찬반이 인공지능에 대한 철학적 논의를 촉발시켰다면, 존 매카시John McCarthy는 '인공지능artificial intelligence'이라는 단어를 창안해 학술적 토대를 마련한 인물이다. 그는 1956년 미

'인공지능'이라는 단어를 창안한 존 매카시 출처 independent.co.uk

국 다트머스대학에서 수학과 교수로 재직하며 〈다트머스 하계 인공지능 연구 프로젝트Dartmouth Summer Research Project on Artificial Intelligence〉라는 이름의 워크숍을 조직하고, 마빈 민스키Marvin Lee Minsky, 클로드 섀넌Claude Shannon 등과 함께 13쪽 분량의 학위논문 연구계획서를 발표한다. 그들은 이 연구계획서에서 '업무를 자동으로 수행하는 컴퓨터', '언어 능력이 있는 컴퓨터', '스스로 개선할 줄 아는 컴퓨터' 등 당시 인공지능 기술 연구가 지향해야 할 방향을 제시했다(자세한 본문은 다음의 주소에서 볼 수 있다. http://jmc.stanford.edu/articles/dartmouth.html).

인공지능 비즈니스의 탄생

인공지능의 철학과 이론의 역사를 간략히 살펴보았으니, 이제 본격적으로 인공지능 비즈니스의 역사를 살펴보자. 인공지능은 1950년대에 이론적 씨앗이 뿌려졌으나 관련 기술과 컴퓨팅 파워의 한계로, 비즈니스에 제대로 접목되지 못한 채 1990년대까지 더딘 발전을 보였다. 그러다가 1997년 IBM이 개발한 슈퍼컴퓨터 '딥블루Deep Blue'가 러시아의 체스 챔피언 개리 카스파로프Garry Kasparov를 꺾으며 중요한 전환기를 맞는다. 당시 둘의 경기는 1996년 미국 필라델피아에서 6회, 1997년 뉴욕에서 6회 펼쳐졌는데, 1996년도의 경기 결과는 4 대 2로 카스파로프가 우세했었다. 그러나 이듬해 경기에서는 한층 업그레이드된 딥블루가 2승, 카스파로프가 1승을 거두고 3번의 무승부를 기록하면서 딥블루의 승리로 끝나게 된다. 당시 대결은 2016년 이세돌 기사와 알파고의 경기 장면과 거의 흡사했으며, 컴퓨터가 체스 세계 챔피언을 이겼다는 소식은 전 세계를 충격에 빠뜨렸다.

IBM은 딥블루 외에도 '왓슨Watson'이라는 이름의 슈퍼컴퓨터를 개발해 2011년 퀴즈쇼 〈제퍼디!Jeopardy!〉에서 다시 한 번 세계를 놀라게 만들었다. 왓슨은 이 퀴즈쇼에서 70번이나 우승을 차지한 켄 제닝스Ken Jennings와 20번 우승한 브래드 루터Brad Rutter를 상대로 3일간 3번에 걸쳐 퀴즈 대결을 펼쳤는데, 모두 왓슨의 일방적인 승리로 끝났다.

인공지능 비즈니스의 한 줄기가 IBM에서 시작됐다면, 다른 한 줄기는 미국 국방부에 의해 발전되기 시작했다. 음성인식 서비스 '시리Siri, Speech Interpretation and Recognition Interface'와 '자율주행차self-driving car'가 미 국방부, 더 정확히는 방위고등연구계획국Defense Advanced Research Projects Agency, DARPA의 지원에 힘입어 만들어진 대표적인 인공지능 기술들이다.

시리는 원래 'SRI 인터내셔널Stanford Research Institute International'의 CALOCognitive Agent that Learns and Organizes 프로젝트에서 시작되었다.[2] SRI 인터내셔널은 1946년 캘리포니아 멘로파크 지역에 세워진 비영리 연구단체이며, CALO 프로젝트는 인공지능 기술을 활용해 군 관련 업무를 효율적으로 처리하기 위한 목적으로 SRI 인터내셔널이 DARPA에서 펀딩을 받아 연구하던 일이었다. 시리는 CALO 프로젝트의 결과물 중 하나였고, SRI 인터내셔널은 2007년 Siri.Inc. 설립을 주도했다. 2010년 애플이 Siri.Inc.를 인수하며 현재 우리가 애플 제품들에서 만날 수 있는 시리에 이르게 된다.

자율주행차 기술의 탄생과 발전에도 DARPA의 역할이 절대적이었다. DARPA는 일찍이 1966년 스탠퍼드대학의 찰스 로젠Charles Rosen이 이끌던 다목적 자율 이동 로봇 연구인 '셰이키 더 로봇Shakey the Robot' 프로젝트를 지원했다. 로젠은 앞서 소개한 SRI 인터내셔널에 인공지능 센터Artificial Intelligence Center를 설립한 인물이기도 하다.[3]

2004년부터 시작된 DARPA 그랜드 챌린지Grand Challenge는 자율주

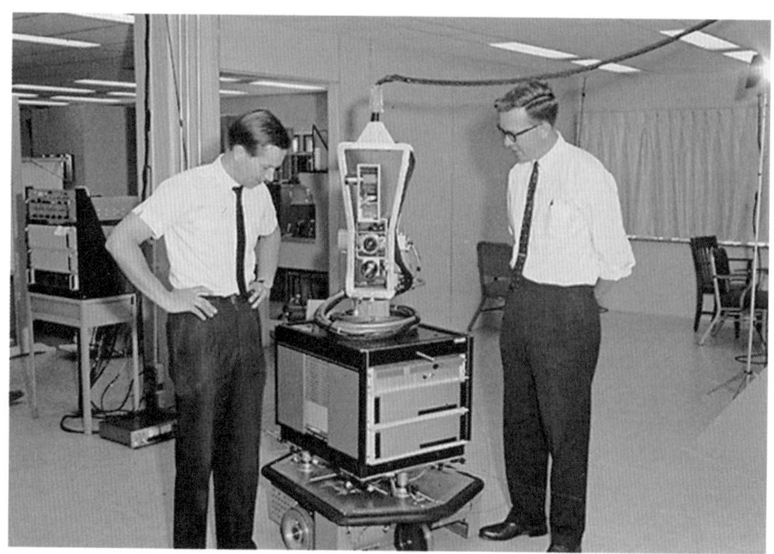

찰스 로젠이 이끌던 다목적 자율 이동 로봇 연구인 '셰이키 더 로봇' **출처** wired.com

2004년 DARPA 그랜드 챌린지에 출전한 카네기멜론대학의 샌드스톰 **출처** cs.cmu.edu

행차 기술이 본격적으로 발전하는 계기가 된다. DARPA 그랜드 챌린지는 캘리포니아 모하비 사막에서 정해진 루트를 따라 240km를 완주하는 자율주행차 개발팀에게 100만 달러의 상금을 수여하는 대회였는데, 2004년에는 어느 차도 결승선을 통과하지 못했다. 당시 가장 멀리 달린 자율주행차는 카네기멜론대학에서 출전한 '샌드스톰Sandstorm'으로, 약 12km를 달렸다고 한다. 2005년 대회는 2004년 대회보다 한층 뛰어난 결과를 보였다. 23개 참가팀 중 22개 팀이 2004년에 수립된 샌드스톰의 기록을 넘어섰고, 5개 팀은 212km를 달려 결승선을 통과했다.

인공지능 비즈니스의 현재

이 같은 역사적 배경에서 발전하기 시작한 인공지능 비즈니스는 2000년대 후반에 들어 눈에 띄는 성장을 하게 된다. 대량의 데이터를 빠르게 수집할 수 있는 빅데이터 기술, 여러 형태의 과제를 해결할 수 있는 다양한 머신러닝 알고리즘, 강력한 컴퓨팅 기술의 발전 등이 그 같은 성장을 가능하게 만들었다. 또 구글, 마이크로소프트, 아마존, 페이스북 등 IT 기업들의 공격적인 투자와 인공지능 생태계의 성장, 적극적인 산학협력은 과거에는 이론이나 실험에만 머물렀던 인공지능 기술들을 현실화하고 산업화하는 데 큰 기여를 했다.

초창기 인공지능 기술은 왓슨이 퀴즈쇼에서 그랬던 것처럼 질문을 받으면 미리 입력해놓은 데이터에서 해답을 빠르게 검색해 내놓는, 그저 단순 업무를 수행하는 수준에 머물렀다. 반면 현재의 인공지능 기술은 더 복잡한 과제에 대해 사람이 논리적으로 생각해 문제를 해결하는 것과 동일한 방식으로 진화했다. 그 덕분에 인공지능이 작곡을 하는 것은 물론 그림과 소설을 창작하고, 심지어 의료 분야에서 환자를 치료하는 데 사용되기도 한다. 또 범인을 추적하고, 세금을 계산하며, 원활한 교통 체계를 수립하는 데도 인공지능 기술이 요긴하게 사용되고 있다.

이런 발전 속도에 걸맞게 인공지능 비즈니스에 대한 투자 또한 대폭 증가하고 있다. 미국 국립과학재단National Science Foundation, NSF이 2018년 초에 내놓은 〈과학과 공학 지표 2018Science & Engineering Indicators 2018〉 자료에 따르면, 2011년부터 2016년까지 미국 벤처캐피털 업계가 '시드seed 단계'의 인공지능 스타트업에 투자한 금액은 약 8억 달러(약 9,000억 원)에 달했다.[4] 시드 다음 단계인 초기early와 후기later 단계에서 인공지능 스타트업에 투자한 금액은 2013년 12억 달러(약 1조 3,000억 원)에서 2016년 39억 달러(약 4조 4,000억 원)로 3배 이상 증가했다.

미국의 초기 단계 기업에 대한 벤처캐피털의 분야별 투자 금액 비교

단위 100만 달러

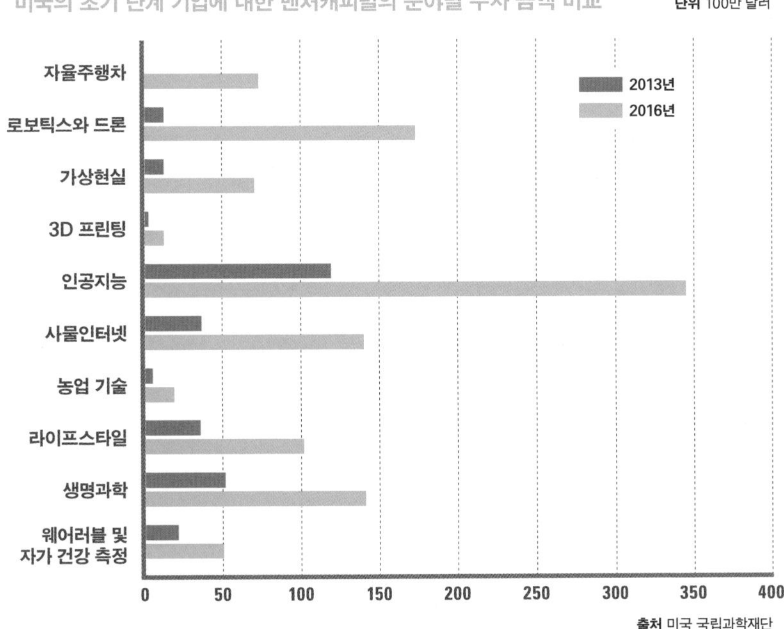

출처 미국 국립과학재단

02

시진핑 주석이 읽은 두 권의 인공지능 책

_ 인공지능의 개념과 기술 트렌드

시진핑 주석의 서재에는 두 권의 인공지능 도서가 꽂혀 있었다.
한 권은 《마스터 알고리즘The Master Algorithm》이었고
다른 한 권은 《증강현실Augmented》이었다.

예전에 누군가 '고전' 도서에 대해 유머러스한 정의를 내리는 것을 들은 적이 있다. 고전은 누구나 알고 있는 책이지만 누구나 읽은 책은 아니라는 설명이었다. 생각해보니 그럴싸한 표현이었다. 《데미안》은 누구나 알고 있는 책이지만, 그 내용에 대해 물어보면 제대로 아는 사람이 드문 것처럼.

인공지능도 비슷한 분야가 아닌가 싶다. 분명 트렌디하고 많이 거론되는 주제지만, 막상 '인공지능이 뭔가요?'라는 질문을 건넸을 때 똑 부러지는 답을 얻기란 쉽지 않다. 이는 인공지능 자체가 한마디로 정의 내리기 어렵고, 응용 분야가 매우 넓기 때문이기도 하다. 따라서 인공지능 연구 및 시장을 바라보는 프레임과 관련 기술에는 어떤 것들이 있는지 살펴본다면, 인공지능 비즈니스가 무엇인지에 대해서도 좀 더 정확하게 개념을 정립할 수 있을 것이다.

인공지능을 바라보는 5가지 프레임

2018년 초, 중국의 시진핑 국가 주석이 어떤 책을 읽는지 분석한 뉴스가 화제가 되었다. 당시 시진핑 주석의 신년사가 텔레비전을 통해 방영되었는데, 그 녹화 장소는 바로 서재였다. 중국 네티즌들은 영상을 보고 시진핑 주석 등 뒤의 책장을 분석해 그가 주로 어떤 책을 읽고 있는지 알아냈던 것이다. 그중에는 인공지능에 대한 책이 두 권 있었는데, 한 권은 미국 워싱턴대학 교수인 페드로 도밍고스Pedro Domingos가 집필한 《마스터 알고리즘The Master Algorithm》이었고 다른 한 권은 호주 출신의 기업가 브렛 킹Brett King이 집필한 《증강현실Augmented》이었다.[5] 여기서 특히 주목할 책은 《마스터 알고리즘》으로, 이 책은 2016년 빌 게이츠가 인공지능을 이해하기 위해 읽어야 할 두 권의 책 중 하나로 꼽은 바 있다. 참고로 빌 게이츠가 추천한 또 다른 한 권은 옥스퍼드대학 교수인 닉 보스트롬Nick Bostrom의 《슈퍼인텔리전스Superintelligence》이다.[6] 《마스터 알고리즘》에서 저자 페드로 도밍고스 교수는 인공지능을 연구하는 사람들을 다섯 가지 부류로 나눴다. 분류 기준은 그들이 어떤 방법론을 사용하는지에 따른 것이었다.[7]

첫 번째 부류는 논리를 중요시하는, '기호주의자Symbolist'로 불리는 사람들이다. 도밍고스 교수는 기호주의자들이 '역연역적인 방법inverse deduction'으로 인공지능을 연구한다고 설명하는데, 이를 좀 더 쉽게 이해하기 위해 학창시절에 배운 연역법과 귀납법을 떠올릴 필요가 있다. 연역법은 보편적인 규칙이나 가설에서 개별 현상을 설명하는 추론 방법이다. 가령 '귤은 노랗다'라는 보편적 규칙을 바탕으로 '따라서 제주도 귤밭에서 무작위로 딴 귤은 분명 노란색일 것이다'라는 구체적 사실을 논리적으로 도출해낼 수 있다. 그런데 기호주의자들은 개별 데이터로부터 보편적 규칙을 도출하는 귀납법을 쓴다. 제주도 농부가 1,000개의 귤을 수확했는데 다 노란색이므로 '모든 귤은 노란색일 가능성이 크다'라고 정리하는 식이다. 따라서 기호주의자들이 관심을 갖는 것은 자신들이 만든 규칙의 정확도accuracy다. '귤은 노랗다'라는 보편적 규칙이 정말 보편적일까, 혹시 다른 색깔을 가진 귤은 없을까를 살펴보는 작업이 기호주의자들에게는 중요하다. 이들은 학문적으로는 컴퓨터학이나 언어학, 논리학의 영향을 많이 받았다.

두 번째 부류는 '연결주의자connectionists'다. 연결이라는 단어에서 눈치 챈 독자들도 있겠지만, 이들은 사람의 뇌 신경망을 구성하는 뉴런과 시냅스가 활동하는 방식에서 힌트를 얻었다. '뉴런neuron'은 우리말로 신경세포라고 하는데, 이 뉴런들 사이를 연결하는 시냅스를 통해 도파민, 세로토닌 등의 신경전달물질이 오고간다. 특정 뉴런에서 신경전달물질이 분비되면 이를 흡수하는 다른 쪽 뉴런이 흥분되거나 억제되는데, 이 과정은 시냅스의 세기를 변화시켜 만들어낼 수 있다.

이 부분에서 일반인들이 갖는 오해 중 하나는 실제 인간의 뇌 속에 들어 있는 뉴런과 시냅스를 인공지능 알고리즘에 직접 활용한다고 생각하는 것이다. 아마도 알고리즘 이름 중에 '신경망neural network'이라는 단어를 사용하는 경우가 있기 때문일 것이다. 그러나 인간의 관절 움직임에서 힌트를 얻어와 로봇 팔을 만든 것처럼, 연결주의자들은 실제 신경망의 작동 원리와 구성 방식만 빌려와 '인공신경망artificial neural network'이라 불리는 알고리즘을 만들었다. 인공신경망이 좀 더 복잡해진 형태가 바로 딥러닝 기법의 하나인 '심층신경망deep neural network'이다.

세 번째 부류는 다윈의 진화론에서 개념적인 모티브를 얻은 '진화주의자evolutionaries'다. 이 부류의 사람들은 생물체가 적자생존과 진화를 통해 끊임없이 최적의 적응 상태를 추구한다는 원리에 바탕을 둔다. 자연에서 종(種)이 생존하고 진화하는 과정을 보면, 개체들이 제한된 자원을 두고 경쟁하는 와중에 얼마만큼 환경에 잘 적응하느냐에 따라 생존이 결정된다. 그리고 일단 살아남아 환경에 적응한 개체는 번식을 통해 자신의 유전자를 다음 세대로 이어간다.

그렇다면 여기서 한 가지 의문점이 도출된다. 인공지능 연구에 진화론 개념은 왜 필요한 걸까? 이는 그 밖의 다른 인공지능 알고리즘으로는 최적의 해결책을 찾기 어려운 경우들이 있기 때문이다. 예를 들어, 데이터가 방대하고 복잡하게 이루어진 경우, 수학적으로 알고리즘을 도출하기 어려운 경우, 알고리즘을 구성하는 변수들을 동시에 최적화해야 하는 경우, 지속적으로 변화하는 환경에 적합한 해결책을 생각해야 하는 경우가 대표적이다. 진화주의자들의 연구는 학술적으로 진화 연산evolutionary computation이라 불리며, 기호주의자들이 자신들이 만든 모델의 '정확도'에 관심이 있다면 진화주의자들은 최종 도출된 모델의 '적합도fitness'에 관심이 있다.

네 번째 부류는 '베이지안Bayesians'이라 불리는 사람들이다. 베이지안이라는 이름은 18세기 영국의 통계학자인 토머스 베이즈Thomas Bayes의 이름에서 유래한 것으로, 그가 처음 제안한 '베이즈 정리Bayes' theorem'는 오늘날 다양한 분야의 인공지능 시스템을 구축하는 이론적 토대가 되고 있다. 베이지안들에게 가장 중요한 숙제는 불확실성을 줄이고 최대한 가능성이 높은 통계적 결론을 귀납적으로 도출하는 일이다.

실제 우리가 사는 세상에서는 어떤 일의 결과를 정확하게 예상하기 힘든 경우가 많은데, 4년마다 전 세계가 주목하는 월드컵 우승 국가 예측 이벤트를 예로 들어보자. 사람들은 월드컵에서 독일이 우승할지, 브라질이 우승할지, 아니면 어떤 나라가 우승컵을 차지할지 너무 궁금한 나머지 급기야 문어까지 동원해 이 예측 이벤트를 즐기곤 한다. 도박사들이 월드컵 우승 국가에 베팅하는 방법은 지극히 논리적이고 통계적인데, 각 팀이나 개별 선수 혹은 감독의 과거 전적을 종합 계산해 우승 확률이 가장 높은 팀에 베팅을 한다. 무조건 독일이 우승한다, 무조건 브라질이 우승한다는 식의 주먹구구식 예측을 하는 게 아니라 해당 팀의 우승 확률이 몇 퍼센트인지 계산해냈기 때문에 베팅을 하는 것이다. 이것이 전형적인 베이즈식 접근으로, 과거 성적이라는 개별 사실들에 근거해 우승 국가를 예측하는 귀납적 추론이라 할 수 있다. 베이지안들이 인공지능 시스템 구축에 기여한 분야는 다양하다. 이미지의 패턴을 인식하거나 금융 상품의 리스크를 관리하고, 스팸메일을 분류하며, 의학 진단의 정확도를 판단하는 분야 등이 대표적이다.

마지막 다섯 번째 부류는 '유사주의자analogizers'들이다. 단순히 표현하자면, 입력된 데이터들이 서로 얼마나 비슷한지를 따져서 그 유사도에 따라 그룹 짓는 일이 유사주의자들의 주된 관심사다. 넷플릭스Netflix의 영화 추천 시스템을 예로 들어보자. 넷플릭스는 공포 영화를 좋아하는 사람들에겐 공포 영화들을 주로 추천해주고, 로맨스 영화 취향의 회원들에겐 로맨스 관련 영화를 자주 추천해준다. 이는 넷플릭스 시스템이 영화들 간의 유사도를 측정한 다음, 해당 영화 그룹(예를 들어, 공포 영화 그룹 혹은 로맨스 영화 그룹)과 사용자의 취향이 얼마나 비슷한지 유사도를 측정할 수 있기 때문에 가능한 일이다.

페드로 도밍고스 교수의 분류가 방법론 중심이었다면, 인공지능 교과서라 불리는 《인공지능Artificial Intelligence: A Modern Approach》을 쓴 스튜어트 러셀Stuart Russell은 인공지능 시스템이 생각과 행동을 어떻게 하느냐에 따라 4가지 분류를 제안하고 있다.

첫 번째 부류는 '인간처럼 행동하는' 인공지능 시스템이다. 이 시스템은 튜링 테스트를 성공적으로 통과할 수 있는 능력을 갖춘 시스템을 뜻한다. 인간이 이해할 수 있도록 자연어(인간의 의사소통을 위해 사회에서 자연히 발생하여 쓰이는 언어로, 에스페란토어 같은 인공어나 프로그램어, 기계어와 구분하기 위한 개념이다)로 메시지 전달이 가능하고, 지식을 저장한 후 논리적으로 표현할 수 있는 기능 등이 있어야 한다.

두 번째 부류는 '인간처럼 생각하는' 인공지능 시스템이다. 이는 인간처럼 결정을 내리고, 문제를 풀고, 학습하는 과정을 자동으로 이행할 수 있는 시스템이다. 인간처럼 생각하는 인공지능 시스템을 만들기 위해서는 먼저 인간이 어떤 방식으로 생각하는지를 알아야 하는데, 이는 심리 실험, 뇌 이미지 분석을 통하거나 인간 스스로 자신이 어떻게 생각하는지를 곰곰이 따져보는 방식으로 이해할 수도 있다.

세 번째 부류는 '합리적으로 생각하는' 인공지능 시스템이다. 합리적으로 생각한다는 것은 논리적인 절차에 따라 항상 옳은 결과를 지향한다는 뜻으로, 이른바 논리주의자들이 생각하는 인공지능 시스템이 이 부류에 속한다. 러셀은 합리적 생각이라는 개념을 설명하기 위해 아리스토텔레스의 삼단논법을 예로 들면서 '논리주의자들은 세상의 모든 현상을 원론적인 추론에 따라 설명할 수 있다고 하지만, 이런 접근방식은 실제 인공지능 시스템이 풀어야 할 다양한 문제들을 고려할 때 한계가 있다'라고 지적한다.

마지막 네 번째 부류는 러셀이 가장 강조하는 '합리적으로 행동하는' 인공지능 시스템이다. 이 부류에 속하는 인공지능 시스템은 합리적으로 생각할 뿐 아니라 인간을 대신해 합리적으로 행동까지 하는 시스템이다. 즉, 스스로 주변 여건을 파악하고, 변화된 환경에 적응하며, 확실하든 불확실하든 어떤 상황에서도 최선의 결과를 지향하는 시스템이 이 부류에 속한다. 러셀은 합리적으로 행동하는 인공지능 시스템을 활용하면 합리적으로 생각만 하는 시스템보다 더 다양한 문제를 해결할 수 있으며, 인간의 생각과 행동에 기반한 시스템보다 더 나은 결과를 만들어낼 수 있다고 주장한다.

인공지능 기술의 최신 트렌드

다음으로 인공지능 기술의 트렌드를 살펴보자. 트렌드는 거시 혹은 미시적으로 살펴볼 수 있는데, 먼저 인공지능 기술이 어떻게 발전하고 있는지 큰 시각에서 바라보자. 포레스터 리서치Forrester Research에서 2017년에 발표한 〈테크레이더™: 인공지능 기술TechRadar™: Artificial Intelligence Technologies〉 그래프에 따르면, 음성인식, 자연어 생성, 가상비서, 머신러닝 플랫폼, 인공지능 최적화 하드웨어, 의사결정 관리 시스템 등이 인공지능 시장을 주도하고 있으며 한동안 그 자리를 유지할 것으로 보인다. 그 다음으로 텍스트 분석 및 자연어 처리, 로보틱 프로세스 자동화, 이미지 분석, 바이오메트릭스(지문, 홍채, 음성, 얼굴 등 개인의 고유한 신체 정보를 추출하고 분석하여 개인의 신원을 확인하는 기술), 시맨틱 기술, 딥러닝 플랫폼이 성장하고 있다.

이 중 딥러닝 플랫폼과 자연어 생성 기술은 시장 초반의 창조Creation 단계이며, 3년에서 5년 내에 다음 단계인 생존Survival 단계에 진입할 것으로 예상된다. 이미 생존 단계에 들어선 음성인식, 시맨틱 기술, 바이오메트릭스, 이미지 및 영상 분석 기술 가운데 음성인식과 이미지 및 영상 분석 기술의 성장 속도가 눈에 띈다. 성장Growth 단계에 있는 기술 중에는 텍스트 분석과 자연어 처리 기술이 빠른 발전 속도를 보이고 있다. 가상비서나 머신러닝 플랫폼, 인공지능 최적화 하드웨어 등의 기술이 다음 단계인 안정Equillibrium 단계로 진입하는 데는 5년에서 10년 정도가 소요될 것으로 보인다. 한편 집단지성Swarm Intelligence과 관련한 인공지능 기술은 상대적으로 시장 영향력이 낮을 것으로 예상된다.

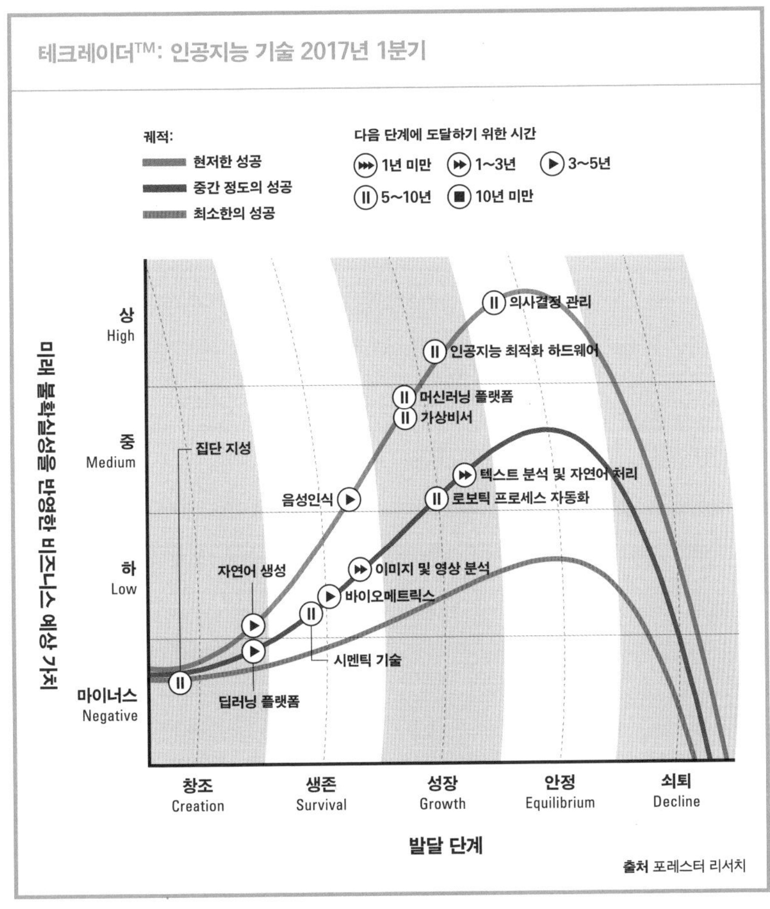

머신러닝의 정의

인공지능 시장을 파악하기 위해 꼭 알아야 할 개념이 바로 머신러닝 machine learning: 기계학습이다. 머신러닝은 주어진 데이터를 분석해 분류하거나, 미래에 새로 들어올 데이터의 결과를 예측하는 일을 컴퓨터가 스스로 최대한 잘 해낼 수 있도록 학습시키는 알고리즘을 뜻한다. 앞 문장에서 머신러닝을 설명하기 위해 데이터라는 단어를 두 번이나 썼는데, 그만큼 머신러닝에서 데이터는 결정적인 요소다. 머신러닝 이전의 컴퓨터 시스템들이 주로 인간 전문가의 능력을 컴퓨터로 옮기는 수준에 그쳤다면, 머신러닝은 사람이 아닌 데이터에 기반해 스스로 결과물을 내놓는다. 따라서 우리가 평소 쓰는 계산기는 인공지능 시스템이라고 부를 수 없다. 계산기는 주어진 데이터를 사람이 미리 입력해놓은 연산 프로그램에 따라 계산만 하기 때문이다. 계산기가 인공지능 시스템이 되기 위해서는 연산 프로그램을 사람 대신 스스로 만들어낼 줄 알아야 한다.

머신러닝 개념을 더 쉽게 설명하기 위해 앞서 소개한 월드컵 우승팀 예측 사례를 가져와보자. 월드컵 우승팀을 잘 예측하는 인공지능 시스템을 만들기 위해 일단 필요한 것은 각 팀과 선수들의 과거 데이터와 이를 활용한 통계적 수식이다. 여기서 과거 데이터란 월드컵에 출전해 몇 번을 승리했고, 몇 골을 기록했는지 등을 담은 정보다. 각 선수가 어떤 포지션에서 경기당 몇 미터를 달렸으며, 프리킥 찬스에서 골로 연결시켰는지 등 더욱 세밀한 데이터가 있다면 통계적으로(물론 복잡하겠지만) 더 정확한 예측 수식을 만들 수 있다.

그런데 검증 기준이 없는 단일 데이터 하나만 가지고 통계적 수식을 만들 경우 이후 새로운 데이터가 들어왔을 때 그 수식의 예측 정확도는 떨어질 수밖에 없다. 그래서 데이터를 학습 데이터training data set와 시험 데이터test data set라고 불리는 그룹으로 나눠 일단 학습 데이터만 가지고 통계적 수식을 만든다. 그리고 이 수식을 시험 데이터에 적용해 얼마나 잘 예측하는지 테스트하게 된다. 개념 원리에서 소개했듯이 머신러닝은 주어진 문제와 데이터에 따라 예측을 할 수 있을 뿐만 아니라 데이터를 분류하거나 그룹을 짓는 등 다양한 방향으로 결론을 내릴 수 있다.

딥러닝의 정의

학창시절 회귀분석을 배운 사람들이라면 머신러닝의 기본적인 개념을 수월하게 이해할 수 있을 것이다. 반면 딥러닝은 이해하기가 쉽지 않다. 관련 전문가들이 사용하는 용어나 그래프가 생소하고 수식이 난해하기 때문이다. 딥러닝은 인간의 뇌 신경망 구조에 착안하여 만든 머신러닝 기법 중 하나로, 단어 그대로 기존 머신러닝 기법들의 한계를 보완해 보다 심도 있는 분석을 시스템 스스로 할 수 있도록 만든 기술이다.

딥러닝 기술을 쉽게 체험할 수 있는 사례로 '구글 포토Google Photos'나 아이폰의 '사진 앱'을 들 수 있다. 이들 앱에 들어가면 사용자가 찍은 사진 속 인물들의 폴더가 자동으로 만들어져 있는 것을 볼 수 있다. 사용자가 사진 속 인물이 누구라고 사전에 지정한 적도 없는데, 자동으로 인식되고 분류된 것이다. 이전의 머신러닝 기법이었다면 각 인물의 특징이 무엇인지 미리 알려줬어야 하지만, 딥러닝을 통해 시스템 스스로 사진 속 인물의 특징을 파악할 수 있게 되었다. 페이스북 등 그 밖의 다른 서비스에도 이와 유사한 기능이 적용 중인 것을 확인할 수 있다. 딥러닝은 이러한 이미지 인식 외에도 음성 및 영상 합성, 자동 번역, 로보틱스, 자율주행차 등 다양한 영역에 걸쳐 폭넓게 적용되고 있다.

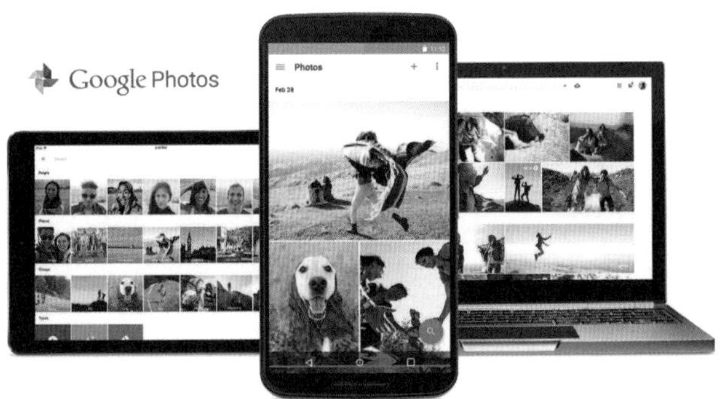

사진 속 인물을 자동으로 인식하고 분류해주는 구글 포토 **출처** Google

인공지능, 머신러닝, 딥러닝의 관계 그래프

인공지능 Artificial Intelligence

인공지능은 머신러닝과 딥러닝을 아우르는 가장 넓은 범위의 개념이다.

머신러닝 Machine Learning

머신러닝은 예측·분류 작업 등을 컴퓨터가 스스로 최대한 잘 할 수 있도록 학습시키는 작업이다.

딥러닝 Deep Learning

딥러닝은 머신러닝 기법 중 하나로, 복잡하고 방대한 예측·분류·인식 작업 등을 할 수 있다.

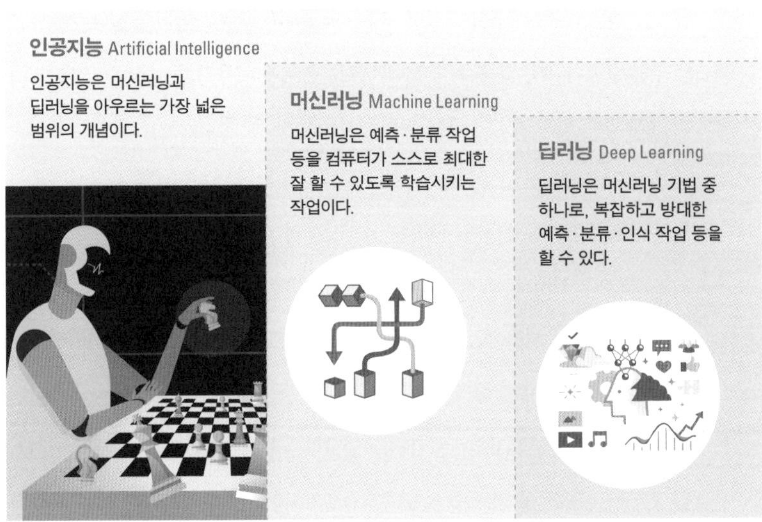

산업별 인공지능 트렌드

이제 미시적 시각에서 인공지능 기술이 각 산업별로 어떻게 적용되고 발전해 나갈 수 있는지 하나씩 구체적으로 살펴보자.

금융

'과거 데이터를 기반으로 통계적 수식을 만들어 미래를 예측하거나 분류한다'는 머신러닝의 기본 개념을 고려할 때 금융 분야는 머신러닝을 도입하기에 안성맞춤인 영역이다. 수많은 고객 데이터를 컴퓨터에 자동으로 맡길 수 있으며, 다양한 수학적 통계 기법이 금융 분야에서 이미 사용 중이라는 점도 인공지능과 금융 분야의 만남은 그 어떤 분야보다 수월하고 필연적이라고 할 수 있다.

금융업무 중에서도 신용도 관리는 금융기관의 수익 창출을 위해 가장 기본이 되는 업무다. 가령 신용카드 발행 과정을 생각해보자. 신용카드 발행 시 기준이 되는 것은 각 개인이나 사업자의 신용도다. 카드사는 고객의 신용도가 나쁘면 신용카드 발행 요청을 거부하고, 반대로 신용도가 높은 경우에는 추가적인 혜택과 함께 적극적으로 신용카드를 발행해주려고 한다. 이 과정에서 머신러닝 기법은 신용도 측정의 핵심 알고리즘으로 작동한다. 개인이나 사업자의 과거 대출 이력, 대출 규모, 미납 기간, 현재 신용카드 보유 여부 등 다양한 변수를 활용해 신용카드 발행 여부를 결정할 수 있다.

마케팅 관점에서도 인공지능 시스템은 이전보다 정확하고 효율적인 프로모션을 가능하게 해준다. 예를 들어, 신용카드 결제 이력을 분석해 해당 고객의 취향에 맞는 할인 프로모션을 적용하거나 이상적인 결제 한도를 설정할 수 있도록 해준다. 단순히 연령대나 성별에 기초한 대규모 마케팅이 아닌, 개인별 맞춤형 마케팅이 가능해지는 것이다.

금융 사기를 방지하거나 이상 징후를 파악하는 일도 머신러닝을 통해 보다 신속하게 할 수 있다. 가령 한국에서 결제됐던 카드가 1시간 후 갑자기 해외 ATM에서 사용됐다는 데이터가 입력된다면 카드가 해킹되었을 가능성이 크다는 진단을 내릴 수 있다. 혹은 과거에 결제하던 분야의 상품이 아닌 다른 분야의 상품이 거액으로 결제되었다면, 이 또한 그동안의 결제 패턴과 다르다는 진단과 더불어 금융기관과 카드 사용자를 대상으로 경고를 보낼 수 있을 것이다.

교통

금융 분야와 함께 머신러닝의 혜택을 가장 많이 볼 수 있는 분야는 교통 분야다. 바로 자율주행차 때문인데, 컴퓨터가 사람 운전자를 대신하기 위해서는 인공지능이 필수다. 자율주행차에 어떤 기술이 적용되어야 할지는 사람이 운전을 하면서 어떤 판단을 내리는가를 종합적으로 살펴봄으로써 쉽게 알 수 있다. 먼저 사람은 운전을 하면서 자동차 앞에 펼쳐지는 상황을 시각적으로 실시간 파악할 수 있다. 주변에 자전거가 지나가는지, 신호등의 빨간불이 켜지는지, 차

선이 어떻게 그려져 있는지를 정확히 알 수 있다. 또한 사람 운전자는 주변에서 나는 다양한 소리를 청각적으로 즉시 인지하고 어떤 소리인지 대략 알 수 있다. 이 밖에도 차 안에서 나는 냄새나 차의 떨림, 차의 온도, 주변 차와의 거리 등 여러 감각을 동원해 차 주변과 내부의 정보를 파악하는 것이 가능하다. 이 과정에서 특히 중요한 것은 짧은 시간 안에 이 모든 작업이 순발력 있게 이뤄진다는 점이다.

이제 이 작업을 컴퓨터가 한다고 생각해보자. 컴퓨터는 짧은 시간 안에 차 외부 전경의 이미지 패턴을 인식하고 분류해서 어떤 상황인지를 파악해야 할 것이다. 전방에 있는 무언가가 가만히 서 있는 가로수인지, 차 쪽으로 다가오는 자전거인지, 차와 상관없이 그냥 인도를 걷는 사람인지 등 전후 맥락도 고려해야 한다. 소리, 냄새, 진동 등도 마찬가지다. 자율주행차 내외부에 설치된 센서는 이 많은 데이터를 분석해 적절한 판단을 내린다. 어려워 보이는 일 같지만, 이미 2005년 DARPA 그랜드 챌린지에 참가했던 자율주행차 중 5대가 미국 모하비 사막에서 212km를 무사히 달려 결승점에 도착했다.

만약 자율주행차가 상용화된다면 기존의 교통 생태계는 분명 급진적인 변화를 겪게 될 것이다. 다른 산업 분야도 마찬가지겠지만 특히 교통이나 자동차 산업은 연관된 기업체나 근로자가 많고, 도로와 신호 등 공공 인프라를 총체적으로 바꿔야 할 필요가 있기 때문이다.

인공지능이 리테일 분야에서 어떻게 쓰일 수 있는지를 알려면 아마존Amazon을 보면 된다. 고객이 아마존의 개별 상품 페이지를 방문하면 두 가지 중요한 정보가 뜬다. 하나는 'Customers who bought this item also bought', 즉 '이 제품을 구매한 고객이 구매한 다른 상품들에 대한 리스트'다. 다른 하나는

'Customers who viewed this item also viewed'인데, '이 제품을 본 고객이 본 다른 상품에 대한 리스트'를 뜻한다. 두 리스트 모두 사용자가 지금 보고 있는 제품과 연관된 다른 제품들을 가격, 평점과 함께 보여준다. 고객은 이 정보 덕분에 어떤 제품이 더 저렴하거나 평가가 좋은지, 다른 사람들은 어떤 제품을 샀는지 편하게 비교하고 결제할 수 있다. 이는 오프라인 쇼핑에서는 할 수 없었던 체험이다.

아마존이 만든 무인 점포 아마존 고Amazon Go는 조금 다른 종류의 인공지능 기술을 활용하고 있다. 이 매장에는 사람이 없고, 대신 컴퓨터가 모든 일을 처리한다. 도난 방지를 위해 천장에 설치된 카메라와 센서는 고객이 어떤 물건을 집어 들었는지, 물건을 훔쳐가지는 않는지 등을 판단한다. 'Just Walk Out'이라 불리는 이 인공지능 기술 덕분에 고객은 계산을 하기 위해 기다릴 필요 없이 그저 매장에서 물건을 들고 나오면 되고, 계산은 자동으로 처리된다. 단, 결

인공지능 기술을 활용해 계산을 자동으로 처리하는 무인 점포 '아마존 고' **출처** theverge.com

제가 아마존 앱에서 진행되므로 아마존 계정에 카드가 연결이 되어 있어야 하고 스마트폰을 소지하고 있어야 한다.

아마존의 인공지능 비서 알렉사Alexa에도 자연어 처리 및 음성인식 기술이 들어 있다. 2014년 11월 미국 시장에 첫 공개된 알렉사는 아마존의 대표적인 인공지능 기술로, 에코Echo, 소노스Sonos 등 스마트 스피커 외에도 포드, 토요타 등 일부 자동차 모델이나 스마트폰, 노트북 등 아마존 브랜드가 아닌 기기에도 설치되어 있다. 아마존은 알렉사가 설치된 에코, 에코닷Echo Dot, 파이어 TVFire TV 등 자사 기기를 저렴한 가격에 판매해 보다 많은 고객들이 알렉사를 이용하도록 하고 있으며, 개발자들이 다양한 알렉사 서비스를 개발할 수 있도록 '알렉스 스킬 키트Alexa Skills Kit'라는 이름의 소프트웨어 모음집을 제공하고 있다.

의료

개인의 생명과 재산이 직결된 의료 분야에서 인공지능의 활약은 더욱 돋보인다. 의료진은 인공지능 기술을 활용해 엑스레이나 MRI 등의 진단 결과를 더 정확하고 빠르게 분석할 수 있다. 환자 상태가 얼마나 위독한지, 상태가 언제까지 지속될지 등의 소견도 과거보다 더 정확하게 내릴 수 있다. 인공지능 시스템은 신속한 결정이 필요한 수술 과정에서도 의료진에게 최적의 정보를 짧은 시간 안에 제공할 수 있다. 제약 산업에서도 마찬가지로 유용하다. 신약 하나를 개발하려면 수많은 임상 실험을 거쳐야 하는데, 인공지능을 통해 실험에 필요한 시간과 조건들을 대폭 줄일 수 있다.

환자 입장에서도 인공지능 시스템은 이전과는 다른 경험을 할 수 있게 해준다. 개인화된 의료 서비스가 바로 그것이다. 개인화 의료 서비스란 개인의 병력과 의료 기록을 바탕으로 환자 본인에게 최적화된 치료나 예방법을 제공하는 것을 말한다. 의료진이 당장 환자의 현재 상태만 보고 치료를 한다면 이는 일시적인 치료에 불과하지만, 과거 어떤 병을 가졌는지, 환자 가족들에게는 어떤 병이 있는지에 대한 데이터를 종합적으로 살펴볼 수 있다면 보다 정확한 치료나 예방이 가능하다. 이와 더불어 인공지능 시스템을 통한 유전자 분석은 짧은 시간 안에 저렴한 가격으로 개인의 방대한 유전자 데이터를 분석할 수 있게 함으로써 의료 시장에 큰 변화를 가져오고 있다.

뿐만 아니라 인공지능 기술은 의료 현장의 비정형 데이터를 과학적으로 수집·분석할 수 있게 해준다. IBM이 조사한 바에 따르면, 환자가 병원에서 진료받는 기록의 80%는 비정형화된 형태로 저장된다.[8] 비정형화된 형태라 함은 예를 들어 규칙적인 형태로 기록된 숫자나 문자가 아니라 개인이 자유롭게 만든 메모, 영상, 사진, 음성 등 비규칙적인 형태의 정보를 뜻한다. 의료진이 전문용어로 작성하는 차트, 엑스레이 사진, 대면 진료 시 듣게 되는 의사의 소견 등이 환자가 의료 현장에서 접하게 되는 비정형 데이터다. 이런 비정형 데이터를 인공지능 시스템을 통해 정확하게 판독하고 수집함으로써 그동안 파편적으로 관리되던 진료 정보의 부족한 점을 보완하게 될 것이다.

엔터테인먼트

인공지능 기술은 엔터테인먼트 시장에서도 마찬가지로 온전히 사람의 힘만으로는 불가능했던 일들을 가능하게 한다. 대표적인 글로벌 엔터테인먼트 기업 월트 디즈니The Walt Disney Company의 연구 조직인 디즈니 리서치 랩Disney Research Lab, 이하 디즈니이 최근 인공지능 기술을 활용해 거둔 성과에 대해 살펴보자.[9] 디즈니가 3D 애니메이션을 제작하면서 맞닥뜨린 문제 중 하나는 빛을 최대한 리얼하게 표현하는 일이었다. 빛은 3D 애니메이션에서 물체의 사실감을 표현하는 데 없어서는 안 되는 필수요소지만, 컴퓨터그래픽으로 빛을 일일이 표현하려면 사람이 많은 시간을 들여 작업해야 했다. 빛을 적게 그릴 수도 있지만 그러면 노이즈가 많이 껴서 지저분한 그림이 만들어졌다. 그래서 디즈니는 딥러닝 알고리즘 중 이미지 인식 작업에 유용한 콘볼루션 신경망Convolutional Neural Network, CNN 기법을 이용해 노이즈를 줄여 선명한 그림을 얻을 수 있는 성과를 만들어냈다.

스포츠 분야에서는 1981년 설립되어 NBA, NFL, NHL 등의 경기 데이터를 제공하는 스태츠STATS가 인공지능 기술을 어떻게 활용하고 있는지 알아보자.[10] 스태츠가 2018년 8월 발표한 스태츠 에지STATS Edge는 축구 경기 영상을 분석해 소속팀과 상대팀의 실력을 객관적으로 비교하고, 스태츠가 축적한 과거 데이터를 바탕으로 상대팀과의 경기 예측을 다양한 각도에서 짧은 시간 안에 할 수 있도록 해주는 인공지능 시스템이다. 스태츠에 따르면, 보통 축구 코치진은 영상을 보며 앞으로 경기할 상대팀 분석에 많은 시간을 쏟는데,

이 서비스를 이용하면 바쁜 리그 기간 중에 보다 수월하게 경기를 분석하면서 전략 수립에 더 많은 시간과 노력을 들일 수 있다.

경기 분석을 돕는 '스태츠 에지'의 다중 에이전트 모션 예측

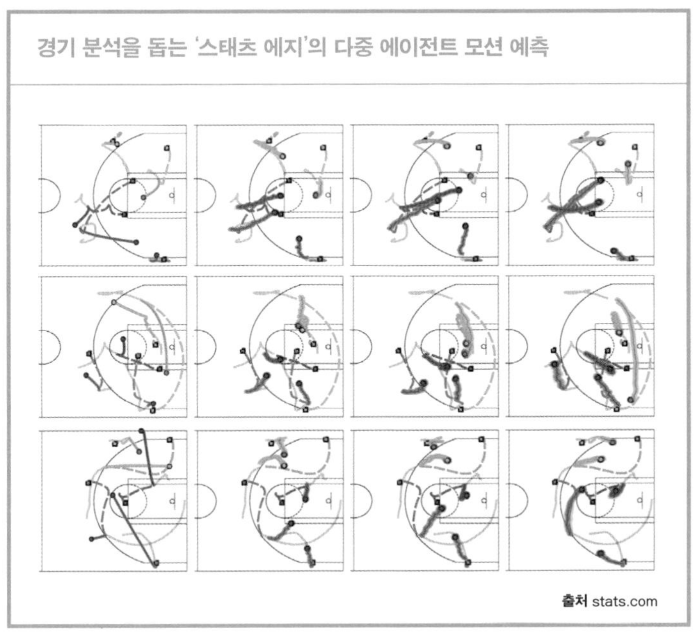

출처 stats.com

PART **02**

인공지능 기반의
최신 비즈니스 전략

AI BUSINESS TREND

“

Sometimes when you innovate, you make mistakes.
It is best to admit them quickly,
and get on with improving your other innovations.

”

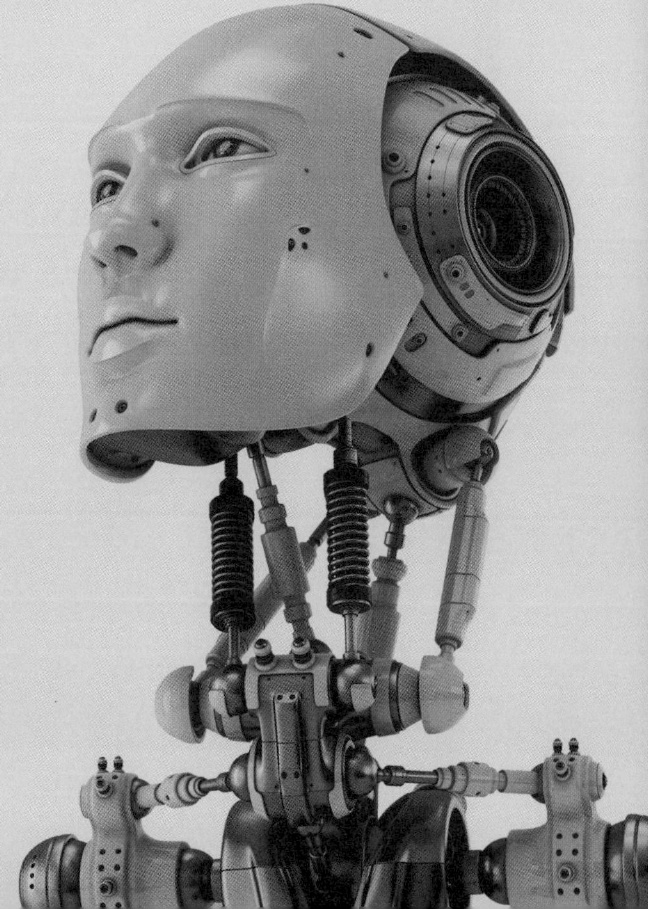

AI

BUSINESS

TREND

03

새로운 수익 모델을 정의하다

_ 글로벌 인공지능 기업들의 비즈니스 모델 분석

인공지능 기반의 비즈니스 모델은 크게 3가지로 구분된다.
첫째는 단순 형태로서 기존 시스템에 부가되는 것이고,
둘째는 시스템의 성능 향상에 기여하는 형태이며,
셋째는 외부 제어 없이 자율적으로 동작하는 형태다.

비즈니스 모델business model은 제품 또는 서비스를 어떠한 방식으로 고객에게 제공하여 수익을 올릴 것인가에 대한 사업 아이디어다. 비즈니스 모델은 제품 또는 서비스의 제공 방식에 비례해 다양화된다. 2000년대 들어서 보편화된 인터넷을 그 예로 들 수 있다. 기존에 오프라인으로만 가능했던 제품 또는 서비스의 제공 및 판매가 인터넷을 통해 온라인으로도 가능해지면서 다양한 비즈니스 모델들이 등장했다. 이러한 비즈니스 모델들은 기존 오프라인 방식의 것들을 대체하거나 오프라인에서는 볼 수 없는 새로운 형태로 제공되었다.

그런 사례 중 하나로 프라이스라인www.priceline.com의 역경매 방식을 들 수 있다. 다음 페이지의 그림처럼 오프라인 경매 방식은 경매 참가자들이 미술품 등 경매품에 대한 가격을 불러서 최고가에 낙찰자를 정하는 형태로 운영된다. 이와 반대로, 프라이스라인의 역경매 방식은 구매자가 원하는 서비스, 가령 특정 지역의 호텔 숙박에 대해 원하는 가격 범위를 제시하면, 거기에 해당되는 호텔들이 구매자에게 다양한 제안을 넣어서 낙찰받는 형태로 운영된다. 이는 오프라인이 아닌 온라인을 통해 가능한 방법이다.

최근 들어 인공지능 등의 기술이 발전하면서 인터넷이 그랬듯이 이들

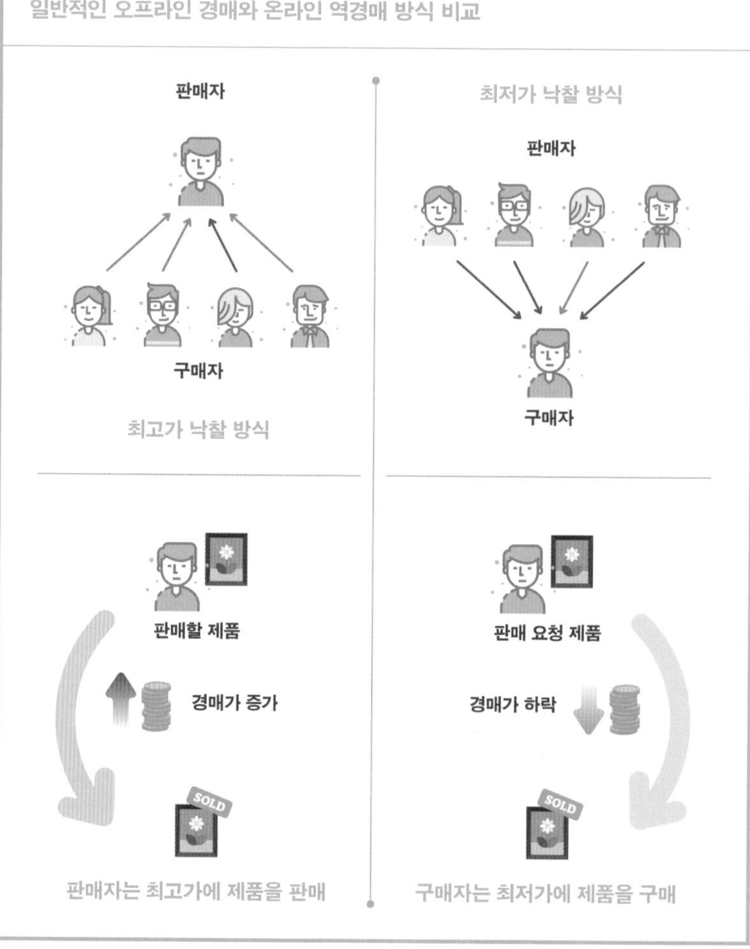
일반적인 오프라인 경매와 온라인 역경매 방식 비교
판매자
구매자
최고가 낙찰 방식
최저가 낙찰 방식
판매자
구매자
판매할 제품
경매가 증가
SOLD
판매자는 최고가에 제품을 판매
판매 요청 제품
경매가 하락
SOLD
구매자는 최저가에 제품을 구매

기술도 비즈니스 모델 발전에 큰 기여를 할 것으로 예상되고 있다. 여기서 인공지능은 기존에 축적한 데이터들을 기반으로 사람의 뇌와 유사한 신경망 학습을 함으로써 인간과 유사한 사고가 가능하다는 특징을 지닌다. 이러한 관점에서 인공지능을 이용한 비즈니스 모델을 분류하자면 아래의 표와 같이 개량형과 신규형으로 나눌 수 있다. 인공지능이 여러 산업 분야에 폭넓게 적용되기는 하지만, 기본적으로 인간의 사고를 모방하여 인간을 대체하는 데 중점을 두고 있다는 점에서 비즈니스 모델은 신규형보다는 개량형에 치우쳐 있다. 즉, 기존 시스템의 성능 향상에 주력한다.

인공지능을 활용한 비즈니스 모델은 기본적으로 3가지로 구분된다. 첫째는 단순 형태로 기존 시스템에 부가되는 것이고, 둘째는 시스템의 성능 향상에 기여하는 형태이며, 셋째는 외부 제어 없이 자율적으로 동작하는 형태다. 이제부터 각 모델들에 대해 자세히 살펴보자.

인공지능 기술을 활용한 비즈니스 모델의 유형

기존 시스템 부가형	개량형	패치 형태로 기존 소프트웨어에 부가 기능 제공 기존 업무 보조 SaaS 형태로 설치 및 제거 용이 기초적인 인간 대체 역할(패턴이 존재하고 반복적인 업무) CRM, 어시스턴트 등으로 이용
성능 향상형		기존 업무에 통합되어 성능 향상에 기여 시스템 통합 수준의 결합으로 코어 기능 향상 본격적인 인간 대체 역할
자율 동작형	신규형	기존에 없었던 새로운 비즈니스의 창출 자율주행차, 드론 등 하드웨어와의 융합

기존 시스템 부가형 비즈니스 모델

기존 시스템에 부가되는 인공지능 비즈니스 모델은 기존 시스템에 물리적으로 결합되는 수준으로 제공된다. 전형적인 SaaS 수익 모델을 따르기 때문에 사용하기도 편하고 시스템에서 분리해내기도 쉽다(SaaS는 'Software as a Service'의 약자로, 클라우드 환경에서 운영되는 애플리케이션 서비스를 말한다. 이 경우 모든 서비스는 클라우드에서 이루어지며, 소프트웨어를 구입해서 PC에 설치하지 않아도 웹에서 소프트웨어를 빌려 쓸 수 있고, 구독 형태로 소프트웨어 사용료를 받기 때문에 현금 흐름 측면에서 상당히 유리해 현재 대부분의 소프트웨어 업체들이 이를 수익 모델로 가지고 있다). SaaS 수익 모델은 접근성이 뛰어나 매출이 바로 발생하는 이점이 있는 반면에, 효용성을 상실하면 바로 제거당할 수 있는 단점이 있다.

이 비즈니스 모델은 주로 인공지능을 활용한 소프트웨어로 커스터마이징되어 구현되며, 특히 CRM customer relationship management: 고객 관계 관리에서 많이 사용된다. CRM에서는 기존 고객을 계속 붙들어놓는 동시에 잠재고객을 발굴하는 것이 중요한데, 이는 마케터들이 기존에 수행하고 있는 작업이기도 하다. 인공지능은 이들을 보조하여 기업이 보유한 대량의 데이터를 효율적으로 처리하는 동시에 기업이 보유하지 않은 외부 데이터, 예를 들어 주식, 기상 등의 정보를 결합해 기업의 마케팅을 최적화할 수 있다. 그 결과, 보유 데이터에서 그동안 알지 못했던 인사이트를 찾아내고, 더 많은 잠재고객도 확보할 수 있다.

대표적인 사례로, 마케팅 전문 AI 회사 애드고리즘Adgorithms이 자체 개발한 인공지능 소프트웨어 '앨버트Albert'가 할리 데이비슨의 마케팅에 활용된 것을 들 수 있다.[11] 앨버트는 할리 데이비슨의 CRM 데이터로부터 과거 우량 고객의 특징과 행동을 정의하고, 동일한 패턴을 보이는 고객들을 찾아 세밀하게 그룹을 지은 후 소수 샘플들을 대상으로 테스트 캠페인을 실시했다. 캠페인별로 예산과 기간을 설정하고, 광고와 커뮤니케이션의 최적 조합을 찾아내 메시지를 생성한 후 샘플 고객들에게 전송했다. 그리고 이 결과를 추적해 성과가 있었던 테스트와 성과가 없었던 테스트를 구분한 후 최적 조합을 적용했다. 일례로, 테스트 결과,

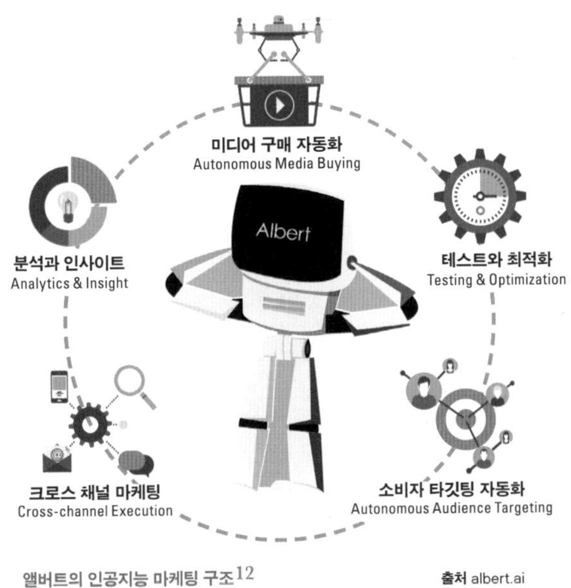

앨버트의 인공지능 마케팅 구조[12]　　출처 albert.ai

"전화주세요call"라는 광고 문구가 "구입하세요buy"라는 광고 문구보다 447% 더 효과가 있다는 결과가 도출되어 광고 문구를 수정했다. 이렇듯 인공지능 마케팅 소프트웨어를 활용해 각 단계 및 고객별로 독특한 맞춤형 콘셉트를 제시한 덕분에 할리 데이비슨은 잠재고객을 효율적으로 확보할 수 있었다.

대만의 AI 기업 애피어Appier는 인공지능을 활용해 잠재고객에 대한 마케팅 효과를 극대화하는 마케팅 자동화 플랫폼인 AIQUA를 운영하고 있다.[13] AIQUA는 고객과 이들이 사용하는 여러 기기들을 통합 매핑해서 해당 사용자에 최적화된 채널과 기기를 통해 마케팅함으로써 고객 참여율을 높인다. 이처럼 CRM에 특화된 기존 시스템 부가형 비즈니스 모델을 가진 기업들을 정리하면 다음 페이지의 표와 같다.

한편 인공지능 챗봇chatbot도 기존 시스템 부가형 비즈니스 모델에 해당한다고 볼 수 있다. 기업이 챗봇을 도입할 경우, 기존의 상담원을 대신해 고객과 의사소통함으로써 고객에게 빠른 응대가 가능할 뿐만 아니라 축적된 대화 데이터를 머신러닝으로 학습해 고객 니즈를 발굴하는 등 다른 용도로도 사용할 수 있다. 챗봇에는 기본적으로 인공지능을 활용한 음성 및 자연어 처리 기능이 탑재된다. 챗봇은 일반 소비자들을 대상으로 한 독립된 플랫폼으로도 기능한다. 가령 대화형 메신저로 기능하며 일반 소비자들을 대상으로 상품을 판매하거나 광고를 노출함으로써 수익을 거둔다.

이러한 챗봇 서비스를 제공하는 기업들은 66페이지의 표와 같다. 아직은 챗봇 서비스가 주관적이면서도 다양한 질문을 던지는 고객들에게

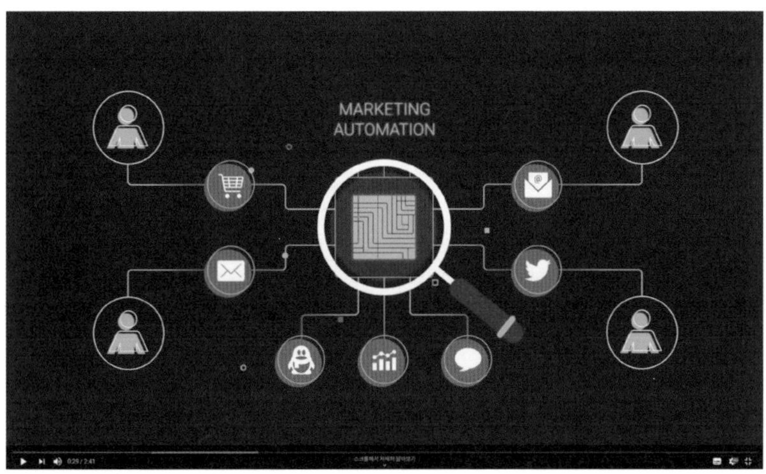

AIQUA 마케팅 자동화 구조[14]

인공지능 CRM 서비스 제공 기업과 AI 활용 보유 기술

InsideSales.com	영업 최적화 플랫폼(영업 대상, 영업 시점 등을 컨설팅)
Drawbridge	잠재고객을 분석해 그래프화
AUTOMAT	커스터마이징된 메시징 마케팅 플랫폼(로레알과 제휴)
Chorus.ai	고객 접촉을 통한 인사이트 파악으로 의사결정 향상
DigitalGenius	과거의 고객 데이터를 분석해 고객에게 제품을 제안
Retention Science	개인의 평생 구입 품목을 맞춤형으로 마케팅
TalkIQ	고객 대화를 분석하여 니즈 및 인사이트 분석
Amplero	고객과의 인터랙션을 머신러닝으로 최적화
INVOCA	고객과의 통화 내역을 분석해 마케터에게 필요한 정보 제공
afiniti	측정 가능한 수익성을 늘리는 고객의 미세한 패턴을 분석
conversica	자연어 처리와 머신러닝으로 잠재고객과 접촉해 참여율을 높이는 플랫폼 보유
Gong.ai	세일즈 대화를 기록, 변환 및 분석하는 지능형 대화 소프트웨어 보유

챗봇 서비스 제공 업체와 AI 활용 보유 기술

Solvy	고객 지원용 대화형 플랫폼
x.ai	개인 스케줄링
Kitt.ai	핫 키워드 탐색 및 대화형 엔진인 Chatflow
Snips	하드웨어 기기와 결합시킨, 개인화된 가상비서
CareerLark	직원 업무평가
Lattice	직원 업무평가
babylon	헬스케어 정보 문의 답변용 메신저
Disco	기업 미션 공유 및 가치 전파
Talla	기업 내부 문의에 대한 지휘 본부 기능
sher.pa	고객의 질문 전에도 답변이 가능한 가상비서

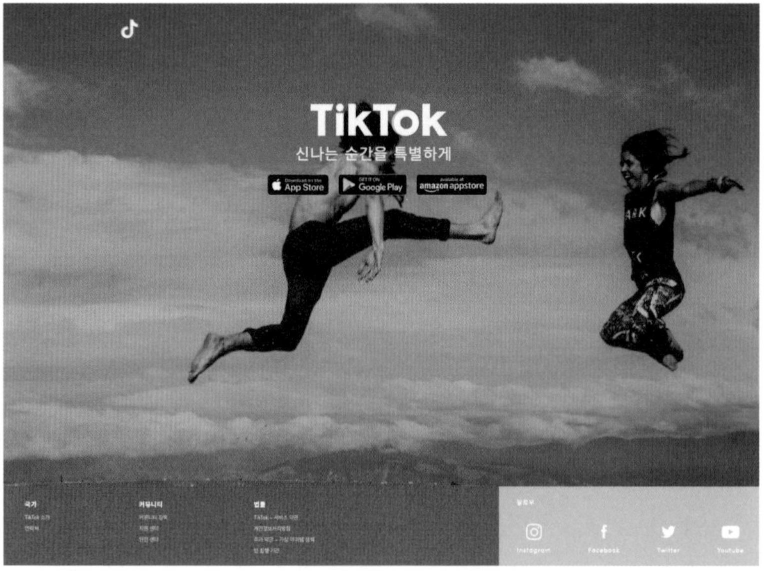

틱톡 홈페이지[15]

최적화되었다고 보기는 어렵지만, 데이터가 대량 축적되고 인공지능 기술이 고도화됨에 따라 지속적인 발전을 할 것으로 기대된다.

한편 인공지능 기반의 플랫폼 사업을 영위하는 업체들도 인공지능을 기존 시스템에 결합한 경우에 해당한다고 볼 수 있다. 대표적인 예로, IT 제품에 인공지능을 더한 아마존의 알렉사, 구글의 구글 홈, 애플의 시리, 마이크로소프트의 코타나Cortana 등이 있다. 영상 플랫폼 업체인 유튜브와 틱톡Tik Tok은 사용자와의 과거 온라인 인터랙션을 인공지능으로 분석해 사용자가 보고 싶을 것으로 예상되는 영상을 추천한다. 틱톡은 중국의 바이트댄스ByteDance가 보유한 15초 동영상 앱으로, 2018년 1분기에만 4,500만 회 이상의 다운로드 수를 기록해 유튜브를 제치고 1위에 올랐다. 틱톡에서 사용자들은 음악과 특수효과를 이용해 재미있는 15초짜리 동영상을 만들고 해시태그 등의 설명을 붙여 공유할 수 있어 10대와 20대 사이에서 많은 인기를 얻고 있다. 틱톡은 흥미로운 동영상을 이용해 사용자들을 붙잡아놓고, 인공지능 알고리즘을 통해 사용자 개개인에게 맞춤화된 광고 영상을 제시하는 방법으로 매출을 증대시킨다.

성능 향상형 비즈니스 모델

성능 향상형 비즈니스 모델에서는 인공지능이 시스템에 통합되어 핵심 기능을 근본적으로 변화시킨다. 이때 인공지능은 시스템에 화학적으로 결합되기 때문에 분리가 불가능하다는 단점도 있다. 그러나 인공지능이 시스템의 근본적인 변화를 이끌어내기 때문에 기존 한계를 뛰어넘는 무한대의 성능 향상도 기대해볼 만하다. 이는 인간을 대체할 수 있다는 점에서 큰 주목을 받고 있는 비즈니스 모델이다.

시스템 인공지능화의 대표적인 예로는 IBM의 왓슨, Ayasdi, H2O.ai 등을 들 수 있다. 특히 H2O.ai는 기업이나 조직이 겪는 인공지능 인력 부족 문제를 해소해줄 수준으로 자동화가 가능한 드라이브리스 AI Driveless AI 플랫폼을 제공한다. 드라이브리스 AI 플랫폼은 기업 보유 데이터를 머신러닝을 통해 고속으로 자동화하여 모델화한다. 드라이브리스 AI 플랫폼은 자동화 및 최첨단 연산 능력을 보유하여 기존에 수개월이 걸렸던 작업을 단 몇 분 만에 끝낼 수 있다.

성능 향상형 비즈니스 모델에서는 인공지능을 활용한 컴퓨터 비전 Computer Vision: 시각인식 기술을 통해 혁신이 가능하다는 점도 주목할 만하다. 즉, 측정, 분석, 진단의 과정을 거쳐야 하는 비즈니스의 전 과정에 인공지능을 활용한 시각인식 기술을 도입함으로써 비즈니스 모델의 근본

H2O.ai의 드라이브리스 AI[16]

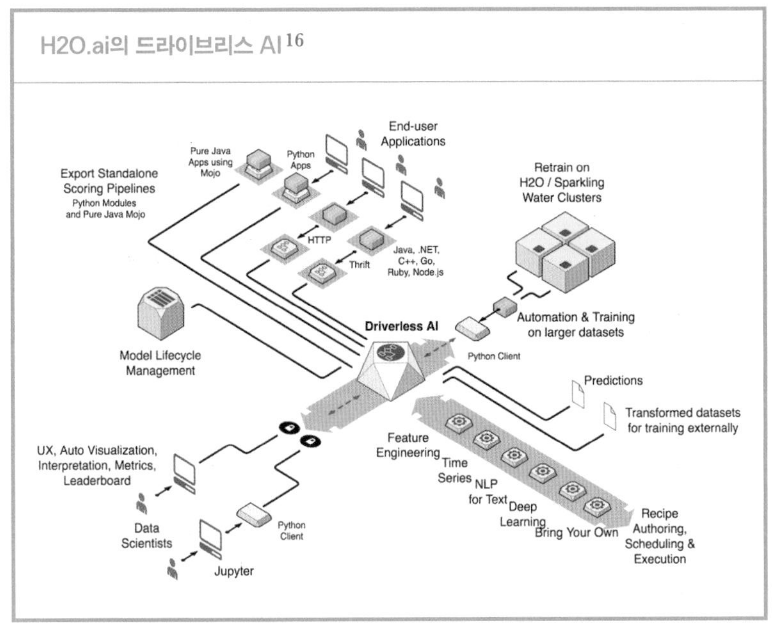

적인 혁신이 가능한 것이다. 모든 과정이 자동화되어 프로세스 자체가 신속하게 이루어지면서도 시각인식을 통해 더욱 정밀해지므로, 기존에는 상상하지 못했던 엄청난 성과를 거둘 수 있다. 의료 분야를 예로 들면, 기존에는 인간만이 가능했던 시각인식 능력을 인공지능이 인간을 뛰어넘는 수준으로 대체함으로써 인간의 육안으로 확인 불가능한 병변을 찾아낼 수 있다. 따라서 시각인식 기술을 활용해 의사보다 더 정확하게 암을 진단할 수 있는 기술 등이 개발되고 있다.

대표적인 예로, 미국 샌프란시스코에 위치한 아터리스Arterys의 의료영상 진단용 웹 클라우드 서비스를 들 수 있다. 이 서비스는 FDA의 승인을 받았으며, 심장, 폐, 간, 유방으로 분류된 각 사이트에 의료영상을

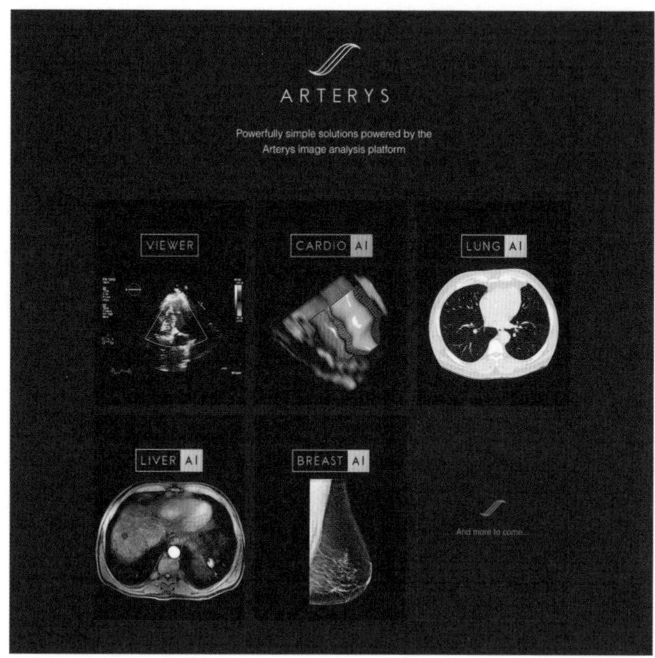

아터리스의 솔루션 제품들17

올리면 이를 분석해 의사가 빠른 진단을 내릴 수 있도록 도와준다.

또 다른 예로, 블루 리버 테크놀로지Blue River Technology는 머신러닝 기술을 통해 자라나는 작물을 시각적으로 인식해 잡초로 판단되는 식물에만 제초제를 선택적으로 분사하는 기술을 제공한다.[18] 미국에서는 작물 재배 과정에서 제초제를 너무 광범위하게 사용한 결과, 토양 오염이 심각해진 것뿐만 아니라 제초제에 내성을 가진 잡초들이 번식하게 되었다. 그러나 이 기술을 사용하면 제초제를 잡초에만 선택적으로 사용할 수 있어 제초제의 사용량을 90%가량 줄이는 동시에 광범위한 토양 오염을 방지할 수 있다.

블루 리버 테크놀로지의 잡초 시각인식 기술[19]

이 밖에도 많은 기업들이 인공지능을 통한 시각인식 기술을 활용해 기존 프로세스의 성능을 향상하기 위해 애쓰고 있다. 대표적인 기업들은 아래 표와 같다.

시각인식 기술을 활용하는 기업과 AI 활용 보유 기술

Zebra Medical Vision	의료영상 인사이트 플랫폼
Lunit	의료영상 중 비정상부 시각화
Tempus	통계 독립적 데이터를 의료영상과 결합해 진단 정확성 향상
Enlitic	엑스레이, CT, MRI 등 방사선과 진료 차트 분석을 통한 환자 진단 정보 제공
AiCure	환자 경과 사항을 모니터링하는 시각인식 플랫폼
Prospera	작물의 생육 상태 및 스트레스 수준을 모니터링하고 기후 변화 등과 결부시켜 농장에 인사이트 제공

자율 동작형 비즈니스 모델

앞서 언급한 기존 시스템 부가형과 성능 향상형 비즈니스 모델이 기존 비즈니스 모델을 개량한 정도의 수준이었다면, 자율 동작형 비즈니스 모델은 인공지능을 활용해 기존에 없던 새로운 비즈니스 모델을 제공한다. 즉, 인간의 제어 없이 사전에 인공지능에 프로그래밍된 알고리즘에 따라 결과물을 산출해낸다. 따라서 알고리즘만 정확하다면 인간을 완전히 대체할 수 있다. 이때 인공지능을 갖춘 하드웨어가 중심축 역할을 하되, 컴퓨터 비전 기술이 그에 버금가는 중요한 역할을 담당한다. 자율주행차, 자율비행드론, 로봇, 맵 서비스, 신약 디자인 등을 그 예로 들 수 있다.

케스프리Kespry는 드론을 활용한 인공지능 플랫폼을 통해 폭풍 등으로 파손된 지붕의 손상 정도를 자동으로 계산하여 보험사가 고객의 보험 지급액을 결정할 수 있도록 돕는다.[20] 보험회사 직원이 지붕 위에 올라가 일일이 지붕의 손상 정도를 체크할 필요가 없는 것이다. 또한 드론을 활용한 인공지능으로 건설사가 건설 현장에 적치한 모래 자재 재고량을 자동으로 확인하는 등 기업이 차후 공정 계획을 수립하는 데 다방면으로 활용할 수 있다.

케스프리 드론의 지붕 손상 촬영 사진[21]

맵 서비스인 오비털 인사이트Orbital Insight는 인공위성을 이용한 사진 촬영 및 분석을 통해 소비자, 에너지, 금융, 보험, 공공부문, NGO 등의 의사정책 결정에 필요한 인사이트를 제공한다.[22] 데카르트 랩스Descartes Labs는 인공위성, 센서, 교통수단 및 사물인터넷 기기들로부터 방대한 데이터를 수집하고 인공지능을 이용해 이를 가공함으로써 사용자에게 필요한 데이터를 제공한다.[23] 예를 들면, 인공위성 이미지를 사용해 옥수수 생산 지역을 찾아 옥수수의 발육 상태를 평가한 후 그 생산량을 예측한다. 이를 활용함으로써 사용자는 옥수수 생산량이 많을

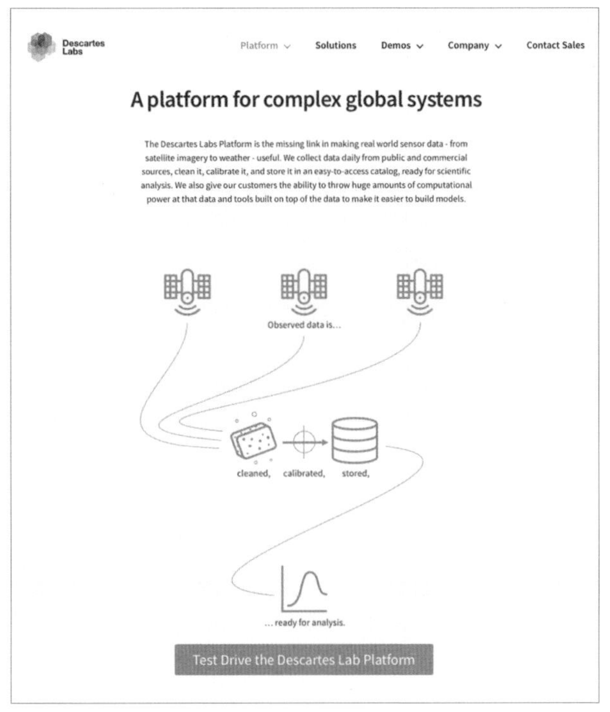

데카르트 랩스의 데이터 수집 방법 **출처** descarteslabs.com

것으로 예측되는 지역의 옥수수를 사전 매입해 충분한 재고량을 확보하는 등의 대비가 가능하다.

한편 자율주행차는 제조업인 자동차 산업을 서비스업으로 변혁시킬 것이며, 자율주행차가 상용화되는 시점은 다양한 신규 비즈니스 모델의 출발점이 될 것으로 예상된다. 자율주행차로 인해 등장할 수 있는 신규 비즈니스 모델들을 정리하면 다음 페이지의 표와 같다.

로봇도 인공지능과 결합되면서 비약적으로 발전하고 있다. 보스톤 다이나믹스Boston Dynamics의 백덤블링하고, 문을 열고, 장애물을 가볍게

자율주행차로 인해 발생 가능한 신규 비즈니스 모델

숙박업	자율주행차를 이용한 숙박업(야간 이동)
광고업	자율주행차 내부에 광고판 설치(탑승객이 오래 머무르는 점을 이용)
레저산업	자율주행차 내부에 게임, 영화관 등을 설치
보험업	자율주행차 유지보수업(유지보수 주기가 현재보다 단축됨)
보안산업	자율주행차가 해킹되어 테러에 이용되는 것을 방지하는 모니터링 서비스
사교업	리셉션을 자율주행차 내에서 주선
통신업	5G 중심으로 자율주행을 위한 기반통신 인프라 구축 사업
주차장임대업	자율주행차로 도심주차장이 공동화되어 타목적으로 사용
음식업	음식 등을 자율주행차로 배송, 차 내부에 자판기 설치
지역컨설팅업	자율주행차가 촬영한 주변 사진을 바탕으로 상권 등을 분석

장애물을 뛰어넘고 있는 보스톤 다이나믹스의 로봇 아틀라스Atlas

출처 theverge.com

넘고, 높이가 다른 계단을 뛰어 오르는 로봇, 혼다Honda의 사다리를 타는 로봇 등은 이제 로봇이 인간처럼 자연스럽게 움직일 수 있는 단계에 거의 다다랐음을 보여준다. 따라서 동일본 대지진 등과 같은 대형 재난이 발생하면 인간 대신 로봇이 투입될 날이 멀지 않았다. 이는 로봇 임대업 등 로봇을 중심으로 한 신규 비즈니스 모델이 탄생할 수 있음을 보여준다.

신약 디자인에도 인공지능이 이용되고 있다. AI 기반 신약 개발 스타트업 투자아twoXAR는 인공지능을 이용한 연산 플랫폼을 통해 유망 신약 후보물질을 알려주고, 사전 연구를 통해 그 유효성을 입증하여 리스크를 제거해준다.[24] 애텀와이즈atomwise.com도 신약 후보물질 발굴과 관련된 인공지능 플랫폼을 제공하는 비즈니스 모델을 바탕으로 한다.

근본적으로, 인공지능은 인간의 사고와 동일하게 기능하고, 이를 대체한 것에 불과하기 때문에 큰 틀에서의 비즈니스 모델 변화는 거의 없을 것으로 보인다. 그러나 앞서 언급한 자율 동작형 비즈니스 모델은 이전에는 볼 수 없었던, 인공지능과 하드웨어와의 결합이라는 점에서 향후 새로운 비즈니스 모델들이 많이 쏟아져 나올 것으로 예측된다.

인공지능과 관련된 사업을 하고자 한다면, 인력을 인공지능으로 대체할 경우 그로 인한 성능 향상이 어느 정도나 되는지, 기존 서비스 가격을 얼마나 낮추면서 이윤을 창출할 수 있는지를 사전에 면밀하게 검토해야 한다. 그리고 실제 수요가 있을지 여부와 법에 저촉되지 않는지 등의 여부도 확인이 필요할 것이다. 기타 인공지능 기반의 비즈니스 모델 유형에 대한 추가적인 정보는 이 기사를 추천한다.[25]

AI ____________

______ BUSINESS

TREND ________

04

가장 진보된 형태의 마케팅
_IBM과 언더아머Under Armour의 만남

어느 날 사람이 전혀 개입하지 않고 순수하게 인공지능이 제작한 광고와 콘텐츠를 보는 날이 오겠지만, 사람의 창의력과 감성을 넘어서는 콘텐츠가 나올 수 있을지 2019년 현재 시점에선 자못 궁금하다.

현재의 마케팅은 과거의 마케팅과는 현저히 다르다. 다를 뿐만 아니라 새로운 방향으로 진화를 거듭하고 있다. 다수를 대상으로 진행되던 마케팅은 개인 맞춤형으로 바뀌었고, 마케팅 채널도 신문, 잡지, TV 등 오프라인 위주에서 온라인 위주로 바뀌었다. 온라인에서도 이메일과 인터넷 배너 광고 등이 중심이었다면, 이제는 모바일과 영상, 웨어러블기기, 인플루언서 등을 통해 마케팅이 진행되고 있다.

특히 브랜드보다는 가성비와 실용성을 강조하는 밀레니얼 세대의 등장으로 인해, 마케팅에서 브랜드 충성도 같은 측면보다는 제품 자체의 품질과 가격이 더욱 강조되고 있다. 브랜드의 시대에서 제품의 시대로, 오프라인에서 모바일로, 대중에서 개인화로 마케팅의 초점이 계속해서 변하고 있다. 앞 장에서도 잠깐 언급했지만, 인공지능이 등장하면서 이 변화를 더욱 가속하고 있다. 지금까지 인간이 수작업과 직관에 의존해 시장 트렌드를 분석하거나 고객 행동 예측 자료를 만들었다면, 이제는 인공지능이 방대한 데이터를 빠르게 분석하고 인간이 고려하지 못한, 혹은 고려할 수 없는 사안까지 분석해낸다. 물론 인공지능 마케팅이라고 해서 거창할 필요는 없다. 정확한 타깃팅과 데이터 분석을 통해 적절한 마케팅을 진행한다면 충분히 브랜드 가치를 높일 수 있다.

인공지능은 마케팅 영역 밖에 있다가 어느새 성큼 그 중심으로 들어왔다. 모든 산업에서 인공지능이 주목받고 있듯이, 마케팅 역시 인공지능의 영향력에서 벗어날 수 없다. 향후 모든 기업과 브랜드의 마케팅 경쟁력은 인공지능을 얼마나 잘 활용할 수 있는가에 달렸다고 해도 과언이 아니다. 이미 많은 기업이 인공지능을 활용한 마케팅 전략을 추구하고 있으며, 각종 광고와 캠페인, 챗봇에도 인공지능이 큰 역할을 담당하고 있다.

마케팅 테크놀로지라고 불리는, 마케팅과 기술의 결합은 놀랍도록 빠른 속도로 진화하고 있다. 《해킹 마케팅Hacking Marketing》의 저자인 스콧 브린커Scott Brinker의 조사에 따르면, 2011년 150개에 불과했던 마케팅 테크놀로지 솔루션은 2016년 3,800개가 넘었고, 2017년에는 5,000개를 넘었다. 마케팅에 최신 기술이 결합됨에 따라 전략, 집행 방식, 활용 매체 등 마케팅 전반에서 커다란 변화가 이어지고 있다. 이러한 마케팅 테크놀로지의 발전은 곧 마케팅 담당자가 끊임없이 변화하는 시장과 관련 기술에 주의를 기울여야 한다는 것을 의미하기도 한다. 특히 4차 산업혁명을 대변하는 여러 기술 중에서도 가장 핵심은 바로 인공지능이다. 데이터 기반의 시대로 접어들면서 사람이 하는 데이터 분석을 인공지능이 대신하기 시작했다. 방대한 양의 데이터를 빠르게 분석하고 유의미한 패턴을 찾아내는 인공지능은 마케팅 전략을 수립하는 데 있어 필수불가결한 존재로 자리매김해가고 있다.

인공지능, 마케팅을 혁신하다

전통적 마케팅 프레임워크인 3C(회사Company, 고객Customers, 경쟁사Competitors), 4P(제품Product, 가격Price, 판매촉진Promotion, 유통/장소Place), 포지셔닝 등이 여전히 기능하고 있지만, 기존 마케팅 기법은 점차 데이터 기반의 머신러닝, 딥러닝 등의 기술을 접목하며 혁신을 거듭하고 있다. 그렇다면 인공지능을 통한 마케팅 혁신은 어떻게 이뤄지고 있을까?

'개인화 추천'은 이제 강력한 마케팅 무기로 자리 잡았다. 데이터 기반의 인공지능 기술을 통해 개인화 추천의 접근방식이 획기적으로 변화했기 때문이다. 기존에는 데이터를 분석하고 소비자와 제품 간 상호작용을 분석할 때 막대한 비용과 시간이 소모됐지만, 인공지능을 활용하면서 데이터를 빠른 속도로 분석하고 최적화 작업을 수행해 소비자 맞춤형 결과를 내놓을 수 있게 되었다. 특히 데이터를 기반으로 소비자가 좋아할 만한 제품이나 서비스, 혹은 소비자가 향후에 취할 행동을 높은 확률로 예측할 수 있게 됐다. 전통적인 마케팅 기법과 달리, 인공지능은 신속하면서도 정교하고 높은 예측 능력을 보이기 시작한 것이다.

또한 인공지능은 검색 기능과 방식을 바꾸기 시작했다. 10년 전만 해도 네이버 등의 포털 사이트나 구글 같은 검색엔진을 통해 제품을 찾을 때, 정확한 이름을 알지 못하면 제품을 찾기가 상당히 어려웠다. 오늘날 인공지능 기반의 향상된 검색엔진은 키워드, 이미지, 문장과 같은 다양한 검색 입력 방식을 통해서 놀라운 검색 결과를 보여준다. 예를 들어, 아마존에서 원하는 제품을 혹은 넷플릭스에서 보고 싶은 콘텐츠를 검색하기 위해 글자를 입력하는 순간, 수십 개의 추천 단어가 함께 나타난다. 아마존에서 'Pet(반려동물)'이라는 단어를 입력하면 그 즉시 다양한 연관 검색어가 표시된다. 구글에서는 사용자가 입력한 검색어에 오타가 있을 경우 자동으로 수정된 제안 단어 혹은 유사 키워드를 추천한다. 이러한 기술 발전을 토대로 온라인에서 손쉽게 제품과 브랜드를 찾을 수 있다. 만약 사용자가 실수로 키워드를 잘못 입력하더라도 검색엔진은 이를 그 즉시 분석해 올바른 브랜드나 제품명을 제공한다. 이 모든 작업은 인공지능이 모니터 스크린 뒤에서 열심히 데이터를 분석한 결과를 사용자에게 제공하기에 가능한 일이다. 마케팅 담당자는 브랜드와 제품을 알리는 방법으로, 검색을 통한 마케팅을 활용하기 시작했다.

2018년 4월, 루프미LoopMe와 사피오 리서치Sapio Research가 179명의 미국 마케팅 담당자를 대상으로 진행했던 설문조사에서 응답자의 32% 가량이 인공지능을 활용하면서 가장 가치가 있었던 항목으로 '매출에 긍정적 영향'을 꼽았다.[26] 인공지능 투자로 인한 '광고비 효율성 증대'도 마케팅 담당자들이 가치를 높게 평가한 항목이다. 인공지능이 제공하는 새로운 가치는 기존의 마케팅 전략과는 다른 '새로운 방식의 매출 상승과 혁신에 대한 기대'에 있다고 해도 과언이 아니다.

인공지능은 시장 예측 및 트렌드 분석에도 활용할 수 있다. 마케팅 담당자는 자신이 담당하는 브랜드가 고객의 기대를 충족하고 시장 상황에 따라 마케팅이 효과적으로 이뤄질 수 있도록 트렌드 분석을 수행한

미국의 마케팅 담당자들이 꼽은 인공지능의 활용 가치

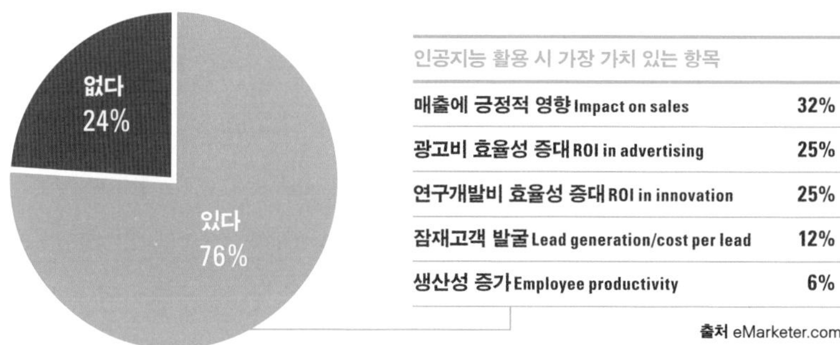

다. 만약 제품을 어느 시기에 몇 개를 팔아야 매출을 높일 수 있는지 알 수 있다면 마케팅에 적극적으로 투자할 시기를 결정할 수 있기 때문이다. 이와 같은 적절한 마케팅 시점 예측과 판매 전략에 도움을 주는 인공지능 기반 소프트웨어가 마케팅 일선에서 적극적으로 활용되고 있다. 인공지능 마케팅 소프트웨어는 주로 자연어 처리를 활용해 마케팅에 활용할 내용을 추출한다. 가령 현재 고객이 최우선으로 고려하는 제품의 특성이나 브랜드 인지도 등을 분석한 내용을 제공하는데, 주로 전화 통화나 채팅 상담을 통한 내용을 분석해 데이터로 정리한다. 또한 해당 브랜드의 기사나 온라인 커뮤니티에서 언급되는 내용까지 분석해 트렌드 결과를 제공하기도 한다.

인공지능을 통한 마케팅 혁신에서 가장 주목할 만한 부분은 콘텐츠 큐레이션이다. 인공지능을 활용한 콘텐츠 큐레이션은 광범위한 정보를 바탕으로 콘텐츠를 수집하고 분석해 타깃 고객층에게 맞춤형 콘텐츠를 전달한다. 이 기법의 가장 큰 장점은 데이터의 수집 범위가 넓어 사람이 직접 작업할 때보다 훨씬 더 다양하고 많은 정보를 수집할 수 있다는 것이다.

인공지능을 활용한 콘텐츠 큐레이션의 사례로, 미국 유명 스포츠웨어 브랜드인 언더아머Under Armour와 IBM의 협력 사례가 있다. 언더아머의 헬스케어 앱 '언더아머 레코드Under Armour Record'는 IBM의 인공지능인 왓슨을 활용해 고객들의 데이터를 분석해서 건강과 라이프스타일에 관한 맞춤형 정보 및 프로그램을 제공한다. 가령 사용자가 앱에서 나이와 신체 조건 등 자신의 기본 건강 정보를 입력하면, 사용자와 같은 연령 혹은 유사한 신체 조건을 가진 사용자들의 운동량, 영양 상태 등의 빅데이터를 분석해 사용자에게 권장할 만한 운동 프로그램이나 식단, 수면 시간 등을 제공한다. 사용자는 언더아머가 출시한 심박모니터, 피트니스 트래커, 체중계, 센서가 부착된 스마트 의류 등을 활용하거나, 삼성, 핏빗 등 언더아머 협력 업체의 웨어러블기기를 활용해 앱에 자신

IBM의 인공지능 왓슨을 활용한 헬스케어 앱 언더아머 레코드 출처 bebee.com

의 건강 데이터를 연동함으로써 더 정확하고 구체적인 조언을 얻을 수도 있다. 언더아머 레코드 앱은 인공지능을 토대로 사용자들의 건강 빅데이터를 분석하는 것뿐만 아니라, 왓슨과 연동된 날씨 및 환경 요인 등을 아울러 분석한다. 따라서 마치 개인 트레이너나 건강 컨설턴트에게 조언을 받듯이 개인에게 최적화된 수면과 운동 시간, 활동량 및 영양 섭취 등에 대한 정보와 프로그램을 얻을 수 있다. 언더아머의 앱은 사용자 수가 약 2억 명 이상에 달하며, '커넥티드 피트니스Connected Fitness'라는 비전 아래 신발과 의류 등의 제품, 고객, 커뮤니티를 연결하고 있다. 이렇듯 인공지능으로 분석한 정보를 고객에게 제공하면서 개인의 건강관리를 해주는 것은 물론 개인에게 맞는 자사 제품을 추천해줌으로써 마케팅 효과도 자연스럽게 얻을 수 있다.

인공지능 기반 마케팅을 얘기할 때 챗봇도 빼놓을 수 없다. 마케팅에서 챗봇의 중요성은 점점 더 커지고 있다. 고객은 항상 문의에 대해 신속하고 만족스러운 답변을 얻길 원한다. 기업은 작게는 몇 명에서부터 많게는 수백, 수천만 명에 이르는 고객의 문의를 상대해야 하는데, 이를 사람이 일일이 대응하는 데는 많은 어려움이 있다. 그런데 기업이 스마트폰 등 모바일 디바이스를 통한 챗봇 서비스를 도입할 경우, 사용자는 언제, 어디서든 문의 및 요청 사항을 전하고 피드백을 받을 수 있다. 즉, 고객센터 운영 장소나 시간에 구애받지 않고 궁금한 점을 물어볼 수 있으며, 특정 비즈니스에 대한 내용을 미리 학습한 챗봇을 통해 관련 정보를 즉시 제공받을 수 있다. 기업 입장에서는 챗봇을 활용해 고객에게 편리하면서도 맞춤화된 응대를 함으로써 긍정적인 고객 경험을 제공할 수 있다. 이것이 바로 챗봇이 고객 밀착 마케팅의 미래로 주목받는 이유다. 비즈니스에서 활용되는 챗봇은 다음과 같은 장점이 있다. 사용자와의 양방향 소통으로 콘텐츠 전달력이 높고, 사람이 아니므로 사용자가 심리적 부담 없이 질문할 수 있다. 시간에 구애받지 않고 24시간 이용이 가능하며, PC, 스마트폰 등 다양한 기기에서 별도의 설치 과정 없이 이용 가능하다. 또한 챗봇은 텍스트형, 음성형 등 다양한 형태로 구현할 수 있어 사용자 환경에 맞춘 효율적인 마케팅이 가능하다.

인공지능 기반 마케팅이 지닌 또 하나의 장점은 실시간 대응이다. 기업이 마케팅 성과를 높이기 위해서는 외부 시장 환경과 고객 개개인의 의사를 빠르게 파악하는 것이 중요하다. 일례로, 가성비를 중요시하는 소비자가 늘어남에 따라 고객 개개인에 맞춰 차별화된 가격을 제시하는 '다이내믹 프라이싱Dynamic pricing' 전략의 중요성도 커지고 있다. 인공지능 기술을 적용하기 전에는 과거 데이터를 활용해 고객의 연령, 소득, 시간 등의 데이터를 세분화해 가격을 나누었다. 그러나 지금은 인공지능 알고리즘을 통해 고객 개개인에 맞춰 가격을 실시간 변경하는 것이 가능하다. 게다가 매출을 실시간으로 파악할 수 있기 때문에 이에 따른 맞춤형 마케팅 전략 수립 역시 가능해졌다. 앞으로는 인공지능을 기반으로 가격을 실시간 변경하며 맞춤형 마케팅 전략을 수립하는 능력이 마케팅 담당자의 필수 역량이 될 것이다.

인공지능은 고객이 상품을 인지하는 것에서부터 구매에 이르기까지 소비활동의 모든 단계에 영향을 미치기 시작했다. 고객 타깃팅과 상품 추천, 구매 및 구매 데이터 분석에 이르기까지 마케팅의 모든 단계에서도 인공지능이 개입한다. 영국 시투Citu사에서 마케팅 리서치를 담당하는 로버트 앨런Robert Allen은 디지털 마케팅에 적용하는 RACE Reach, Act, Convert, Engage 프레임워크를 중심으로, 마케팅에서 활용되는 인공지능 기반 기술 15개를 분류했다.[27] RACE 프레임워크에서 R Reach: 도달은 주로 검색엔진, 소셜 네트워크 등에서 이루어지며, 콘텐츠를 배포하고 홍보함으로써 콘텐츠가 공유되는 단계다. 고객의 입장에서는 탐색의 단계다. A Act: 행동는 웹사이트, 블로그, 커뮤니티 등에서 이루어지며, 고객이 찾아볼 가치가 있도록 만드는 단계다. 고객의 입장에서는 의사결정의 단계다. C Convert: 전환는 전자상거래 프로세스, 제품, 가격, 프로모션 등에서 이루어지며, 고객의 입장이 구매로 전환되는 단계다. 마지막으로 E Engage: 참여는 열광하는 고객들이 브랜드 옹호자가 되어, 스스로 소셜 마케팅을 하거나 인증을 남기며 반복 구매가 일어나는 단계로, 고객 입장에서는 옹호의 단계다.

로버트 앨런은 인공지능 기술을 3가지 유형으로 분류했다. 머신러닝 기술, 응용 성향 모델Applied propensity models, 그리고 인공지능 애플리케이션이다. 그는 RACE의 단계마다 이 3가지 기술 유형을 적용하고 총 15개의 인공지능 기반 마케팅 기술을 설명한다.

R Reach 단계에서는 인공지능이 생성하는 콘텐츠AI generated content, 스마트 콘텐츠 큐레이션Smart content curation, 음성 검색Voice search, 프로그래매틱 미디어 비딩Programmatic media bidding: 광고 매체를 입찰 구매할 때 사람을 통해서 이뤄지는 것이 아니라 사전에 만든 알고리즘에 따라 자동으로 진행하는 방식이 포함된다. 인공지능이 생성한 콘텐츠를 통해 방문자를 끌어들이고, 인공지능이 콘텐츠를 추천해주는 알고리즘이 작동한다. 음성 검색은 미래의 SEO Search Engine Optimization: 검색엔진 최적화 전략을 바꿀 것으로 예상된다. 음성인식

으로 구동되는 각종 프로그램을 통해 음성 검색을 하는 사용자들이 늘어남에 따라 관련 플랫폼의 트래픽이 크게 증가할 수 있다. 프로그래매틱 미디어 비딩 역시 머신러닝 알고리즘에 의해 향상되고 있다.

A Act 단계에 적용할 수 있는 인공지능 기반 마케팅 기술로는 성향 모델링 Propensity modeling, 예측 분석 Predictive analytics, 리드 스코어링 Lead scoring, 광고 타깃팅 Ad targeting이 포함된다. 머신러닝으로 고객의 데이터를 분석해 예측할 수 있는 성향 모델을 만들고 고객의 행동 방식에 대한 예측을 진행한다. 고객의 의도를 예측하는 리드 스코어링은 머신러닝에 의해 생성된 성향 모델의 기준에 따라 학습된다. 이러한 예측과 분석 결과를 토대로 타깃 고객에 대한 효과적인 광고를 진행한다.

C Convert 단계의 인공지능 기반 마케팅 기술로는 다이내믹 프라이싱, 웹&앱 개인화 Web & App Personalization, 챗봇, 리타깃팅 Re-targeting이 포함된다. 마케팅 담당자는 고객을 구매 전환 단계로 이끌기 위해 가격을 전략적으로 변화시킨다. 동적인 가격은 머신러닝이 판단한다. 또한 고객에게 관련 높은 정보를 제공하기 위해 웹과 앱에서 개인화를 기반으로 콘텐츠를 노출한다. 챗봇을 통해 고객의 질문에 응대하고 주문을 진행할 수 있으며, 과거 데이터를 기반으로 타깃을 다시 지정해 광고를 최대한 효율적으로 만들고 최적화한다.

마지막으로 E Engage 단계의 인공지능 기반 마케팅 기술로는 예측 가능한 고객 서비스 Predictive customer service, 마케팅 자동화 Marketing automation, 1:1 동적 콘텐츠 이메일 1:1 Dynamic content emails이 포함된다. 새로운 고객을 유치하는 것보다 기존 고객을 대상으로 반복적으로 판매하는 것이 훨씬 수월한데, 이를 위해 기존 고객을 분석해 어떤 서비

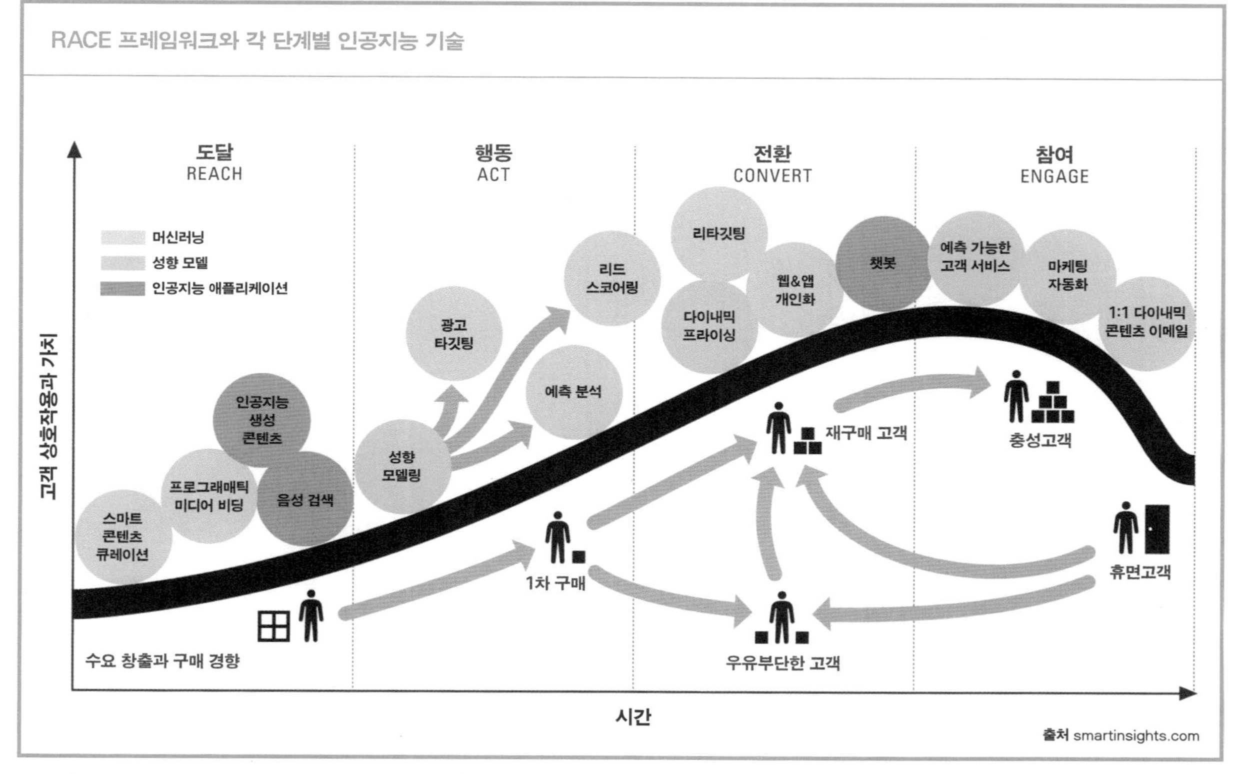

RACE 프레임워크와 각 단계별 인공지능 기술

스를 가입하거나 취소하는지 등을 알아내는 작업이 필요하다. 머신러닝을 활용하면 이러한 마케팅 활동을 효과적으로, 자동으로 진행할 수 있다. 마케팅 자동화와 유사한 방식으로, 머신러닝을 통해 생성된 통찰을 적용하여 효과적인 1:1 동적 콘텐츠 이메일을 생성할 수 있다. 머신러닝 분석을 바탕으로 고객의 성향을 파악하여 뉴스레터를 통해 가장 관련성 높은 제품을 노출하고, 가격 등 관련 정보를 함께 제공하는 것이다.

RACE 프레임워크와 각 단계별 인공지능 기술을 살펴보면, 인공지능은 마케팅 분야에서 개인화Personalization와 자동화Automation에 가장 큰 변화를 불러올 것으로 예상된다. 기존 고객의 데이터를 기반으로 효과적인 마케팅을 진행하기 위해 개인화에 맞는 데이터 분석을 하는 것, 그리고 이런 작업을 자동화하는 것이 마케팅에서 인공지능 기술이 활용되는 주요 방식이 될 것이다.

모든 비즈니스는 고객에 중점을 두고 있다. 많은 기업이 고객 중심을 외치지만, 사실 제품과 시장 중심의 구조에서 벗어나 고객 중심 구조를 만들기는 결코 쉽지 않다. 고객 중심 구조를 만드는 데 있어 큰 도움이 될 수 있는 기술이 바로 인공지능이다. 인공지능 기반의 마케팅은 예측과 분석을 통해 수많은 고객 개개인에게 맞는 기능과 추천사항을 제공할 수 있다. 제품이나 브랜드에 대한 고객의 반응을 예측하거나, 실제 반응을 수집해 분석하는 역할도 인공지능이 담당한다. 또한 단순한 데이터 분석에 그치지 않고, 개인이 소유한 기기(랩톱, 태블릿, 스마트폰 등)와 판매 플랫폼 사이에서 고객의 활동을 분석해, 고객에게 보낼 메시지나 콘텐츠를 조정하는 디지털 스토리텔링도 가능하다.

고객 중심 구조를 만들기 위해서는 데이터와 인공지능을 활용하면서 디지털 트랜스포메이션 프로세스와 시스템을 만들어 반복 가능하고 안정적인 기능을 제공해야 한다. 그럼으로써 프로세스와 시스템이 상당 부분 자동화되어 업무가 편리해지겠지만, 한편으로 마케팅 담당자들은 이런 변화를 고용에 대한 위협으로 느낄 수도 있다. 하지만 인공지능은 마케팅 담당자의 일자리를 빼앗기보다는 마케팅 담당자의 업무에서 힘든 부분을 대신 처리하고, 성과를 내는 데 유용한 도구가 될 수 있다. 물론 단순한 업무를 반복 처리하거나 업무를 대량으로 처리한다고 해서 좋은 인공지능이라고 할 수는 없다. 마케팅에서 인공지능 기술의 두드러진 장점은 고객이 더 나은 경험을 쌓을 수 있도록 프로세스에서 새로운 통찰을 발견함으로써 마케팅 담당자의 역할을 창의적·효과적으로 보완해준다는 데 있다. 이러한 장점이 향후 본격적인 인공지능 시대 마케팅에 가장 큰 변화를 불러올 것으로 예상된다.

알렉사와 시리 시대의 마케팅

알렉사나 시리 같은 음성인식 기술은 향후 기업이 소비자에게 물건을 파는 방식을 변화시킬 것이다. '인공지능 비서' 혹은 '가상비서'라고도 불리는 이들 음성인식 기술은 광범위한 데이터를 바탕으로 소비자가 신뢰할 수 있는 조언을 제공하고 고객의 활동을 자연스럽게 소비로 연결시킬 수 있기 때문이다. 지금까지 마케팅 플랫폼이 온라인과 모바일 기반으로 구성됐다면, 앞으로는 음성인식 관련 인공지능 플랫폼으로 확장될 것이다. 이제 오프라인과 온라인 공간에서 음성 기술과 음성 마케팅이 등장하면서 새로운 도전과 기회가 생겨나고 있다. 인공지능과 음성인식 기술은 향후 많은 기업의 마케팅 전략 수립 및 브랜드 이미지 형성에 큰 영향을 미칠 것으로 보인다.

실제 관련 기업들도 마케팅의 핵심인 소비자와의 상호작용은 '음성' 중심으로 재편될 것이라는 예측을 하고 있다. 2020년이 되면 온라인 검색의 50%가 '스크린'이 아니라 '음성'을 통해 이뤄질 것이라는 컴스코어comScore의 예상과 더불어, 실제 음성인식을 기반으로 하는 콘텐츠와 서비스가 점차 확산되고 있다. 하드웨어기기와 결합된 음성인식 및 인공지능 기술도 계속해서 발전하고 있다. 음성인식 기능이 탑재된 인공지능 스피커는 급속도로 소비자의 집 안을 장악해가고 있다. 알렉사가 탑재된 아마존의 에코 스피커는 최소 2,500만 개 이상 판매된 것으로 추산된다. 에코 스피커 외에 스마트폰, 태블릿 등에서도 알렉사를 사용할 수 있는 것을 고려하면, 음성인식 기능은 우리의 생각보다 훨씬 더 많은 곳에 존재함을 알 수 있다. 구글의 인공지능 스피커 '구글 홈Google Home'은 다국어를 제공하면서 한국 시장에도 정식 출시됐다. 구글 홈의 판매량 추세는 아마존 에코를 따라잡고 있을 정도로 인공지능 스피커 시장에서 격전이 펼쳐지고 있다. 구글의 인공지능 비서 '구글 어시스턴트' 역시 구글 홈뿐만 아니라 안드로이드 스마트폰에도 탑재되어 있어 시장 침투율이 상당히 높은 수준이다.

인공지능 스피커뿐만 아니라, 스마트폰과 태블릿 등에서도 음성인식 기능을 활용하는 것이 가능하다. 최근에는 텔레비전에도 음성인식으로 작동하는 환경이 갖춰졌고, 음성인식 기능이 탑재된 하드웨어가 점차 늘어나고 있기 때문에 음성인식과 인공지능을 토대로 마케팅을 펼칠 수 있는 채널 역시 광범위해지는 추세다. 인공지능이 고객과 음성으

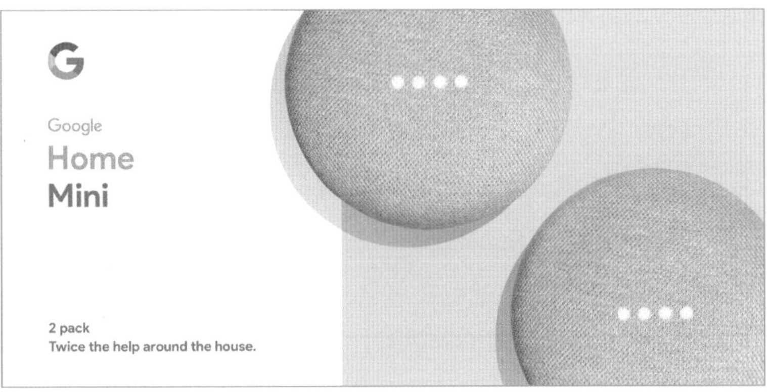

구글의 인공지능 스피커 '구글 홈 미니'의 광고 출처 walmart.com

로 대화하며 제품이나 브랜드를 추천할 수 있고, 데이터 축적과 인공지능 기술의 고도화가 이루어지면 고객의 음성을 통해 고객의 기분에 따라 평소와 다른 제품을 추천할 수도 있을 것이다.

이처럼 인공지능 플랫폼이 점차 확산되면서, 기업과 소비자를 연결하는 방식이 크게 바뀔 전망이다. 인공지능 비서는 소비자가 원하는 정보를 빠르게 제공한다. 이런 과정에서 단순히 텍스트와 이미지로 전달하는 시각 위주의 방식에서 벗어나 음성을 통한 청각 위주의 정보 제공이 또 하나의 큰 축을 이룰 것이다. 소비자가 인공지능 비서와 상호작용하며 제공하는 청각 정보 역시 폭발적으로 늘어날 것이다. 디지털 마케팅 시대의 목표 중 하나는 바로 소비자의 '참여'와 '상호작용'이다. 음성인식과 인공지능은 소비자의 참여와 상호작용을 끌어낼 수 있는 유용한 도구다.

인공지능 비서, 특히 음성인식 기반의 인공지능은 사람과 직접 대화하는 방식으로 더 많은 소비자의 관심을 끌어낼 수 있다. 인공지능은 소비자의 개인정보, 쇼핑 정보, 검색 정보 등 모든 데이터를 기반으로 소비자가 원하는 사항을 분석하며, 이를 토대로 소비자에게 계획된 일정에 푸시 알람을 보내거나 말을 건넨다. 소비자는 언제 어디서나 음성으로 편하게 인공지능에게 질문하거나 지시할 수 있다. 이렇듯 인공지능은 접근성과 편의성을 기반으로 소비자의 적극적인 참여와 원활한 상호작용을 이끌어낸다. 그리고 소비자의 참여와 상호작용이 많아질수록 더욱 많은 데이터가 축적된다. 더 많은 데이터는 인공지능이 충분히 학습하고 소비자의 니즈를 정확하게 파악하는 원동력이 된다. 즉, 마케팅 선순환의 고리가 형성되는 것이다.

인공지능 마케팅의 파괴적 진화

최근 인공지능 기반의 마케팅이 가장 많이 활용되는 온라인 플랫폼으로는 구글과 페이스북, 인스타그램 등이 있다. 사용자에 따라 각기 다른 광고가 노출되며, 조회 수가 비교적 높고 타깃 사용자 도달률이 일정 수준 보장되기 때문에 많은 마케팅 담당자가 페이스북과 구글 광고를 중심으로 마케팅 전략을 세우고 실행하고 있다. 이들 플랫폼은 인공지능 알고리즘을 기반으로 고객을 분류하고, 타깃 고객을 대상으로 한 마케팅과 광고를 진행한다. 최근에는 기업들이 광고에 인공지능을 등장시키거나 소비자가 직접적으로 인공지능을 접하는 형식의 마케팅으로 발전하고 있다.

버거킹은 2017년 구글의 인공지능 비서인 구글 어시스턴트를 광고에 활용해 큰 화제를 모았다. 15초짜리 광고 영상에서 버거킹 직원이 와퍼 버거를 손에 들고 구글 어시스턴트를 불러 와퍼 버거가 무엇이냐는 질문을 던진다. 이때 구글의 인공지능 비서를 활성화시키는 단어인 '오케이, 구글OK, Google'이 광고에 나온다.[28] 그런데 당시 해당 광고를 보고 있던 사람들 주변에 있는 구글 어시스턴트 관련 기기들이 '오케이 구글'이라는 단어를 인식하면서 활성화되어 와퍼에 들어간 식재료에 대해 설명해주는 사건이 벌어졌다.

버거킹의 '오케이, 구글' 광고 출처 adweek.com

구글은 이를 방지하도록 조치했고, 버거킹은 이와 관련한 새로운 광고를 다시 제작하는 등 한바탕 소동이 벌어진 적이 있다. 버거킹이 인공지능 음성인식 기술을 소재로 이런 기발한 광고를 만들면서, 당시 트위터에서 버거킹에 대한 포스팅이 4배 이상 증가하는 등 바이럴 효과를 톡톡히 거뒀다. 버거킹에 대한 인지도를 상승시킨 것은 물론 인공지능의 취약점을 기발하게 이용한 사례라고 할 수 있다.

광고 디자인뿐만 아니라 광고 카피를 작성해주는 인공지능 카피라이터도 있다. 퍼사도Persado는 인공지능 카피라이팅 플랫폼이다. 퍼사도는 마케팅 담당자들이 주로 쓰는 문장, 단어들과 기존 카피에 대한 소비자들의 감정을 분석하고 타깃의 연령·취향·감정에 맞게 조합하여 광고 카피를 작성한다. 단순한 정보 전달형 문구가 아니라 소비자의 감성을 자극하는 문구를 제공하는 것이다. 퍼사도를 소개하는 영상에서 퍼사도는 "뭐해? 오늘 저녁에 만날래?"라는 데이팅 메시지를 "오늘 공원에 가기 참 좋은 날이다. 그치?"로 바꿨다. "4시 30분입니다. 처방된 약을 복용하세요"라는 메시지는 "찰스 씨, 약 먹을 시간입니다. 당신의 가족은 당신이 건강하기를 바랍니다"로 바꿔 노출했다. 그 결과 퍼사도를 통해 노출된 광고 반응률이 기존 대비 80~110% 증가했고, 퍼사도 솔루션은 골드만삭스로부터 3,000만 달러(약 300억 원)를 투자 받았다. 퍼사도는 호텔스닷컴Hotels.com, 아메리칸 익스프레스American Express, 에어캐나다Air Canada 등의 고객을 보유하고 있으며, 인공지능이 넘볼 수 없을 것이라고 여겼던 감성을 자극하는 영역까지 인공지능이 대체할 가능성을 보여주었다.

온라인뿐만 아니라, 오프라인에서도 인공지능 마케팅이 가능하다. 영국에서 개발된 디지털 사이니지signage 광고판은 광고를 본 행인들이 해당 광고에 머무는 시간, 표정, 시선 등을 데이터로 수집해 분석한다. 이를 토대로 반응이 좋지 않은 광고는 내리고, 가장 반응이 좋은 광고만 노출한다. 인공지능을 통해 실시간 데이터 수집과 분석을 해낼 수 있기 때문에 이러한 방식의 마케팅이 가능해졌다.

국내에서는 신세계가 자체 개발한 인공지능 'S마인드'를 활용하여 고객 맞춤형 마케팅을 하고 있다. S마인드는 온오프라인 신세계 백화점에서 구매 이력이 있는 고객의 정보를 바탕으로, 고객의 취향에 맞는 브랜드를 분석하고, 개인별 선호 브랜드에 맞는 쇼핑 정보와 할인 정보를 취합해 모바일 애플리케이션을 통해 제공한다.

롯데제과는 2017년 IBM과 업무 협약을 체결하고 왓슨을 도입하여 방대한 소셜 네트워크의 데이터를 토대로 소비자 반응을 빠르고 정밀하게 분석하거나 이상적인 조합의 신제품을 개발하는 데 활용하고 있다. 롯데제과는 8만여 개의 인터넷 사이트와 각종 소셜 미디어 채널에서 음식과 관련된 소비자 반응이나 취향이 담긴 문장 등 1,000만 건이 넘는 데이터를 확보했다. 그리고 왓슨의 자연어 처리 및 분석 기능을 활용해 데이터를 항목별로 분류하고 과자, 초콜릿 등 카테고리별로 소비자가 좋아하는 재료와 맛을 찾아냈다. 인공지능이 분석해낸 '최근에 뜨는 맛'을 소비자 취향에 맞게 개발한 것이 바로 빼빼로 신제품이다. 롯데제과가 새롭게 출시한 '빼빼로 깔라만시 요거트'와 '빼빼로 카카오닙스'는 한 달도 채 안 돼 생산 물량이 모두 판매될 정도로 인기를 끌었다. 롯데제과는 빼빼로뿐만 아니라 다른 과자류에도 인공지능 분석을 확대 적용할 예정이다. 이처럼 소비자의 취향에 맞는 제품을 만들고 마케팅을 하는 과정에서 기업이 적극적으로 관련 데이터를 확보하는 것은 물론, 매출 증대까지 달성하는 사례가 점차 늘어나고 있다.

인공지능 마케팅을 가장 활발하게 펼치고 있는 분야는 금융업계다. 삼성카드와 국민카드 같은 신용카드사는 인공지능을 통해 카드 결제 승인 데이터를 분석한 후 실시간으로 모니터링하며 고객의 행동 시점에 고객 니즈에 적합한 혜택을 실시간으로 제공한다. 이러한 마케팅은 마케팅 담당자가 실시간으로 모니터링하는 방식이 아니라 인공지능이 고객의 카드 사용 내역을 학습하고 분석한 내용을 기반으로 진행된다. 또한 인공지능을 통해 고객 상담 내역을 데이터로 수집한 후 상담 유형과 고객의 니즈를 분석해내는 작업을 할 수 있다. 고객이 불편하게 여기는 부분을 제대로 분석하면 반대로 카드 상품 개발과 마케팅에 큰 도움이 되기 때문이다.

인공지능 마케팅의 장단점

앞서 언급한 사례와 같이 인공지능을 마케팅에 활용하면 긍정적인 측면이 많다. 먼저 고객을 분석하고 세분화하는 시간이 절약되며 더 상세하게 분류할 수 있다. 인공지능이 활용되기 전에는 고객을 파악하기 위한 즉각적인 데이터 수집이 불가능했고, 고객 세분화 작업에 큰 비용과 시간을 들여야 했다. 고객에 대한 이해와 통찰이 전략적 마케팅 캠페인의 핵심임을 잘 아는 마케팅 담당자들은 타깃 고객 분석에 상당히 많은 시간을 할애한다. 다행히도 인공지능을 활용하면서 고객을 분석하는 데 드는 시간이 대폭 줄었고, 더 정확한 예측을 할 수 있게 되었으며, 개개인에게 맞는 마케팅이 가능해졌다.

인공지능 기반 마케팅은 반복적이거나 불필요한 일을 컴퓨터에 위임한다. 따라서 마케팅 담당자들의 부담을 덜어줄 뿐만 아니라, 이들이 본연의 마케팅 업무에 더 집중해 문제를 해결하고 혁신적인 아이디어를 만들어낼 수 있는 시간을 제공한다. 가령 두 가지 이상의 시안 가운데 최적안을 선정하기 위해 시험하는 방법인 A/B 테스트를 진행하는 경우, 인공지능이 계속해서 A/B 테스트를 진행하며 이 모든 과정과 결과를 자동으로 저장하고 시각화할 수 있다.

그러나 이러한 인공지능 마케팅에도 부정적인 측면은 존재한다. 마케팅 용도로 활용하는 챗봇이나 음성인식 기술을 사람들이 모두 좋아한다고 볼 수는 없다. 물론 대화하는 대상이 인공지능이나 로봇이라고 느껴지지 않을 만큼 시스템을 정교하게 만들 수 있겠지만, 최신 기술에 익숙하지 않은 사람들은 이를 불편하게 여길 수 있다. 인공지능이 마케팅에서 실질적으로 활용되는 비중이 아직 높지 않다는 조사 결과도 있다.

2018년 브라이트에지BRIGHTEDGE의 설문조사 결과에 따르면, 최근 사용되는 마케팅 기술에서 인공지능이 차지하는 비중은 아직 그다지 높지 않다. 응답자의 70% 가량은 마케팅에서 인공지능을 사용하고 있다고 답했지만, 응답자의 절반 이상은 마케팅에서 인공지능이 차지하는 비중이 25% 이하라고 밝혔다. 마케팅 기술에서 인공지능을 절반 이상의 비중으로 활용하는 경우는 전체 응답자의 10% 남짓이었다. 마케팅에서 인공지능이 사용되고 있긴 하지만 아직 그 비율이 높다고 할 수는 없다.

인공지능이라는 단어 자체를 활용한 마케팅 방식에도 문제가 제기되고 있다. 실제로 인공지능 기반 기술이 적용되지 않았음에도 불구하고 '인공지능'이라는 단어를 활용해 과장 혹은 허위로 마케팅을 펼치는 사례가 있다. 국내 모 헬스케어 기업은 세계 최초로 딥러닝을 적용한 제품이라고 대대적으로 홍보했지만, 정작 해당 제품에 딥러닝 기술이 적용되지 않은 것으로 밝혀졌다. 대외적으로는 인공지능을 활용해 보다 혁신적이고 새로운 방식의 마케팅을 하는 것으로 널리 알려져 있지만, 알고보면 사람이 일일이 수작업으로 처리하고 있는 웃지 못할 경우도 있다.

인공지능의 알고리즘이 항상 옳은 것도 아니다. 수학적으로 설계된 인공지능의 알고리즘이 잘못될 확률은 낮지만, 알고리즘이 제대로 기능하지 않을 수 있다. 또한 인간은 공식이나 알고리즘으로는 설명할 수 없는 다양한 취향과 선호도를 지닌다. 게다가 인간 역시 인공지능과 마찬가지로 끊임없이 진화하고 변화한다. 알고리즘이 아무리 잘 설계되었다 해도, 경제 위기나 자연재해 같은 외부적인 요인과 사회적 분위기에 따라 급격하게 변할 수 있는 인간의 감정과 생각, 행동 등에 대해 모두 적절하게 대응할 수는 없다.

더 효과적인 인공지능 마케팅을 위해서는 더 많은 소비자 데이터가 필요하다. 인공지능이 소비자 관련 데이터를 더 풍부하게 학습하고 분석할수록 더 정교하고 예측도 높은 개인화 추천, 마케팅이 가능하기 때문이다. 그런데 이때, 방대한 소비자 데이터에 민감한 개인정보가 포함되어 있다던가, 불필요하거나 적합하지 않은 정보가 활용되는 경우 등의 문제가 발생할 수 있다. 개인정보가 마케팅에 활용되는 것에 대해 거부감을 가진 사람들이 꽤 많기 때문에 이는 쉽게 넘길 수 없는 민감한

마케팅 기술에서 인공지능이 차지하는 비중에 관한 브라이트에지의 설문조사 결과

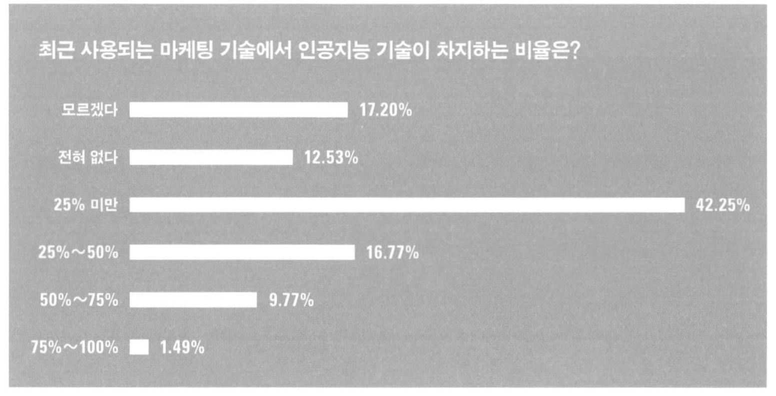

출처 브라이트에지

사안이기도 하다. 따라서 인공지능에 활용할 수 있는 관련 데이터를 꾸준히 축적하는 작업이 필요하며, 더불어 불필요한 데이터가 사용되지 않도록 데이터를 정제하는 작업에도 주의를 기울여야 한다. 예를 들어, 할리 데이비슨이나 나이키, 스타벅스의 고객은 다른 브랜드보다 충성도가 높기 때문에 의미 있고 지속적으로 쌓이는 데이터가 많다. 인공지능이 이러한 데이터를 학습하고 만족스러운 결과를 만드는 것은 그리 어렵지 않다. 반대로 사업을 시작한 지 얼마 지나지 않아 관련 데이터가 부족한 경우, 의미 있는 데이터를 구분해내기 어렵거나 타깃 고객층이 명확하지 않은 경우에는 인공지능을 활용해도 큰 도움이 되지 않을 수 있다.

인공지능 마케팅의 미래

지금까지 마케팅 전략에서 가장 많이 활용된 타깃팅은 과거 데이터를 기반으로 한 예측에 근거했다. 과거에 고객이 어디에서 얼마만큼 구매를 했고, 경쟁사 고객군은 어떤 유형의 사람들이며, 시장 트렌드는 어떻게 변화해왔는지 추세를 분석해 향후 마케팅 전략을 예측했다. 이와 같은 예측을 지속적으로 진행하다 보면 좀 더 정교한 타깃팅이 가능해진다.

그러나 인공지능의 등장으로 마케팅은 더는 과거 데이터에만 의존하지 않고, 현재 쏟아져 나오는 데이터를 실시간으로 분석하기 시작했다. 사물과 인간이 상호작용하면서 생성되는 데이터를 액티브 데이터active data라고 하는데, 인공지능을 활용하면 액티브 데이터의 실시간 분석이 가능하다. 기존의 예측과 분석을 통해 생성되는 데이터와 액티브 데이터를 결합해 실시간 처리하는 작업은 인간으로서는 불가능한 영역이다. 반면에 인공지능은 모든 분석과 평가, 조정, 실행을 실시간으로 수행할 수 있다.

세일즈포스Salesforce의 설문조사에 따르면, 현재 마케팅 담당자의 절반가량(51%)이 인공지능을 일부 영역에서 활용하고 있고, 2019년까지 인공지능을 활용하는 마케팅 담당자가 27%가량 증가할 것으로 예상했다. 이를 합치면 78%에 이르는데, 10명 중 8명의 마케터는 인공지능의 힘을 활용해 마케팅 전략을 수립하거나 마케팅 활동을 하게 되는 것이다. 고객 관련 데이터의 생성 양이 폭발적으로 늘어나고 자연어 처리나 머신러닝 기술이 발전하면서 데이터 기반의 인공지능 마케팅은 더욱 중요해질 것이다. 또한 인공지능은 마케팅 담당자의 계획을 유동적인 계획으로 전환시킨다. 고객의 반응을 실시간 분석함으로써 마케팅 계획이 수시로 바뀔 수 있기 때문이다. 이처럼 인공지능이 여러모로 마케팅 업무를 돕고 개선하더라도 여전히 인간 마케팅 담당자는 필요하다. 마케팅 담당자는 기획력, 창의력과 더불어, 돌발 상황에 맞닥뜨렸을 때 문제를 해결할 수 있는 대처 경험과 말로 설명할 수 없는 감, 직관 등을 가지고 있기 때문이다.

인공지능이 마케팅 업무에서 인간을 완전히 대체하려면 아직 꽤 많은 시간이 필요하다. 마케팅 담당자 대신 인공지능이 마케팅 전략을 세우고 실행하면서 분석까지 해내는 수준이 되려면 더 많은 시간이 걸릴지도 모른다. 마케팅의 경우 단순히 숫자나 데이터로 결과를 예측할 수 없는 부분이 많기 때문이다. 가령 사람은 날씨 변화나 사회적 이슈 등 다양한 연유로 마음이 급격하게 변하거나, 순간순간 감정에 휘둘려 돌발적인 생각이나 행동을 할 수 있다. 물론 이 역시 검색어나 관련 데이터 분석을 통해 인공지능이 빠르게 파악할 수 있지만, 사람의 감정까지 일일이 읽어내기란 아직 쉽지 않다. 또한 창의성은 인간이 가지고 있는 고유한 특성이다.

인공지능은 일반적으로 패턴이 있는 반복적인 내용을 학습해 이를 개선하거나 효율적으로 처리하는 데 유용하다. 고객 데이터를 수집하거나, 제품이나 시장과 관련된 숫자를 분석하는 등 일정한 패턴이 존재하고 반복적인 업무는 전부 인공지능이 대체하게 될 것이다. 그러므로 마케터 입장에서는 창의성을 발휘하는 작업에 더욱 몰두할 수 있는 여건이 조성된다. 지금도 사람이 전혀 개입하지 않고 순수하게 인공지능이 제작한 광고와 콘텐츠가 있지만, 기존 콘텐츠와 데이터를 학습해 그와 비슷하게 만들어내는 수준에 그친다. 기계가 표현할 수 없는 감성과 창의성은 아직까지 사람의 몫이다.

마케팅을 비롯해 대부분의 산업에서 인공지능은 인간의 조력자 역할을 하게 될 것이다. 그동안 사람들이 부득이하게 많은 시간을 들여왔거나 효율적이지 않은 업무 프로세스를 개선하기 위해 인공지능을 활용할 수 있다. 하지만 인공지능이 인간 마케터를 밀어내고 담당자가 되기는 쉽지 않다. 기존 마케팅 전략과 방식에 비효율성이 있다면 제거하고, 효과적으로 고객에게 다가설 수 있는 마케팅 전략을 만들어내는 몫은 오롯이 인간 마케팅 담당자에게 달려 있다.

어느 날 사람이 전혀 개입하지 않고 순수하게 인공지능이 제작한 광고와 콘텐츠를 보는 날이 오겠지만, 사람의 창의력과 감성을 넘어서는 콘텐츠가 나올 수 있을지 현재 시점에선 자못 궁금하다.

AI
BUSINESS
TREND

05

인공지능을 무기로 선택한 기업들

_ 성공적인 디지털 트랜스포메이션을 위한 제언

디지털 트랜스포메이션의 성공 여부는

인공지능을 얼마나 이해하고

준비하는지에 따라 성패가 갈리게 될 것이다.

국내에서 4차 산업혁명만큼 많이 언급되는 단어가 있다. 바로 '디지털 트랜스포메이션Digital transformation'이다. 디지털 트랜스포메이션은 디지털로 변화한다, 혹은 혁신한다는 의미가 있다. 디지털 트랜스포메이션은 단어 그 자체로는 '디지털 변화'라는 뜻으로, 대상 혹은 목적어가 없다. 현실적으로 디지털 변화를 이룰 대상은 바로 비즈니스 모델이나 기업, 기업의 활동 등이 될 수 있다.

전 세계적으로 디지털 트랜스포메이션을 나름대로 정의한 학자나 기업이 많다. IBM은 디지털 트랜스포메이션에 대해 '기업이 디지털과 물리적 요소를 통합하여 비즈니스 모델을 변화시키고, 산업의 새로운 방향을 정립하는 전략'이라고 정의했다. 컨설팅 기업 AT커니A.T. Kearney는 '디지털 신기술로 발생하는 경영 환경의 변화에 맞춰 프로세스를 빠르게 디지털로 전환하고, 비즈니스의 자체 경쟁력을 확보하거나 새로운 디지털 비즈니스를 만들어내는 기업 활동'이라고 정의했다.

따라서 디지털 트랜스포메이션은 '일반 기업 혹은 비즈니스를 디지털 기술을 활용해 변화시키는 것'으로 정의할 수 있다. 디지털 트랜스포메이션은 인공지능뿐만 아니라, 모바일, 사물인터넷IoT, 클라우드 서비스, 빅데이터와 같은 각종 디지털 기술을 토대로 과거의 비즈니스 환경을 빠르게 변화시키고 있다. 변화의 속도뿐만 아니라, 그 대상과 범위도 파격적이다. 제조, 생산, 물류, R&D, 마케팅, 인사, 총무에 이르기까지 기업 활동의 전반에 걸쳐 디지털 트랜스포메이션이 일어나고 있다. 기업 경영의 큰 흐름이 디지털 패러다임으로 이어지는 시대의 흐름 속에 탄생한 것이 바로 디지털 트랜스포메이션이다.

디지털 트랜스포메이션의 대표적인 기업은 바로 아마존이다. 아마존은 온라인 서점에서 시작했다. 온라인에서 책을 판매하는 비즈니스는

디지털 트랜스포메이션의 정의

Brain & company	디지털 엔터프라이즈 산업을 디지털 기반으로 재정의하고 게임의 법칙을 근본적으로 뒤집음으로써 변화를 일으키는 것
AT Kearney	모바일, 클라우드, 빅데이터, 인공지능, 사물인터넷 등 디지털 신기술로 촉발되는 경영 환경상의 변화에 선제적으로 대응하고, 현재 비즈니스의 경쟁력을 획기적으로 높이거나 새로운 비즈니스를 통한 신규 성장을 추구하는 기업 활동
PWC	기업 경영에서 디지털 소비자 및 에코시스템이 기대하는 것들을 비즈니스 모델 및 운영에 적용시키는 일련의 과정
Microsoft	고객을 위한 새로운 가치를 창출하기 위해 지능형 시스템을 통해 기존의 비즈니스 모델을 새롭게 구상하고 사람과 데이터, 프로세스를 결합하는 새로운 방안을 수용하는 것
IBM	기업이 디지털과 물리적인 요소들을 통합하여 비즈니스 모델을 변화시키고 산업 전반에 새로운 방향성을 정립하는 것
IDC	고객 및 시장(외부 환경)의 변화에 따라 디지털 능력을 기반으로 새로운 비즈니스 모델, 제품 서비스를 만들어 경영에 적용하고 주도하여 지속가능하게 만드는 것
World Economic Forum	디지털 기술 및 성과를 향상시킬 수 있는 비즈니스 모델을 활용하여 조직을 변화시키는 것

출처 디지털리테일 컨설팅 그룹

일반 유통회사와 별반 다를 것이 없다. 오프라인 매장이 아닌 인터넷이라는 IT 기술을 활용해 상품을 판매하지만, 인터넷은 아마존의 비즈니스를 효율적으로 만들어주기 위한 도구일 뿐 기업 자체가 디지털 트랜스포메이션을 했다고 할 수 없었다. 하지만 아마존은 아마존 웹서비스 Amazon Web Service, AWS라는 클라우드컴퓨팅 비즈니스를 시작하면서 점차 IT 기업으로 변신하기 시작했다. 클라우드컴퓨팅과 인터넷, 모바일을 통해 전자상거래 회사에서 디지털 트랜스포메이션이 완벽하게 진행된 IT 기업으로 변신하는 데 성공한 것이다. 아마존은 매출의 대부분을 AWS에서 확보하고 있으며, AWS를 기반으로 각종 IT 관련 사업을 확장해 영역을 넓혀 나갔다. 그리고 현재는 인공지능과 로봇, 드론을 개발하는 등 전 세계 최대 IT 기업으로 자리 잡았다.

아마존 외에 많은 혁신 기업들이 각 산업 분야에 디지털 트랜스포메이션을 빠르게 적용하고 있다. 스타벅스 역시 디지털 혁신을 통해 더 나은 고객 경험을 제공하겠다고 강조하며 지난 10년간 꾸준히 디지털 트랜스포메이션을 진행해왔다. 스타벅스 앱을 출시하고, 모바일 결제 기능을 추가했으며, 모바일 선주문 결제 기능인 '사이렌 오더'를 더하면서 스타벅스만의 디지털 트랜스포메이션을 완성했다. 공유 경제의 대표적 기업인 에어비앤비Airbnb 역시 일반 호텔이나 숙박시설과 다르게 모바일 앱과 각종 디지털 기술을 적용해 관련 산업에 커다란 변화를 불러일으켰다. 전기자동차 기업 테슬라Tesla도 기존 자동차 산업의 모든 것을 재정의했다. 테슬라의 등장 이후 기존 자동차 기업 상당수가 전기자동차를 개발하고 자율주행 기술에도 투자하면서 디지털 트랜스포메이션을 가속하고 있다.

이처럼 디지털 트랜스포메이션은 디지털 기술을 적용해 일반 기업과 비즈니스가 완전히 디지털, IT의 일부분이 되는 거대한 변화를 일으키는 도구로 활용되고 있다. 좀처럼 디지털 기술이 필요하지 않을 것 같은 분야에도 디지털 트랜스포메이션의 바람이 불며 다양한 산업과 비즈니스가 빠르게 디지털로 전환되거나 디지털 기술의 도움을 받기 시작했다. 공장 등의 전통적 제조업이나 농업 역시 디지털 트랜스포메이션을 받아들이고 있거나 필요로 하는 산업이다.

아마존이 무인 상점 아마존 고Amazon Go를 선보이며, 일반 상점에 대한 고정관념을 완전히 바꿔놓은 것 역시 디지털 트랜스포메이션의 사례다. 아마존 고는 외형적으로는 일반 상점과 비슷하지만, 매장에 점원이 없고 결제 창구도 없다. 고객이 원하는 물건을 쇼핑 카트에 넣고 그냥 출구 밖으로 나가면 인공지능 시스템에 의해 자동으로 결제가 이뤄진다. 바비 인형을 만드는 완구회사 마텔Mattel은 아이들이 점점 스마트폰이나 태블릿에 빠져드는 추세에 따라 매출이 감소했다. 마텔은 이런 시장 상황에 디지털 트랜스포메이션 전략으로 대응했다. 태블릿 위에 자사가 제작한 캐릭터 완구를 올리면 화면에 숨겨져 있던 새로운 캐릭터가 등장하는 전략을 선보인 것이다. 또한 바비 인형, 토마스 기차와 같은 유명 캐릭터를 모바일 앱으로 옮겨, 온라인에서도 아이들이 쉽게 접할 수 있도록 했다. 이렇듯 디지털 트랜스포메이션을 활용하면 일반 기업이나 상점에서도 지금까지 없던 새로운 비즈니스와 혁신 모델이 탄생할 수 있다.

인공지능 디지털 트랜스포메이션의 효과

인공지능 디지털 트랜스포메이션은 이미 전 세계 여러 기업에서 다양한 사례를 만들어낸 바 있으며, 여전히 활발하게 진행 중이다. 대표적인 사례로, IT 기술을 빠르게 도입하고 지속적으로 혁신을 추구하고 있는 스타벅스를 들 수 있다. 스타벅스는 인공지능 기반 '가상 바리스타 시스템'을 도입하기도 했다.[29] 이는 고객이 스타벅스 앱을 통해 음성 명령이나 텍스트 메시지로 가상 바리스타에게 음료를 주문할 수 있는 시스템으로, 더 만족스러운 사용자 경험을 제공하기 위한 개인화 고객 서비

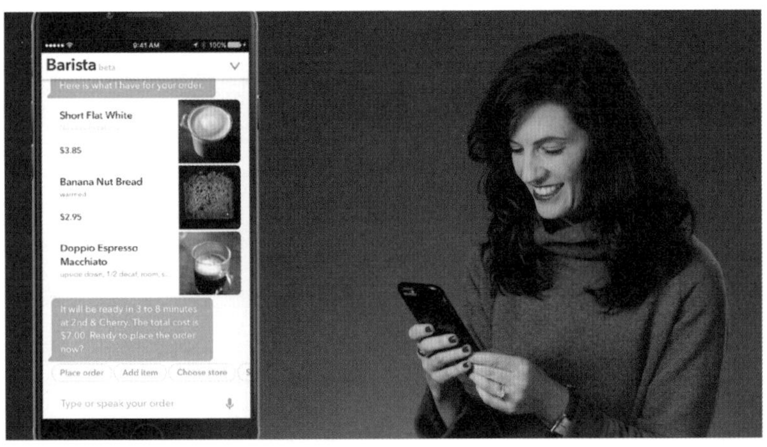

스타벅스의 인공지능 기반 '가상 바리스타 시스템'

스 가운데 하나다. 스타벅스의 인공지능 기반 주문은 국내에서도 가능하다. SK텔레콤의 인공지능 '누구' 또는 삼성전자의 인공지능 '빅스비'를 통해 음성으로 주문 가능하며, 사용자는 스타벅스의 바리스타와 이야기하듯이 취향에 맞게 시럽이나 크림량 등을 조절해 주문할 수 있다. 주차 가능 매장이나 드라이브 스루 매장을 검색할 수도 있다.

제너럴 일렉트릭GE도 인공지능과 머신러닝을 활용해 디지털 트랜스포메이션을 성공적으로 추진한 사례로 꼽힌다. GE는 산업 및 소비재 제품 회사에서 '디지털 산업' 회사로 변신했고, 2016년에는 소프트웨어 판매로 70억 달러(약 7조 8,000억 원)의 매출을 기록했다. GE는 산업 영역에서 사용 중인 각종 디바이스로부터 엄청난 양의 데이터를 수집한다. 가령 공장 설비에 센서를 부착해 데이터를 수집하고 설비와 설비 간, 공장과 공장 간을 사물인터넷으로 연결한다. 이렇게 수집된 데이터는 인공지능이 분석한다. GE는 데이터 수집과 분석이 GE의 미래라는 생각을 바탕으로 복합적인 인공지능 기술을 활용해 디지털 트윈Digital Twin이라는 개념을 만들었다. 이는 컴퓨터에 현실 속 사물의 쌍둥이를 만들고, 현실에서 발생할 수 있는 상황을 컴퓨터로 시뮬레이션해 결과를 예측하는 기술이다. 디지털 트윈은 지속적으로 유입되는 데이터를 실시간으로 수집하고 분석해 예측 모델을 수정할 수 있기 때문에 제조업뿐만 아니라 다양한 산업사회 문제를 해결할 수 있는 기술로 주목받고 있다.

영국의 내셔널 웨스트민스터NatWest 은행은 인공지능 챗봇 '코라Cora'를 개발했다.[30] 코라는 컴퓨터 모니터상에서 사람 모습을 한 아바타로 등장해 은행 직원의 업무를 대신한다. 이때 고객의 목소리를 인식해서 대화하거나, 은행 직원이 처리하는 업무를 음성을 통해 고객에게 전달

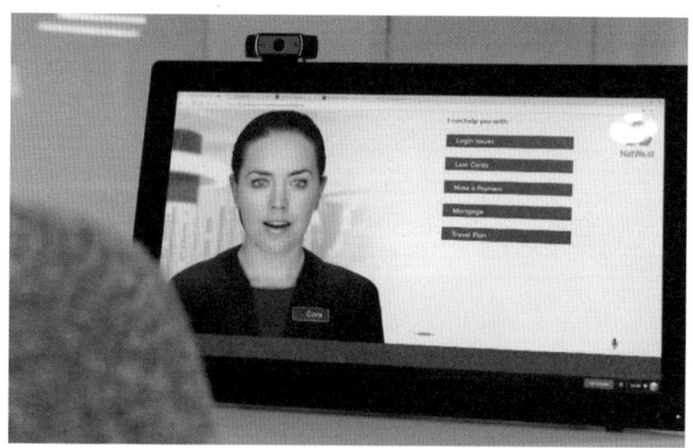

영국 내셔널 웨스트민스터 은행의 인공지능 챗봇 '코라'

한다. 만약 고객이 대출을 어떻게 신청해야 하는지와 같은 질문을 하면 코라는 친절하게 답변한다. 고객이 모니터를 보는 방식이 아니라 스마트폰을 사용하는 경우에는 채팅 메신저를 통해 대화를 한다. 매일 반복되는 일상적인 고객 질문에 대해서는 코라가 정확하게 답변할 수 있다. 이렇듯 챗봇을 사용하면 은행은 고객 응대를 효율적으로 하는 동시에 비용 절감 효과를 얻을 수 있다. 고객도 창구에서 은행 직원을 기다릴 필요 없이 챗봇을 이용하는 즉시 질문하고 답변을 받으면서 개인 시간을 절약할 수 있다.

도미노 피자는 인공지능 기술을 적극 활용하며, 이로 인한 디지털 트랜스포메이션을 지속적으로 추구하는 기업이다. 도미노 피자는 드론이나 로봇 등을 활용한 무인 피자 배송 기술을 연구하는데, 세계 최초로 인공지능 기반의 자율주행 배송 로봇인 '드루Dru'를 공개하기도 했다.[31] 도미노 피자는 모든 피자 판매 기업의 가장 큰 고민거리인 '따뜻한 피자를 어떻게 빠르게 고객에게 배달할 수 있을까?'라는 질문에 기술적인

도미노 피자의 자율주행 배송 로봇 '드루' **출처** design-industry.com.au

해결책을 얻고자 노력해왔다. 그 결실 중 하나인 '드루'에는 여러 장애물을 피해 목적지까지 자율주행할 수 있는 기술이 탑재돼 있고, 피자를 따뜻하게 보관할 수 있는 칸, 음료를 시원하게 보관할 수 있는 칸이 갖춰져 있다.[32] 드루 같은 기술이 대중화될수록 피자 배달원의 일자리는 조금씩 줄어들 것 같다.

국내에서도 인공지능 디지털 트랜스포메이션 사례가 점차 늘어나고 있다. 특히 금융업계에서 디지털 트랜스포메이션이 빠르게 진행되고 있는데, 인공지능이 금융 투자 조언을 제공하고 포트폴리오 및 수익률 관리 등을 담당하는 서비스는 이미 널리 확산되어 대기업을 비롯해 스타트업에서도 제공하고 있다. 또한 주식 투자는 물론 보험 상품, 신용카드 상품 등 다양한 영역에서 인공지능을 통한 개인 맞춤형 서비스가 제공되고 있다. 인공지능 기반의 콜센터, 로봇텔러 상담 서비스도 개발됐다. 고객이 자주 하는 문의에 대해서는 인공지능 챗봇이 채팅 형태로 1차 상담을 진행한다. 상담사의 대화 내용을 학습한 로봇 상담사가 고객과 대화를 진행하는 형태의 서비스도 점점 고도화되어가고 있다.

그 밖에 다양한 분야에서 디지털 트랜스포메이션이 진행되고 있다. SK텔레콤이 약 2년에 걸쳐 자체 개발한 인공지능 네트워크 '탱고'는 빅데이터 분석과 머신러닝을 기반으로 하는 인공지능 네트워크 관리 시스템으로, 빅데이터 분석을 통해 네트워크의 문제점을 찾아 스스로 해결하고 최적화한다. 탱고는 지역과 시간대별 트래픽 정보를 토대로 품질을 자동으로 최적화하고, 네트워크에 이상이 발견될 경우 최적의 대응 방안을 직접 제안한다. 또한 실시간으로 네트워크 상태를 분석하면서 고객에게 제공되는 네트워크 품질을 수치로 집계해 관리한다. 대기업뿐만 아니라 스타트업도 인공지능을 통해 다양한 분야의 디지털 트랜스포메이션을 가속화하고 있다. '수아랩'은 제조 공정에서 발생하는 불량 및 오류 이미지를 인식해내는 인공지능 기술 솔루션을 제공하는 스타트업이다. 머신비전(고성능 카메라와 소프트웨어 등으로 구성된 시스템으로, 사람이 눈으로 보고 판단하는 과정을 기계가 대체한 것)에 특화된 딥러닝으로 인공지능이 정상과 불량 이미지를 학습해 제조 공정에서 사람이 판단하기 어려운 불량이나 미세한 흠집까지 찾아낼 수 있다. 이런 기술을 토대로 수아랩은 검사 무인 자동화 솔루션 및 스마트팩토리(설계부터 개발, 제조, 유통·물류 등 모든 생산 공정에 디지털 자동화 솔루션이 결합된 지능형 생산공장) 솔루션을 제공해 제조업계의 디지털 트랜스포메이션을 가속화하고 있다.

인공지능을 활용한 디지털 트랜스포메이션은 이미 세계 곳곳에서 활발하게 진행되고 있다.

에스토니아

북유럽에 위치한 에스토니아는 디지털 변화를 가장 빠르고 광범위하게 받아들이는 국가로 손꼽힌다. 1990년대 초반 구소련에서 독립한 에스토니아는 빠르게 경제 발전을 이룬 나라이며, 세계 최초로 전국에 무료 와이파이존을 만든 것으로 유명하다. 에스토니아는 20여 년간 IT를 빠르게, 전폭적으로 받아들였다. 전 세계 최초로 전자 영주권 제도를 도입하기도 했고, 블록체인 기반 국가 데이터베이스 플랫폼을 구축하는 등 블록체인 및 인공지능과 같은 최신 디지털 기술을 국가 전체에 빠르게 적용해왔다. 에스토니아는 향후 인공지능과 로봇에 '전자인'으로서의 권리를 부여하고, 인공지능의 법적 신분을 인정하는 법안을 추진하고 있다. 인공지능의 지위를 보장하면 인공지능으로 인한 사고가 발생할 경우 책임 소재를 명확히 가릴 수 있다. 인공지능의 기술적·법적 문제를 전문으로 담당하는 기관도 설립될 것으로 보인다.

덴마크

덴마크 정부는 2018년 1월 디지털 트랜스포메이션을 위한 '덴마크 디지털 성장 전략'을 발표했다. 이 전략의 일환으로, 대기업과 중소기업, 스타트업 간 상호 연계와 협력을 위한 '디지털 허브 덴마크'를 구축할 예정이다. 디지털 허브의 중심 기술은 인공지능, 빅데이터, 사물인터넷이다. 디지털 허브는 덴마크 정부의 정보통신기술 전략을 조언하는 자문위원회 역할도 겸하며 2018년부터 2022년까지 1억 1,000만 크로네(약 190억 원)의 예산을 배정받았다.

덴마크는 유럽에서도 IT 수준이 높은 국가로 손꼽히며, 인공지능을 통한 국가 변화가 시작될 것을 일찌감치 예견하고 이에 따른 준비를 하고 있다. 덴마크는 이미 인공지능 기반 응급환자 발생 예측 기술을 개발해 실험을 진행하는 중이다. 지역 대학과 의료기관의 주도로 유틀란트 반도 지역 시민 17만 명의 의료 데이터를 통합한 후 인공지능이 이 데이터를 토대로 향후 100일 이내에 응급실에 실려갈 수 있는 확률을 계산하는데, 정확도가 90%에 이르는 것으로 나타났다. 한편 덴마크 기상 연구소는 인공지능을 사용해 북극의 해빙을 지도로 만드는 작업을 진행 중이다. 연구진은 북극 해빙의 위성사진을 인공지능으로 분석해 기존의 해빙 연구를 개선하고, 더 정확한 지도를 제작한다. 이는 원래 연구자들이 직접 북극까지 가서 캠프를 설치하고 혹한의 기후를 견디며 장기간 작업해야 하는 어려운 프로젝트이지만, 인공지능을 전격 도입함으로써 더 정확하고 신속하게, 한결 수월하게 작업하는 것이 가능해졌다.

인도

인도 역시 세계적인 IT 강국으로 손꼽힌다. 인도 정부는 인공지능, 머신러닝, 사물인터넷 및 블록체인과 같은 다양한 디지털 기술 분야 중에서도 인공지능에 집중하기 위해 향후 2년간 미화 4억 8,000만 달러 규모의 투자를 집행할 계획이다. 인도 정부는 인공지능 관련 연구 및 정책 개발을 가속하고 인공지능 기술의 대중화를 촉진하기 위해 산업부 산하에 태스크포스를 구성해 국가 차원의 인공지능 로드맵을 만들고 보고서를 발표하는 등 적극적으로 인공지능에 투자하고 있다.

2017년 12월 글로벌 컨설팅 기업 액센츄어Accenture가 발표한 보고서는 인공지능을 활용해 기업 및 사회를 위한 더 나은 결과를 창출하기 위해 디지털 트랜스포메이션을 추진함에 따라 인도 경제에 9,570억 달러(약 1,022조 원)를 추가할 수 있다고 예상했다. 또한 이 보고서는 인공지능이 연간 인도 총부가가치(GVA)를 1.3% 증가시킬 잠재력이 있으며, 2035년 인도의 수입을 15% 증가시킬 것으로 전망했다.

디스크 드라이브와 스토리지 솔루션을 제공하는 기업 시게이트Seagate Technology의 조사에 따르면, 인도는 국가 주도하에 광범위하고 강력하게 인공지능 기술을 도입해왔으며, 많은 기업이 이미 비즈니스에 인공지능 솔루션을 활용하고 있다. 인도는 아시아에서 인공지능 채택률이 가장 높은 국가 중 하나다. 인도의 많은 기업이 IT(83%), 고객 지원(46%), 제품 혁신 및 R&D(42%), 공급망 및 물류(38%) 등의 분야 가운데 하나 이상의 분야에 인공지능 기술을 도입했다.

인도의 센스포스Senseforth 인공지능 연구소가 만든 챗봇 '에바Eva'는 대표적인 성공 사례다. 에바는 구글 어시스턴트와 연동되며, 사용자는 영어를 기반으로 양방향 대화에 참여할 수 있다. 에바는 은행 챗봇으로 활용되는데, 웹사이트에서 85% 이상의 정확도로 무려 500만 건 이상의 사용자 문의에 응답한 기록이 있다. 이처럼 인도는 적극적으로 인공지능을 받아들이고 연구개발하면서 인공지능을 통한 국가 차원의 디지털 트랜스포메이션을 추진하고 있다. 디지털 트랜스포메이션이 국가 차원에서 진행되면 기업이나 개인이 추진하는 것보다 강력하고 광범위한 영향력을 발휘하게 된다. 시게이트가 아시아 지역의 IT 전문가 600명을 대상으로 한 설문조사에서 응답자 대부분은 인공지능이 비즈니스에 가져올 수 있는 영향에 대해 낙관적으로 생각하고 있다고 밝혔다. 인도의 거의 모든 기업이 향후 1년 내에 더 많은 인공지능 솔루션을 채택할 계획을 갖고 있다고 답변한 결과를 보면, 인도에서 인공지능을 활용한 변화와 혁신은 한층 더 거세질 것으로 예상된다.

국내에서도 인공지능 기반의 디지털 트랜스포메이션에 대한 기업과 학계의 연구 및 비즈니스 적용의 움직임이 점차 커지고 있기 때문에, 국가 차원에서 이에 대비해야 할 필요가 있다. 정부는 인공지능 핵심기술을 조기 확보하기 위해 국가 차원에서 대형 인공지능 프로젝트를 추진하고 인공지능 대학원 등을 신설해 인재를 확보하겠다는 계획을 이미

밝힌 바 있다. 4차 산업혁명 위원회는 인공지능 기술 연구개발에만 2022년까지 2조 2,000억 원을 투자할 계획이다. 인공지능 기반 디지털 트랜스포메이션이 확대되면 관련 산업 및 인재의 육성, 기술 적용으로 인해 산업 전반에 효율성이 증대하고 비용이 절감되는 등 국가 차원에서도 큰 도움이 된다.

시장조사 기관 IDC와 마이크로소프트는 아시아 태평양 지역을 대상으로 디지털 트랜스포메이션을 통한 효과에 대해 조사하고 그 결과를 발표한 바 있다. 국가의 GDP국내총생산는 기업의 활동을 통해 만들어지는데, 디지털 트랜스포메이션을 진행한 기업이 그 몫을 차지하는 비중이 늘어날 경우 디지털 트랜스포메이션은 GDP 상승의 효과를 불러온다. 한국의 경우 디지털 트랜스포메이션으로 얻는 효과가 아시아 태평양 지역 평균보다 더 높은 것으로 나타났다. 2017년 8%에 불과했던 비중은 2019년에 33%, 2021년 65%로 매년 그 비중이 확대될 것으로 전망됐다. 디지털 트랜스포메이션에는 인공지능 외 다양한 기술이 포함되지만, 인공지능이 디지털 트랜스포메이션에서 차지하는 비중은 결코 작지 않다. 인공지능을 통한 디지털 트랜스포메이션이 활발해질수록 이로 인한 GDP 상승 효과가 커질 것이다.

어떻게 인공지능 기업으로 변화할 것인가

인공지능 분야 유명인사의 글에서도 인공지능 기반 디지털 트랜스포메이션의 중요성을 찾아볼 수 있다. 인공지능 업계의 구루로 꼽히는 앤드루 응Andrew Ng 스탠퍼드대학 교수 겸, 랜딩 AILandingAI 창업자는 '어떻게 AI 기업으로 변화할 것인가'라는 글에서 인공지능 기업으로 변화하기 위한 방법론이 일반적인 기업 혁신 방법과 크게 다르지 않다는 점을 밝혔다. 앤드루 응 교수는 구글과 바이두에서 인공지능팀을 이끌면서 쌓은 경험을 바탕으로, 인공지능 기업으로 변화하기 위한 가이드라인을 다음과 같이 제시했다(앤드루 응 교수의 가이드라인에 일부 의견을 덧붙였다).

1. 작은 프로젝트부터 실행하라

기업이 인공지능에 익숙해지고 구성원이 인공지능 관련 업무를 하는데 동의하는 정도면 충분하다. 실행 가능한 수준의 비즈니스와 기술을 바탕으로 인공지능을 적용하는 프로젝트를 만들고, 비즈니스 성과를 측정할 수 있는 목표를 세운다. 명확히 성과를 보일 수 있는 프로젝트를 통해 기업 내 인공지능 저변을 확대하면서 지속적으로 새로운 프로젝트를 할 수 있는 기반을 마련한다.

2. 인공지능팀을 만들어라

회사 전체를 지원할 수 있는 수준의 인공지능 기술력을 확보하고, 앞서 언급한 프로젝트를 지속적으로 끌고 나갈 수 있는 팀을 만들어야 한다. 기업 내부에 인공지능팀이 만들어지면 지속적으로 운영할 수 있도록 기업 차원에서 활용 가능한 사내 표준과 플랫폼을 만든다. 인공지능팀에서 다른 팀에 인공지능 관련 사항을 전달하면서 인공지능을 활용할 수 있는 체계를 만든다. 이와 더불어 여러 부서에서 활용할 수 있는 전사적 플랫폼을 개발하는 것이 중요하다.

3. 기업 전반에 인공지능 교육을 실시하라

인공지능 전문가는 찾기 힘들지만, 인공지능 전문가를 양성할 수 있는 다양한 교육 콘텐츠는 비교적 쉽게 찾을 수 있다. 코세라Coursera와 같은 온라인 공개강좌나, 유튜브 영상 등을 통해 인공지능 관련 교육을 기업 내 많은 사람들에게 효과적으로 제공할 수 있다. 인공지능 전문가를 고용해 교육 콘텐츠를 만드는 것도 내부 직원에게 인공지능을 배우고자 하는 동기를 부여할 수 있다.

4. 인공지능을 활용할 전략을 세워라

기업의 사업 분야에 맞는 강점을 만들기 위해 인공지능을 활용한다. 일반적으로 구글 같은 거대 기업과 경쟁하는 것은 쉽지 않다. 대신 기업의 사업 분야에 특화된 인공지능 기술을 연구해 해당 분야에서 경쟁 우위를 점할 수 있어야 한다. 이때 다양한 분야에서 가능한 한 많은 데이터를 확보해 인공지능에 활용한다. 데이터는 인공지능에서 가장 중요한 요소다. 인공지능 기반 기업의 상당수가 데이터 전략을 수립하는 데 심혈을 기울인다. 유료 서비스는 물론이고, 다양한 무료 서비스를 제공해 인공지능에 활용할 데이터를 풍부하게 확보하고 이를 통해 수익을 창출하는 전략이 가능하다.

확보한 데이터를 어떻게 가공해서 사용할지에 대한 판단도 중요하다. 회사에서 필요한 사업 영역 혹은 내부 업무에서 사용할 데이터를 구분해야 한다. 데이터가 준비되면 인공지능을 활용한 비즈니스 모델, 내부 업무 효율성을 높이는 방안 등 다양한 전략을 수립한다. 가장 먼저 인공지능을 통해 기존 서비스를 효율적으로 운영하거나 확대하는 방안을 고려할 수 있다. 이때 사람들이 일정한 패턴으로 반복 수행하던 업무는 인공지능을 통해 처리하고, 사람들은 새롭고 효과적인 서비스 창출에 더 많은 시간을 쏟을 수 있는 여건을 조성해야 한다. 다음으로는 인공지능을 통해 새로운 서비스를 만들어낼 수 있다. 음성인식 인공지능의 경우 기존 서비스와 연계하면 음성인식 자동 주문 기능을 더할 수도 있고, 상담 업무를 자동화할 수도 있다. 인공지능이 제안하는 패션 스타일 서비스, 인공지능 기반의 뉴스 요약 서비스 등이 탄생할 수도 있다.

5. 커뮤니케이션 채널을 구축하라

인공지능은 기업에 상당한 영향력을 발휘한다. 그러한 영향력이 기업의 주요 이해관계자들(투자자, 정부, 고객, 내부 직원 등)에게까지 발휘되기 위해서는 기업 내외부에 커뮤니케이션 채널을 구축하는 것이 필요하다. 가령 기업은 투자자가 기업의 가치를 더 정확하게 판단할 수 있도록 커뮤니케이션할 의무가 있는 만큼, 인공지능으로 창출할 미래 가치와 전략에 대해 투자자에게 설명해야 한다. 한편 인공지능은 정부의 각종 규제가 적용될 수 있는 분야이기 때문에 정부 규제 안에서 활용해야 한다. 동시에 인공지능이 기업과 사회에 가져올 가치와 이익 등을 설명하고, 정부와 신뢰를 쌓아가는 노력이 필요하다. 기업의 제품과 서비스를 사용할 고객과의 커뮤니케이션도 중요하다. 마케팅 담당자는 적절한 마케팅, 홍보 전략을 통해 인공지능 기술의 효율성과 편의성이 부각된 제품 및 서비스에 관한 정보를 최종 사용자인 고객에게 전달해야 한다. 기업 내부 직원과의 커뮤니케이션을 통해 인공지능에 대한 기업 전체의 이해도를 높이는 과정도 필요하다. 많은 직원들은 인공지능의 도입으로 인해 자신의 일자리를 뺏길 수도 있다고 걱정한다. 명확한 내부 커뮤니케이션으로 직원들에게 인공지능에 대해 제대로 설명하고 이해도를 높이면, 막연한 걱정을 불식시키고 인공지능을 확산하는 데 도움이 될 수 있다.

인공지능 기반의 디지털 트랜스포메이션

인공지능 기반의 디지털 트랜스포메이션을 위해서는 데이터, 기술, 인프라, 사람, 비전을 조합해야 한다. 개인이 디지털 트랜스포메이션을 추구하는 경우라면 다양한 형태의 디지털 기술을 이해하고 인공지능을 개인 업무 능력 향상 혹은 개인 일상생활에서 활용하는 정도로 그 범위를 생각해볼 수 있다. 반면 기업이 디지털 트랜스포메이션을 추구할 수 있는 범위는 고객 접촉부터 비즈니스 개발, 운영, 기술력 등 거의 모든 사업 영역에 해당할 것이다.

인공지능을 활용한 디지털 트랜스포메이션을 추구할 때 가장 기본으로 염두에 두어야 할 사항은 데이터 수집, 외부 데이터 연계와 처리, 분석에 이르기까지 '데이터 라이프 사이클'을 이해하는 것이다. 또한 다음과 같은 사항들을 검토할 필요가 있다.

1. 인공지능 적용을 고민하라

인공지능은 하나의 단순한 기술이 아니다. 여러 장점을 제공할 수 있는 다양한 기술과 학문이 복합적으로 구성된 기술이다. 인공지능을 이해하기 위해서는 컴퓨터공학은 물론 수학, 전자공학 등 다양한 분야의 지식이 필요하다. 또한 이러한 학문적 지식에 비즈니스와 실무 영역을 더하는 과정이 필요하다. 이를 위해 명확한 적용 범위를 설정하고 기대 효과를 수치로 설정해야 한다. 가령 고객센터에 인공지능 자동응답 기능을 도입해 고객센터 직원의 근무 시간을 줄이려고 한다면, 고객과의 통화에 인공지능으로 응대하는 시간이 전체 고객 응대 시간의 몇 퍼센트를 차지할 것인지 등 구체적인 수치와 적용 여부를 고민해야 한다.

2. 전문 인력을 활용하고 연구 조직을 만들어라

인공지능은 최신 기술로서 컴퓨터가 스스로 판단하고 결과물을 내놓는 특성이 있지만, 이를 활용하며 인공지능의 장단점을 이해하는 것은 결국 사람이다. 인공지능 디지털 트랜스포메이션도 결국 사람을 통해 진행되므로, 전문 인력을 활용하거나 연구 조직을 구성하면 인공지능을 적재적소에 훨씬 더 효과적으로 적용할 수 있다. 이러한 인력과 조직을 바탕으로 비즈니스 전반에 걸쳐 혁신 문화를 만들 수도 있고, 인공지능이 비즈니스에 어떠한 영향을 미치는지 여러 실험을 해보는 것도 가능하다. 또한 인공지능 관련 전문 인력과 연구 조직은 장기적으로 비즈니스 자체에도 큰 이점을 가져올 수 있는데, 가령 특허나 지적재산권 같은 독점적인 권리를 확보할 수도 있다. 인공지능 기반의 파일럿 서비스나 컴퓨터 프로그램을 만드는 해커톤Hackathon: 해킹과 마라톤의 합성어로, 마라톤을 하듯 일정 시간 동안 소프트웨어 개발 관련 작업군의 사람들이 함께 프로젝트 작업을 하는 이벤트을 진행하는 것도 유용하다. 전문 인력 외에 조직 내 구성원들이 인공지능에 관심을 갖도록 만들 수 있고, 여러 아이디어를 도출해낼 수 있기 때문이다.

3. 유용한 레시피를 활용하라

훌륭한 음식 레시피에는 요리사가 축적한 경험과 요리의 정수가 담겨 있다. 이러한 레시피는 단기간에 만들어지는 것이 아니라 오랜 기간 수많은 테스트를 거치고 노력을 거듭한 끝에 태어난다. 레시피가 탄생하고 그대로 유지될 수도 있지만, 새로운 조합을 연구하고 테스트하는 과정에서 변형 및 재탄생되기도 한다. 인공지능에서도 레시피라고 할 수 있는 기본 아키텍처와 디자인 패턴 등이 있다. 인공지능 기술에 생소한 조직의 경우 이러한 인공지능 레시피를 활용함으로써 목표에 보다 빠르게 도달할 수 있다. 또한 기존 레시피를 활용하는 과정에서 실험적이고 혁신적인 기술 혹은 디지털 트랜스포메이션 방법을 찾아낼 수도 있다. 조직이나 비즈니스에 필요한 인공지능 분야를 먼저 찾고 이미 준비되어 있는 레시피를 활용하는 것은 디지털 트랜스포메이션을 가속할 수 있는 좋은 방법이다.

4. 데이터를 준비하라

데이터는 인공지능을 활용하는 데 있어 가장 중요한 요소 중 하나다. 필요한 데이터를 보유하고 있는지, 불필요한 데이터는 제거되어 있는지 등을 확인해야 한다. 특히 실시간으로 데이터가 생성되거나 외부 데이터를 처리해야 하는 상황일 경우 데이터 준비에 더욱 심혈을 기울여야 한다. 잘못된 데이터에서 비롯된 결과물은 디지털 트랜스포메이션을 더디게 하는 요인이 된다.

인공지능 도입 프로세스

인공지능 기업으로 변화하기 위해서는 주요 비즈니스 분야에 대한 인공지능 도입 영역을 명확하게 구분해야 한다. 인공지능 기반 디지털 트랜스포메이션은 다음과 같은 영역에서 이루어진다. 먼저 미래 예측이다. 인공지능을 통해 제품의 수요와 공급을 보다 정확하게 예측하고, 생산 및 물류 배송 등을 더 효율적으로 처리할 수 있다. 아마존은 물류센터 재고를 예측하고 상품을 해당 물류센터에 미리 보내놓는 등의 물류 처리 작업 과정을 인공지능을 통해 고도화한다. 미래에 발생할 위험 요소를 예측하거나 유지보수 수요를 예상하는 작업, 트렌드 리서치 등에도 인공지능을 활용할 수 있다. 다음은 자동화와 최적화다. 비용 절감 및 효율성 향상을 위해 창고나 매장 운영을 자동화하거나, 반복되는 오류와 프로세스를 개선하는 데 인공지능이 활용된다. 판매 가격을 최적화하고, 고객 개인화 프로모션을 진행하는 등 제품과 서비스의 마케팅 및 홍보 최적화에도 인공지능이 활용된다. 과거 실적을 바탕으로 판매처, 공급처의 우선순위를 결정하는 등의 업무 역시 인공지능을 통해 자동으로 이루어진다. 마지막으로 개인화를 들 수 있다. 개인화된 정보나 추천을 제공하고, 편리한 사용자 경험을 제공하는 비즈니스 영역에서 인공지능 도입이 가능하다.

인공지능을 어떻게 도입할지에 대한 접근 방법은 기업의 특성이나 처한 상황에 따라 다를 수밖에 없다. 앞서 언급한 디지털 트랜스포메이션을 위한 가이드라인이나 제언을 따르려 해도, 현실적 제약에 부딪히게 되는 경우도 있다. 대기업의 경우 인공지능 관련 인력 채용이나 투자를 집행하는 데 있어 비교적 여력이 있지만, 중소기업이나 스타트업은 비용이나 인력 문제로 인해 인공지능 도입에 어려움을 겪을 수 있다. 그렇다고 인공지능 도입을 마냥 미루거나 포기할 수는 없다. 디지털 트랜스포메이션이라는 시장의 큰 흐름에서 도태되어 기업이 생존 능력을 잃을 수 있기 때문이다. 2018년 글로벌 회계 컨설팅 법인 언스트 앤 영Earnst&Young 한영은 국내 중견 기업과 중소기업 102곳을 대상으로 설문조사를 실시했다. '언제 인공지능을 도입할 것인가'라는 질문에 응답한 국내 기업의 97%가 '5년 이내'라고 답했다. 특히, 2년 이내에 도입을 원한다고 응답한 기업은 87%에 달했다. 인공지능은 모든 기업에 디지털 트랜스포메이션을 실현할 수 있는 중요 기술로 부상했다.

중소기업이나 스타트업은 인공지능 플랫폼 및 서비스를 제공하는 기업과의 협업을 가장 먼저 고려할 수 있다. 숙박·여행 관련 플랫폼 기업인 야놀자는 KT와 업무 협약을 체결해, KT의 인공지능 '기가지니'를 자사 숙박 서비스에 연동시켰다. 코웨이는 아마존의 음성인식 인공지능 '알렉사'를 공기청정기에 연계했다. 사용자는 간단한 음성 명령으로 공기청정기를 작동시키고, 원하는 정보를 확인할 수 있다. 이처럼 인공지능 플랫폼 서비스를 활용하는 방안과 더불어 '인공지능 라이트AI Lite' 개념을 도입할 수 있다. 이는 고도로 정교한 인공지능 시스템이나 프로그램을 개발하기 어렵고 직접 자원을 투자하기 어려운 기업이 저렴한 비용으로 필요한 수준의 인공지능을 적용할 수 있는 솔루션이다. 인공지능 라이트는 ERP(전사적 자원 관리), CRM(고객 관계 관리), 소셜 미디어 데이터, 판매 데이터와 같은 영역에서 유의미한 데이터를 추출하는 방식으로, 규모가 작은 기업이 활용할 수 있다. 인공지능 라이트가 고성능의 인공지능보다는 덜 복잡하고 비용이 적게 들지만, 단기간에 만들어지는 것은 아니다. 인공지능이 제대로 작동하는 데 필요한 데이터를 분류하고, 비즈니스에 맞는 설계 및 구현을 하기 위한 시간이 필요하다.

기업 상황 및 비즈니스 분야에 따라 인공지능을 가급적 빠르게 시작할 수 있는 수준에서 적용하는 것도 하나의 방법이다. 이 경우 기존에 나와 있는 인공지능 플랫폼이나 소프트웨어를 도입해 적용한 후 점차 고도화하는 방안이 가장 합리적이다. 처음부터 너무 높은 수준에서 시작할 필요는 없다. 비용도 많이 들지만, 고도화될수록 관련 인력과 투자가 필요하므로 상황에 맞는 인공지능 도입과 디지털 트랜스포메이션 전략이 필요하다.

인공지능 디지털 트랜스포메이션의 미래

디지털 트랜스포메이션은 어느 날 갑자기 등장한 혁신이 아니라 컴퓨터와 인터넷이 발명된 이후 계속 이어져 오고 있는 흐름이다. 디지털 트랜스포메이션이 가속화된 배경을 살펴보면 지난 10년간 모바일, 클라우드, 사물인터넷 등 디지털 기술의 놀라운 혁신으로 자동화, 지능화가 진행되면서 시작됐음을 알 수 있다. 일반 기업이 고객 관리, 운영, 비즈니스 모델, 데이터 관리 및 분석 등의 업무 영역에서 기존 방식을 고수할 경우 IT 전문 기업과 비교해 차별성도, 경쟁 우위도 확보할 수 없었기 때문이다. 자동화와 개인화, 지능화 같은 인공지능 고유의 특성은 기업 경쟁력의 핵심으로 자리매김해가고 있다.

기술 공급 측면에서 보면 기존 디지털 기술 및 시장은 저성장을 지속하고 있지만, 클라우드, 블록체인, 인공지능, 사물인터넷 등의 새로운 디지털 기술은 과거와 달리 질적인 변화와 발전을 거듭해나가고 있다. 과거에 비해 디지털 기술은 기업이 이용하기 쉽도록 낮은 비용으로 공급되고 있으며, 다양한 산업군의 요구에 맞춰 빠르게 변화하고 있다. 디지털 트랜스포메이션이 화두가 된 이유는 인공지능과 로봇, 빅데이터 같은 디지털 기술의 급속한 발전과 더불어 디지털 기술을 비즈니스에 적용해 기존 사업을 디지털로 전환하는 혁신 기업들이 등장했기 때문이다.

혁신 기업들의 매출과 해당 산업에서의 선전을 지켜보면서 전통적인 사업 형태를 고수하던 기업들은 디지털 트랜스포메이션을 하지 않으면 살아남을 수 없다는 위기의식을 갖게 됐다. 실제로 디지털 트랜스포메이션을 빠르게 추진한 기업들은 큰 성공을 거두고 있다. 예를 들어 세계 최대 전자상거래 기업인 아마존은 전통적인 유통 공룡인 월마트의 시가총액을 뛰어넘어 세계 최대의 소매 기업이 됐고, 숙박 공유 업체인 에어비앤비의 기업가치는 유명 호텔 메리어트Marriott의 기업가치를 넘어섰다.

글로벌 회계 컨설팅 기업인 PwC는 인공지능이 2030년까지 매년 세계 GDP에 15조 7,000억 달러를 추가할 수 있다고 예측한다. IT 분야 전문 시장조사 및 컨설팅 업체인 가트너Gartner는 2020년까지 자연어 처리 및 음성인식 인공지능 기능이 분석 플랫폼의 80% 이상에서 표준이 되리라 전망한다. 2021년까지 똑똑한 데이터 검색과 분석 능력을 갖춘 인공지능 기반 플랫폼의 사용자 수는 일반 플랫폼의 2배에 달하고, 더 큰 비즈니스 가치를 제공할 것으로 보인다.

인공지능 기반 디지털 트랜스포메이션을 성공적으로 도입하기 위해서는 인공지능을 독립적으로 작동하는 컴퓨터 수준으로 단순히 생각해서는 안 된다. 매일 처리하고 있는 업무, 익숙한 공간, 매일 마주치는 직장 동료 등 비즈니스와 관련된 모든 사항과 인공지능의 영향력을 아울러 고려해야 한다. 인공지능은 지속적으로 프로세스를 개선하고 데이터를 수집·분석한다. 반면 사람은 컴퓨터만으로 해결할 수 없는 활동을 할 수 있다. 컴퓨터와 사람의 역할 사이에 상호보완이 잘 이루어질수록 디지털 트랜스포메이션이 원활하게 진행될 수 있다. 이처럼 사람과 인공지능 간에 상호보완 작용이 이루어지면 일반 기업도 디지털 트랜스포메이션을 통해 IT 기업으로 변신할 수 있다.

과거 산업 분야는 유통업, 제조업, 금융업 등으로 범주를 나눌 수 있었다. 그러나 앞으로 이들 분야는 점차, 그리고 궁극적으로 디지털 업종으로 바뀔 것이다. 이러한 변신을 어떻게 빠르게 잘 해낼 수 있는지에 따라 기업의 생존 여부가 판가름 날 수 있다. 디지털 트랜스포메이션은 새로운 구조, 새로운 기술, 그리고 무엇보다도 고객과 관련된 새로운 사고방식이 필요하다. 인공지능은 이러한 잠재력을 실현하는 데 함께 사용된다. 향후 디지털 트랜스포메이션 성공 여부의 대부분은 인공지능에 대한 이해와 준비, 적용 등의 과정을 통해 성패가 갈리게 될 것이다.

AI
BUSINESS
TREND

인공지능 시장의 최신 투자 트렌드
_ 미국과 중국 기업들의 인공지능 스타트업 인수 전략

글로벌 IT 기업들은 인공지능 원천기술 개발에 박차를 가하고 있을 뿐만 아니라 공격적인 인수합병을 통한 경쟁력 확보에 사력을 다하고 있다.

국내외 경제 뉴스를 보면 흔히 볼 수 있는 내용 중 하나가 기업의 투자 혹은 M&A와 관련된 내용이다. 투자란, 특정한 이익을 얻기 위해 자본, 즉 돈을 제공하는 것을 말한다. M&A는 인수Merge, 합병Acquisition을 아울러 부르는 말로, 인수는 하나의 기업이 다른 기업을 값을 치르고 사는 것을 말하고, 합병은 둘 이상의 기업이 하나의 기업으로 합쳐지는 것을 의미한다.

대부분의 기업들은 꾸준한 성장과 영리 추구를 최우선 목표로 한다. 회사들은 이러한 목표를 가능하게 해줄 수 있는 사업을 찾고 그 사업이 결실을 맺기 위한 밑거름이 될 자금을 투자하는 데 많은 노력을 기울인다. 투자 혹은 M&A는 그러한 노력의 구체적인 수단 중 하나라고 볼 수 있다. 가령 삼성이 지난 2016년 80억 달러(약 9조 원)를 들여 글로벌 오디오스피커 업체인 하만 카돈Harman Kardon을 샀다는 소식부터, 구글이 자율주행 기술 업체에 막대한 금액을 투자했다는 뉴스, 혹은 서로 경쟁 관계에 있던 두 회사가 시장 지배력 확대를 위해 합병에 동의해 하나의 대형 회사로 거듭나는 경우 등 기업의 투자 및 M&A와 관련한 사례는 셀 수 없이 많다.

수십 년을 한우물만 파던 예전의 비즈니스 트렌드와 달리, 산업 전반

하만 카돈의 자동차 오디오 시스템 출처 extremetech.com

에 걸쳐 필요한 사업을 사들이고 필요 없는 사업을 매각하는 과정들이 보편화·일반화되었다. 이러한 상황에서 기업들은 차별화되고 배타적인 경쟁력 확보, 새로운 성장 동력 장착, 혹은 기존 사업과의 시너지를 내기 위한 M&A를 적극적으로 검토하고 실행하고 있다.

기업의 M&A 과정은 복잡하지만, 그중 핵심이 되는 것은 아마도 제품의 판매량, 서비스의 성장 가능성, 비용과 수익성, 재무적 안정성 등을 다양한 방식으로 평가하는 과정일 것이다. 이를 통상 '기업 실사Due Diligence'라고 하는데, 이러한 과정들을 통해 M&A를 위한 기본 바탕이 마련된다. 이후 당사자 간의 이해를 반영하는 협상 과정을 거쳐 최종 M&A 계약에 이르게 되는 것이다.

M&A를 위한 기업들의 투자는 인공지능과 관련된 분야에 있어서도 활발하게 진행 중이다. 구글, 아마존 같은 미국의 글로벌 IT 기업들은 인공지능의 무한한 성장 잠재력을 일찌감치 인지하고 오래 전부터 관련

글로벌 기업의 인공지능 분야 스타트업의 연도별 M&A 건수

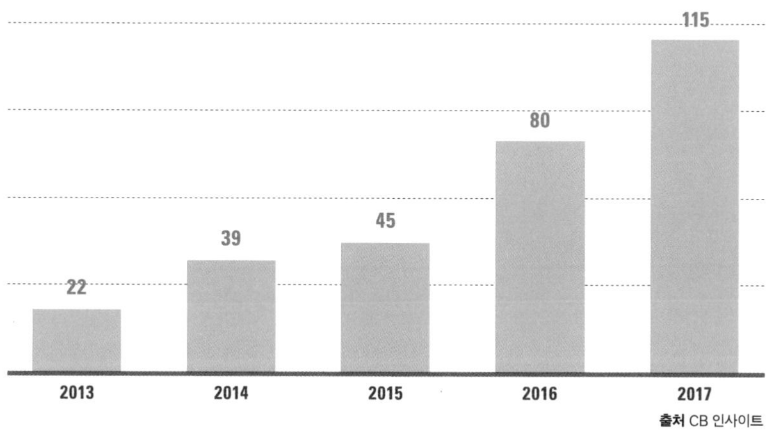

출처 CB 인사이트

비즈니스에 아낌없이 투자해왔다. 시장조사 기관 IDC에 의하면, 전 세계 인공지능 관련 시장은 2022년까지 연평균 37%가량 성장해 2018년 약 240억 달러(약 260조 원), 2022년까지 약 776억 달러(약 840조 원)의 시장을 형성할 것으로 예상된다.[33] 경제협력개발기구OECD에서 매년 발표하는 전 세계 경제 성장률이 매년 3~4% 정도임을 감안하면 인공지능 관련 시장의 성장성이 매우 높음을 알 수 있다. 시장조사 기관 CB 인사이트CB Insights에 따르면, 2017년 기준 115개의 인공지능 스타트업이 애플, 구글, 마이크로소프트 등 글로벌 기업들에 의해 인수되었는데, 이는 전년 대비 44% 성장한 것이며, 2013년 대비 5배 이상 성장한 추세이다.[34]

인공지능 분야의 인수합병 사례

구글은 2013년 음성과 이미지 인식을 전문으로 하는 스타트업인 DNN 리서치DNNresearch를 토론토대학 컴퓨터공학대학으로부터 인수하며, 딥러닝을 통해 이미지 검색 부문에서 상당한 발전을 이루었다.[35] 이후 2014년 알파고로 유명한 영국의 딥마인드를 인수했고, 2016년에는 구글 인공지능 비서인 구글 어시스턴트의 인간 언어 인식 프로세스를 강화하기 위해 자연어 처리 전문 스타트업인 API.ai에 투자했다. 최근에는 고객들의 문의사항이나 상품 검색, 주문 등 상거래 시 일어날 수 있는 다양한 상황을 인공지능 기반 메시징 플랫폼을 이용해 해결해주는 대화형 상거래 플랫폼인 밴터Banter를 인수했다.[36]

애플의 경우 인공지능에 대한 관심이 훨씬 덜했던 2010년 아이폰에 인공지능 비서 기능을 강화하기 위해 Siri.Inc를 선제적으로 인수한 바 있다. 하지만 애플은 그 이후 꽤 오랫동안 인공지능에 대한 주목할 만한 청사진을 내놓지 않았다. 뿐만 아니라 구글이나 마이크로소프트가 수년간 증강현실, 가상현실 등에 인공지능을 접목시키려는 움직임을 보이거나, 아마존이 인공지능 비서 알렉사로 시장을 선점할 때에도 유독 조용한 흐름을 보였다. 따라서 시장 일각에서는 애플의 인공지능 관련 비즈니스 경쟁력이 뒤처지고 있다는 우려도 제기되었다.

사실 애플은 업계를 들썩일 만한 인공지능 기술 업체를 인수하진 않았으나, 자사의 아이폰 기능을 강화시킬 수 있는 인공지능 스타트업 인수 작업을 조용하지만 꾸준하게 진행해왔다. 특히 아이폰의 인공지능 비서인 시리의 기능을 강화하기 위해 여러 스타트업을 사들였다. 시리의 음성인식률을 향상시키기 위해 2013년 노바우리스 테크놀로지Novauris Technologies를,[37] 2015년 9월에는 보컬IQVocalIQ를 인수했고,[38] 시리의

글로벌 기업의 인공지능 스타트업 인수 현황

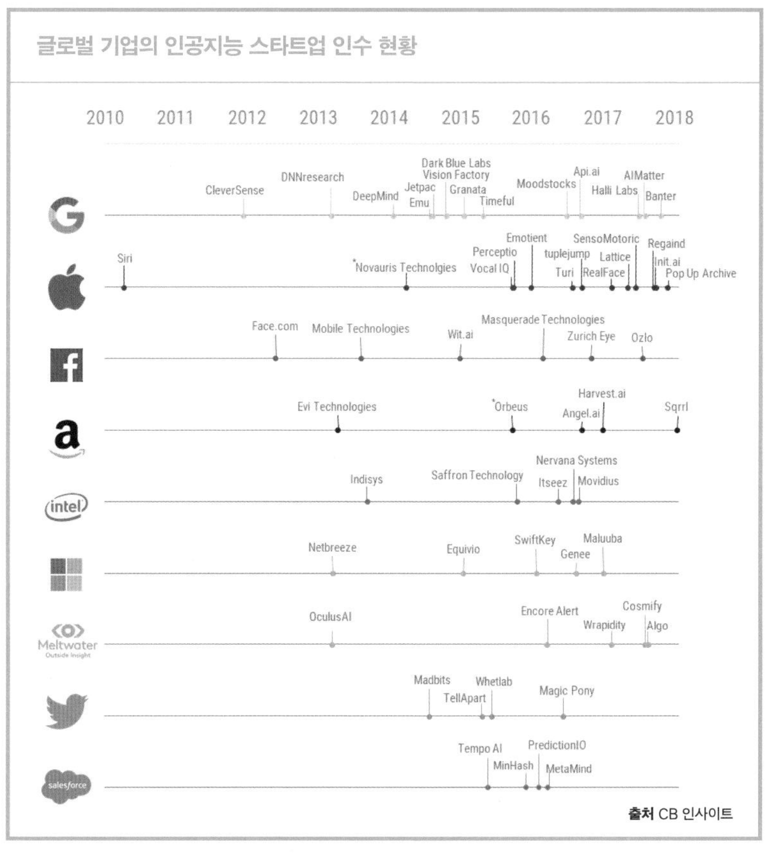

출처 CB 인사이트

사용자 화면 개선 및 관련 소프트웨어 기능을 향상시키기 위해 2013년 말, 캐치닷컴Catch.com에 투자를 진행했다.[39] 최근 들어서는 2017년 10월 대화형 모바일 애플리케이션 개발 플랫폼인 이니트ai Init.ai의 지분을 전량 매입했다.[40]

한편 아이폰에는 카메라, 사진 등에 인공지능이 활용되는데, 애플은 2010년 안면인식 기술에 강점을 보이는 스웨덴 업체 폴라로즈Polar Rose를 인수함으로써 아이폰 내 저장된 사진의 분류 및 검색 기능을 강화시켰다.[41] 이어 2015년에는 이미지 인식 기술에서 강점을 보이는 머신러닝 전문 스타트업인 퍼셉티코Perceptio에 투자했다.[42]

이외에도 애플은 비정형 데이터를 좀 더 분석 가능한 상태, 즉 정형화된 데이터로 변환해주는 인공지능 스타트업인 래티스 데이터Lattice Data를 2017년 2억 달러에 인수했고,[43] 아이폰의 사용자 보안을 강화하기 위해 이스라엘의 안면인식 기반 사이버 보안 인공지능 스타트업인 리얼 페이스Real Face도 사들였다.[44]

최근까지 애플의 인공지능 비즈니스 관련 M&A의 흐름을 추적해보면 아이폰기기, 즉 하드웨어보다는 주로 소프트웨어 측면에서 기능을 혁신하거나 향상하는 데 초점이 맞춰져 있는 것을 알 수 있다. 물론 대부분의 소비자들은 애플의 아이폰이나 맥북 신 모델의 성능에 더 큰 관심을 갖는다. 하지만 애플의 제품들을 진정 혁신적으로 만들어주는 것은 하드웨어가 얼마나 업그레이드되었는지의 여부보다는, 자체 연구개발과 더불어 인공지능 스타트업들의 혁신적 기술을 꾸준히 도입해 애플 제품의 사용자 편의성을 더 뛰어나게 만들려는 노력이 아닐까 한다.

구글이나 애플 못지않게 아마존도 인공지능 비즈니스에 맹렬하게 달려들고 있다. 2017년 아마존 창업자이자 CEO인 제프 베조스Jeffrey Bezos는 주주들에게 보내는 서한에서 머신러닝과 딥러닝 분야에 회사의 역량을 집중하여 경쟁 우위를 확보해나가겠다는 의사를 밝혀, 인공지능을 적극적으로 도입하려는 아마존의 의지를 재확인해주기도 했다.

최근 몇 년 사이에 아마존은 미국의 친환경 오프라인 슈퍼마켓인 홀푸드Whole Foods Market를 137억 달러(약 15조 원)에 인수하고[45] 온라인 의류 업체 자포스Zappos를 8억 달러(약 9,000억 원)에 인수하는[46] 등 대규모 인수합병을 성사시켜 사람들의 이목을 집중시켰다. 뿐만 아니라 게임스튜디오나 미디어 제작 업체 등 다양한 분야에서 시너지가 기대되는 크고 작은 회사들을 인수하면서 전자상거래 분야 세계 1위 기업으로 자리매김했다.

인공지능 분야에 있어서도 아마존의 행보는 공격적이다. 아마존의 비즈니스는 아마존 프라임(멤버십 기반 전자상거래), 아마존 웹서비스(클라우드컴퓨팅 서비스), 마켓플레이스(제3자 전자상거래) 등 크게 3가지 갈래로 구분되는데, 인공지능의 도입으로 각 부문의 기존 서비스 품질 및 수준이 현저하게 업그레이드될 수 있기 때문이다. 전자상거래 부문에 인공지능 기술을 활용할 경우, 고객의 검색 기록과 구매 패턴 등 아마존이 기존에 보유하고 있는 막대한 데이터를 토대로 고객 개개인에게 맞춤화된 상품 화면 설정이나 추천 상품 목록 등을 더욱 정확하고 효과적으로 집행할 수 있다. 아마존의 주요 이익 창출 수단인 아마존 웹서비스의 경우, 클라우드 서비스 안에 고객들이 활용할 수 있는 다양한 인공지능 기술 프로그램을 포함시켜 제공함으로써 고객들이 좀 더 고차원의 데이터 분석을 하는 것이 가능하다. 따라서 아마존은 이러한 장점들을 기반으로 최근 들어 더욱 공격적인 투자 행보를 보이며 유망한 인공지능 스타트업들을 사들이고 있다.

사실 한국에서도 인공지능 서비스가 일찌감치 대중의 관심을 끌었던 적이 있다. 2000년대 초에 도입된 인공지능 채팅 서비스 '심심이'가 바로 그것이다.[47] 사람들과의 채팅을 통한 학습으로 마치 사람처럼 채팅한다는 개념의 1:1 대화형 서비스였는데, 문제는 답변 데이터가 너무 적어서 질문에 엉뚱한 대답을 하거나 혹은 아예 답변을 못 하거나, 다른 질문에 같은 대답을 하는 등 답변의 품질이 굉장히 낮았다는 점이다. 그래서 얼마 지나지 않아 사람들의 관심에서 멀어지고 말았다.

물론 아마존의 알렉사는 이와 차원이 다를 정도로 방대한 데이터 풀Data Pool을 가지고 있다. 이것이 가능했던 배경은 애플의 앱스토어가 그랬듯이 아마존도 알렉사 플랫폼의 소스코드와 개발 툴을 공개해 개인은 물론이고 다른 회사들까지 알렉사 플랫폼의 기능 개발에 참여할 수 있도록 유도했기 때문이다. 그와 동시에, 아마존은 자체적으로도 알렉사 플랫폼을 더욱 스마트하게 만들고 더 나아가 이 플랫폼을 기반으로 다양한 영역으로 확장해나가기 위해 많은 기업과 스타트업에 아낌없이 투자해왔다. 대다수의 스타트업이 사업 초기에 겪는 큰 어려움 중 하나가 개발 자금 압박인데, 아마존은 자체적으로 알렉사 플랫폼 개발자들을 위한 벤처 펀드를 조성해서 신선한 아이디어를 가진 많은 스타트업이 아마존의 투자 혜택을 받을 수 있도록 했다. 그 결과 알렉사가 시전할 수 있는 스킬이 2018년 11월 중에 4만 개를 돌파했다.[48] 이는 제휴업체들이 알렉사 플랫폼을 중심에 두고 지속적으로 콘텐츠를 창출하는 선순환 단계에 도달한 것으로 볼 수 있다.

아마존의 많은 인수합병 및 투자 사례 가운데 눈길을 끄는 것은 탈믹 랩스Thalmic Labs[49]와 디파인드크라우드DefinedCrowd,[50] 그리고 시멘티카 랩스Semantica Labs[51]라는 회사에 투자한 것이다. 탈믹 랩스는 사용자의 동작을 인식하는 암밴드를 만드는 회사다. 아마존이 이를 인수함으로써 향후 대화형 스마트 스피커인 에코가 탈믹 랩스의 동작인식 기술을 응용해 사용자가 특정 동작으로 에코의 기능을 조작하게 되는 것이 아닌가 하는 기대감을 갖게 한다. 디파인드크라우드라는 회사는 개방형 자연어 데이터를 공급하는 회사인데, 흥미로운 점은 이 회사의 데이터가 전 세계 언어의 90%를 포괄한다는 점이다. 2013년 아마존이 음성인식 기술 분야에서 세계적 수준을 갖춘 에비 테크놀로지Evi Technologies를 인수하면서 알렉사가 탄생했지만, 현재 알렉사는 영어로만 서비스 되고 있다. 따라서 아마존은 디파인드크라우드의 개방형 자연어 데이터를 토대로 알렉사를 한국어, 중국어 등 각국의 언어에 맞춰 현지화할 수 있는 기반을 마련한 셈이다.

아마존이 알렉사의 기존 보유 기능을 강화하기 위해 인공지능 스타트업을 인수한 케이스도 있다. 시멘티카 랩스는 머신러닝을 통해 사용자의 응답이나 반응을 예측 분석해 알렉사가 좀 더 나은 사용자 편의를 제공할 수 있도록 한다.

뿐만 아니라 알렉사는 단순히 집에 설치된 대화형 스피커 역할에 그치지 않고, 집 전체를 스마트하게 관리해주는 종합 시스템으로 영역을 확장해나가고 있다. 아마존은 2017년 4분기에 무선 카메라 업체 블링크Blink와 스마트도어 스타트업인 링Ring을 잇달아 인수했고,[52] 이를 토대로 알렉사는 집 주변 CCTV 카메라와 현관문의 스마트도어에까지 연결되었다. 이제 아마존이 집의 보안까지 관리해주는 단계에 이른 것이다.

이렇듯 인공지능 분야에서도 관련 비즈니스를 대상으로 투자와 인수합병이 활발하게 이루어지고 있는데, 여기서 독특한 점은 인수 대상 기업들이 주로 연구개발 조직이라는 점이다. 이는 곧, 인공지능 기술이 아직 초기 단계에 있기 때문에 본격적인 제품이나 서비스 제공보다 연구개발을 중심으로 한 스타트업들이 훨씬 많다는 것을 의미한다. 또한 일반적인 인수합병 과정에서 흔히 진행되는 계량적 사업 가치 평가를 이들 스타트업에 적용하기 어렵다는 의미이기도 하다.

일례로, 구글이 인수한 딥마인드 역시 직접적인 이익 창출과는 거리가 있는 회사로 연구개발 조직에 가깝다. 그런 까닭에 구글이 딥마인드를 인수할 당시 인수 배경을 놓고 논란이 분분했다. 딥마인드의 주된 사업 영역은 인공지능 기술 개발인데, 당시에는 많은 사람이 인공지능 기

구글이 인수한 스타트업 딥마인드의 인공지능인 알파고와 이세돌 기사가 바둑 경기를 벌인, 2016년 구글 딥마인드 챌린지 매치의 유튜브 영상 **출처** 딥마인드

술 개발이라는 말 자체를 생소하고 실체가 불분명한 것으로 인식했고, 구글이 이 회사를 인수하는 목적 역시 모호하고 불분명하다고 판단했기 때문이다. 그도 그럴 것이, 인공지능 자체는 특정한 서비스나 제품이라기보다 눈에 보이지 않는 원천기술의 영역인 데다, 이를 통해 구글이 얻으려는 가치가 무엇인지 구체적으로 알려지지 않았다. 따라서 시장과 고객들 사이에서 '넘쳐나는 돈을 주체하지 못해 돈 낭비를 한다'는 비아냥까지 나오기도 했었다. 딥마인드는 당시 50여 명의 연구원으로 이루어진 작은 조직이었고, 직접적인 매출이나 이익을 창출하는 회사가 아니었으므로 이 회사가 얼마만큼의 값어치를 하는지 판단하기란 결코 쉬운 일이 아니었다.

2016년 기준 딥마인드의 회계 장부를 보면 2010년 구글에 인수된 이후에도 여전히 적자를 면치 못한 것을 알 수 있다. 그럼에도 불구하고, 구글은 이 회사를 인수하는 데 5,000억 원 이상을 들였다고 한다. 사실 이는 딥마인드뿐만 아니라 여타 인공지능을 개발하는 회사들 혹은 연구 조직을 인수합병할 때 흔히 직면하는 공통적인 문제라고 볼 수 있다.

구글이 진짜 노리는 것

그렇다면 테크 기업들은 인공지능 분야의 인수합병에 왜 거금을 투자하는 것일까? 아마도 앞서 말한 구글의 딥마인드 인수 사례에서 그 단서를 찾을 수 있을 것 같다. 딥마인드의 우수한 인공지능 관련 연구 인력과 그들이 수행하던 미래지향적 프로젝트들이 바로 그것이다. 구글은 제품이나 서비스에 투자한 것이 아니라, 그 회사가 보유한 우수한 과학자들을 데려오는 데 수천억 원을 쓴 것이다. 특히 체스 신동이었던 창업자 데미스 하사비스Demis Hassabis는 뇌과학과 컴퓨터공학을 전공한 이력을 바탕으로 인공지능 분야에서 탁월한 연구 성과를 보여왔다. 통상적인 비즈니스 인수합병이 시장 점유율 확대, 특허 기술 확보 등을 목표로 하는 것과 달리, 구글은 '인재 확보'를 최우선 목표로 두고 투자를 검토한 것으로 보인다. 인공지능 기술은 무한한 잠재력을 갖고 있지만, 실력 있는 기술 인재들이 부족해 인력 확보에 큰 어려움이 있는 것이 사실이다. 따라서 구글은 인공지능 기술을 보유한 딥마인드를 인수함으로써 핵심 인재를 자연스럽게 확보했다고 볼 수 있다.

그런가 하면 우버Uber도 자사의 차세대 서비스인 자율주행 기술 개발을 위한 인력 확보에 안간힘을 써왔다. 그중에서도 뉴욕에 위치한 인지과학 기반의 인공지능 스타트업 지오메트릭 인텔리전스Geometric

지오메트릭 인텔리전스의 인수로 인해 우버 인공지능 연구소의 기틀이 마련되었다 **출처** Supply Chain 24/7.com

Intelligence와 카네기멜론대학의 로보틱스 연구팀을 인수한 점이 흥미롭다. 지오메트릭 인텔리전스는 뉴욕대학 교수인 게리 마커스Gary Marcus가 설립한 스타트업으로, 머신러닝 기술 개발과 인지과학 분야 연구에 중점을 두고 있다. 이 스타트업은 설립된 지 2년도 채 되지 않았고, 그 어떤 제품이나 서비스는 물론 연구 관련 논문조차 발표하지 않았다. 하지만 우버는 신경과학 분야의 권위자인 게리 마커스 교수의 연구 능력과 팀 연구 인력의 잠재력을 높이 평가했기 때문에 우버 인공지능 연구소의 경쟁력 제고를 위해 과감히 인수한 것으로 보인다.[53]

우버는 심지어 회사 형태를 갖추지도 않은 학교 연구팀을 통째로 자사의 인력으로 스카우트하기도 했다. 2015년 우버는 로보틱스 분야에서 가장 앞서 있는 카네기멜론대학 로보틱스 엔지니어링 센터의 자율주행 연구팀 50여 명 전체를 전격적으로 스카우트해 많은 논란을 불러일으켰다.[54] 영리 기업이 학술적인 목적의 연구 인력들에게 공격적으로 접근함으로써 순수 연구 인력의 유출이 우려된다는 이유였다. 하지만 우버는 자사의 핵심 미래 먹거리인, 인공지능을 바탕으로 한 자율주행차 개발이라는 일관된 목표를 가지고 이에 기여할 수 있다고 생각이 되면 신생 스타트업이든, 순수 연구 인력이든 닥치는 대로 확보하는 전략을 폈을 것이다. 그 결과, 우버는 이러한 우수한 인력들의 도움으로 자율주행차 분야에서 세계 선두권 자리에 서 있다.

아마존과 마이크로소프트의 선택

기업은 인공지능 비즈니스 인수합병을 통해 인재 영입 목적을 달성하는 것은 물론, 기존 IT 및 인터넷 사업 등과의 호환성, 효율성, 확장성 등에 있어서 포괄적 시너지를 기대할 수 있다. 그중에서도 데이터의 사용과 관리를 총괄해주는 클라우드 서비스와의 시너지가 가장 클 것으로 본다.

통신과 인터넷 환경이 빠르게 발전하면서 데이터의 양이 폭발적으로 증가하고 있다. 불과 몇 년 전까지만 하더라도 사람들은 소셜 미디어에

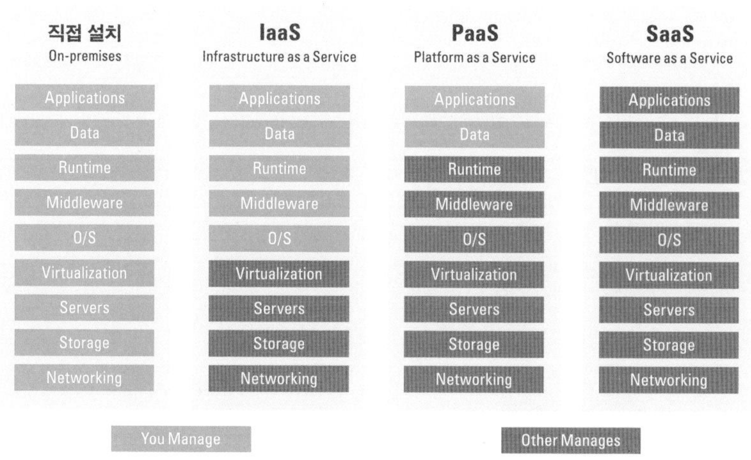

IaaS, PaaS, SaaS의 비교. 클라우드 서비스는 단순히 인프라를 대여하는 것에서 시작해 플랫폼으로 영역을 확장하는 중이다 **출처** Datamation

주로 사진을 올렸는데, 요즘은 데이터를 배 이상 필요로 하는 동영상을 문제없이 공유하고 있다. 빅데이터가 많아지면 당연히 이러한 데이터를 관리·저장하는 공간도 늘어날 수밖에 없다. 이에 따라 많은 기업들이 데이터 관리의 필요성을 인지하고 곳곳에 데이터센터를 건설했다. 특히 아마존, 세일즈포스, 마이크로소프트, 구글, 알리바바와 같은 주요 글로벌 IT 기업들은 초대형 데이터센터에 대한 투자를 늘리는 동시에, 데이터 관리가 필요한 수많은 업체에 데이터 저장 공간 서버 스토리지 및 관리 서비스를 사용량이나 시간을 기준으로 돈을 받고 팔기 시작했다.

이러한 서비스는 구글이나 네이버를 사용할 때 구글 드라이브나 네이버 클라우드라는 데이터 공간이 개인마다 일정량 무료로 제공되지만 일정 용량 이상은 유료로 결제해야 하는 것과 같은 원리다. 이것이 바로 초기 클라우드 서비스의 시작인 '데이터 공간 대여 서비스Infrastructure as a Service, IaaS'이다. 개인들은 그 공간에 파일, 동영상 등을 저장하는 형태로 주로 이용하지만, 기업들의 경우는 다르다. 그렇게 빌린 클라우드 서버 안에 자신들의 힘으로 데이터베이스를 구축하고 기업 자체적으로 IT 시스템도 구성해야 했다. 그러나 이러한 일들이 자신들의 본업이 아닌 까닭에 개발 인력도 부족할 뿐만 아니라 수준도 낮아 결국 돈은 돈대로 내면서 대여한 공간을 제대로 활용하지 못했다. 반면 이러한 서비스를 제공하는 글로벌 IT 기업들은 막대한 고급 기술 인력을 보유할 뿐만 아니라, 클라우드 서버를 최적화된 상태로 이용할 수 있는 시스템 플랫폼을 가지고 있다. 따라서 이들의 클라우드 사업은 '데이터 공간 대여 서비스'에서 사용자들이 이러한 시스템 플랫폼 안의 다양한 서비스를 이용할 수 있는 '클라우드 플랫폼 서비스Platform as a Service, PaaS'로 자연스럽게 진화하게 되었다.

앞에서 설명한 개념을 스마트폰 사용에 비유하자면, 저장 공간은 있는데 앱이 아무것도 깔려 있지 않아서 본인이 필요한 앱을 직접 개발하거나 구해야 하는 것이 IaaS라고 할 수 있다. 반면 PaaS는 스마트폰에 저장 공간이 확보된 것은 물론이고, 내가 자주 쓰고 필요로 하는 앱이 이미 다 깔려 있어 쓰기만 하면 되는 것과 비슷한 이치다.

클라우드 서비스 분야에서 인공지능 기술이 각광받는 이유는 크게 두 가지다. 우선 인공지능 기술의 기본적 요구사항 즉, 방대한 양의 데이터를 저장할 공간이 필요하다는 점이 클라우드 서버의 막대한 데이터 저장 능력과 만나 비로소 빛을 발할 수 있는 계기가 마련되었기 때문이다. 그 전까지는 본격적으로 인공지능 기술을 개발하려면 서버 데이터베이스 구축, 시스템 구성 등에 막대한 비용과 시간이 필요했지만, 현재는 이에 비해 쉽게 클라우드 서버 공간을 유동적으로 조정할 수 있다. 보다 수월하게 인공지능 기술을 개발할 수 있는 여건이 조성된 것이다.

둘째, 클라우드 플랫폼을 통해 사용자가 다양한 인공지능 기술 관련 애플리케이션을 더 쉽게 이용할 수 있도록 함으로써 클라우드 서비스 자체의 고도화를 기대할 수 있기 때문이다. 즉, 클라우드 서비스를 이용하는 회사 입장에서 인공지능 기술을 처음부터 하나하나 개발해야 하는 노고 없이 클라우드 서비스 내의 인공지능 개발 플랫폼을 이용해 얼마든지 인공지능 기술 개발에 뛰어들 수 있는 것이다. 클라우드와 인공지능의 결합을 보여주는 대표적인 기업은 구글과 아마존이다. 아마존은 자사 클라우드 서비스인 아마존 웹서비스를 통해 자사의 핵심 AI 서비스들을 제공한다. 즉, 알렉사의 기반 기술인 아마존 렉스Amazon Lex를 통해 자동 음성인식 등의 기능을, 아마존 폴리Amazon Polly를 통해 마치 책을 읽어주듯 텍스트를 음성으로 변환하는 기능을, 아마존 레코그니션Amazon Rekognition을 통해 이미지 속의 사물과 사람을 인식하는 기능 등을 API(응용 프로그램에서 사용할 수 있도록 운영체제나 프로그래밍 언어가 제공하는 기능을 제어 가능하게 만든 환경) 형태로 사용자가 자유롭게 이용할 수 있도록 제공하는 것이다(아래 그림 참조).

구글은 텐서플로TensorFlow: 머신러닝과 딥러닝을 위해 개발된 오픈소스 프레임워크와 프로세싱 유닛, 텍스트 변환, 구글 번역, 자연어 처리, 구글 렌즈 등 자사의 인공지능 기능을 자유롭게 사용 가능하도록 했다. 일례로, 소셜커머스 업체인 티켓몬스터는 상품 이미지 중에 숨겨진 금칙어 이미지를

아마존 웹서비스를 통해 제공되는 아마존의 핵심 AI 서비스

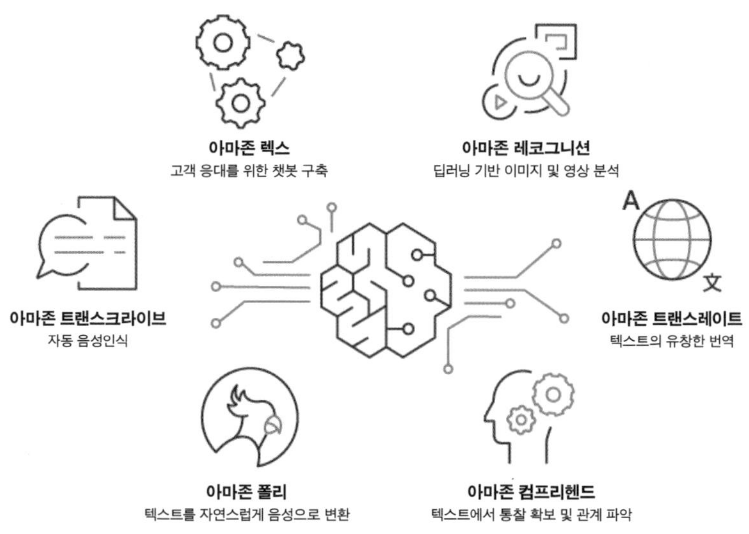

출처 AWS

찾아내기 위해 구글 클라우드 비전 APIGoogle Cloud Vision API를 사용하고 있다.

티켓몬스터의 온라인 쇼핑몰에서 판매하는 건강보조식품에 대한 설명에는 '복용'이나 '효과'와 같은 단어를 법적으로 쓸 수 없게 돼 있다. 건강보조식품은 의약품이 아니라 기능성 식품이기 때문이다. 그런데 일반적으로 이러한 상품들에 대한 이미지 파일은 평균 5,000픽셀 이상, 의류의 경우엔 15만 픽셀 이상에 달한다. 수천, 수십만 픽셀의 이미지에서 고작 20~30픽셀 크기의 '복용', '효과'와 같은 단어를 사람의 눈으로 완벽하게 걸러내기란 지극히 어려운 일이다. 하지만 티켓몬스터는 '구글 클라우드 비전 API' 머신러닝 기술을 활용해 이러한 문제를 해결했다.

구글뿐만 아니라 클라우드 플랫폼을 제공하는 많은 회사들이 인공지능 기술을 클라우드 서비스 내에서 애플리케이션 형태로 제공하고 있다. 기업 간 경쟁이 심해지는 만큼, 인공지능 기술을 비롯하여 클라우드 서비스 내에서 얼마나 다양한 애플리케이션을 제공하는지 여부가 향후 클라우드 산업 주도권의 핵심이 될 것으로 예상된다. 특히 클라우드 서비스의 선두주자인 테크 대기업들은 시장 지배력을 유지하기 위해 다양한 스타트업을 인수합병해왔다. 인수 대상은 대부분 클라우드 서비스 최적화를 위한 개발 업체들이었지만, 최근 들어 클라우드 플랫폼 관련 인공지능 스타트업을 인수하는 사례도 많이 찾아볼 수 있다.

폭발적인 중국의 인공지능 분야 인수합병

사실 대부분의 인공지능 비즈니스는 미국의 글로벌 IT 기업들이 주도하고 있고, 이들에게 신선한 영감과 성장의 자양분을 제공하는 인공지능 스타트업들 또한 대부분 실리콘밸리에서 시작되고 있다. 하지만 최근 들어 중국이 인공지능 비즈니스 분야의 새로운 큰손으로 등장하기 시작한 점이 흥미롭다. CB 인사이트에 따르면, 2016년 인공지능 스타트업 투자 유치와 관련하여 중국 자본의 점유율은 11% 정도였지만, 2017년 들어 대폭 증가해 48%, 즉 절반에 가까운 막대한 금액의 투자 유치가 중국 자본에 의해 이루어졌다.[55] 이는 같은 기간 38%의 점유율을 보인 미국마저도 넘어선 것으로, 중국이 인공지능 스타트업을 키우는 데 굉장히 적극적임을 시사한다.

중국의 인공지능 비즈니스에서 주목할 만한 분야는 단연 안면인식 분야다. 당초 이 분야는 미국, 러시아, 일본, 프랑스가 강세를 보이던 분야였으나, 중국 정부의 정책적 지원에 힘입어 2010년 이후부터 중국의 스타트업들이 두각을 나타냈고, 각종 경진대회를 휩쓸면서 단기간에 세계적 수준으로 발돋움했다. 특히 최근 2018년 11월에 미국 상무부 소속 국가기술표준연구소National Institute of Standard and Technology, NIST가 주최한 안면인식공급자대회Face Recognition Vendor Test에서 중국 업체가 1위부터 5위까지 독식할 정도로, 중국 인공지능 스타트업의 안면인식 기술은 강력하다.

안면인식 분야의 대표적인 스타트업으로는 이미 유니콘 기업이 된 이투테크놀로지Yitu Technology, 메그비Megvii, 센스타임SenseTime 등이 있다. 이투테크놀로지는 앞에서 언급한 안면인식 경진대회 우승자다. 2012년 상하이에서 고교 동창인 30대 과학자 두 명이 공동으로 설립한 이투테크놀로지는 이미지 인식이 공공 보안과 직결된다는 점에 착안, 보안 시장을 우선 공략하는 데 주력했다. 첫 고객은 중국 쑤저우의 공안국이었는데, 공안국 부국장이 창업자 중 한 명인 주룽朱珑 CEO로부터 3분간 설명을 들은 뒤 '다른 경쟁 업체들과 달리 차량 번호판 인식률이 70%를 넘으면 주문을 검토해보겠다'는 답변을 했다고 한다. 놀랍게도 이들의 기술은 90% 이상의 인식률을 보였고, 수월하게 주문을 따낼 수 있었다. 이 일화는 이들의 기술력이 기존 이미지 인식 업체들과 확연히 차별화되었음을 보여준다.

메그비는 2011년 3명의 중국 칭화대학 졸업생(인치印奇, 탕웬빈唐文斌, 양무楊沐)들에 의해 설립되었는데, 이 스타트업의 안면인식 소프트웨어 제품 'Face++'는 이미 전 세계 30만 명이 넘는 소프트웨어 개발자들이 사용하는 대표적인 프로그램 애플리케이션으로 자리잡았다. 중국 공안부에서도 이 기술을 사용해 13억 자국민들의 얼굴을 스캔해 데이터베이스를 구축했고, 이를 통해 그동안 잡기 어려웠던 범죄 용의자 4,000명가량을 검거했다고 밝힌 바 있을 정도로 검증된 기술력을 자랑한다.

시장에서 기업가치가 35억 달러(약 3.8조 원) 정도로 평가되는 메그비보다 더 높게 평가되는 회사가 있다. 홍콩 중문대학의 정보공학과 교수

중국 정부는 인공지능을 이용한 안면인식 기술에 관심이 매우 높다. 이는 자국민에 대한 통제를 강화하기 위한 것이라는 해석이 많다

출처 washingtonpost.com

인 탕샤오어우湯曉鷗와 그 연구실 학생들이 2014년 설립한 센스타임이 바로 그것이다. 이 회사는 압도적인 기술력을 바탕으로, 설립한 지 1년 만에 세계적인 이미지 인식 경연대회인 이미지넷ImageNet에서 2년 연속 우승을 차지했다. 센스타임은 안면인식뿐만 아니라 화면 속 얼굴까지 인식하는 화상인식 분야에서도 앞선 기술력을 가지고 있는데, 딥러닝 기술을 이용해 화면 속에서 이동 중인 사람의 다양한 얼굴 표정에서 각종 노이즈를 제거하고 정확하게 안면을 인식하는 기술은 세계적 수준이라고 한다. 중국의 거대 전자상거래 기업인 알리바바가 일찌감치 이 회사의 잠재력을 알아보고 선제적인 투자를 진행한 바 있으며, 가장 최근에는 2018년 10월 소프트뱅크Softbank로부터 1조 원을 추가로 투자 받았다. 시장에서 센스타임의 기업가치는 약 45억 달러(약 5조 원)에 달한다.

안면인식 분야의 스타트업들은 중국 정부로부터 직접 투자를 받을 뿐만 아니라 대규모 물량 발주 등 다방면에서 전폭적인 지원을 받고 있다. 이들 회사의 안면인식 기술이 고도화될수록 중국 정부가 이 기술을 이용해 자국민들을 좀 더 효과적으로 통제할 수 있기 때문이다. 실제로 2017년 중국 내 약 55개 도시에 '샤프 아이즈Sharp eyes'라는 이름의 감시 카메라가 설치된 것을 보면 중국 정부의 의지를 단편적으로 알 수 있다.[56]

중국 기반의 글로벌 기업들도 인공지능 비즈니스를 포용하는 데 매우 적극적이다. 특히 알리바바 같은 대표적 IT 기업들은 프로젝트 펀딩 방식으로 투자 범위를 넓히는 등 인공지능 스타트업 발굴을 위해 노력하고 있다. 바이두나 제이디닷컴JD.com, 텐센트Tencent 같은 중국의 IT 대기업들도 미국 본토의 인공지능 스타트업에 투자해 자사 비즈니스 모델과의 시너지를 창출하기 위해 노력 중이다.

국내의 인공지능 분야 인수합병

많은 국내 기업이 인공지능 비즈니스와 관련하여 우수 인력 확보, 좀 더 나은 기술 및 제품 개발을 위해 다각도로 노력하고 있다. 이들 가운데 가장 선도적인 행보를 보이는 것은 삼성전자다. 앞서 언급했듯이 인공지능 기술 경쟁력 부문에서 가장 중요한 요소 중 하나가 우수한 인력의 확보인데, 이 분야에서는 삼성전자가 국내에서 가장 앞서 나가고 있다.

삼성전자는 한국은 물론, 미국 실리콘밸리, 영국 케임브리지, 캐나다 토론토, 러시아 모스크바에 인공지능 연구소를 두고 있으며, 인공지능 인재 확보를 위해 공격적으로 AI 연구소를 설립해나가고 있다. 2018년 9월에는 미국 뉴욕에 인공지능 연구센터를 개설해 로보틱스 분야를 중심으로 연구를 진행하고 있다. 2018년 10월에는 캐나다 몬트리올에도 인공지능 연구센터를 개설해 음성인식과 머신러닝을 중심으로 연구를 진행하고 있다. 2019년 5월에는 '종합기술원 몬트리올 AI 랩'을 확장해 캐나다 몬트리올에 위치한 딥러닝 연구기관인 '밀라Mila 연구소'에 입주하기도 했다. 컴퓨터 비전 분야 전문가인 스벤 디킨슨Sven Dickinson 토론토대학 교수가 리더를 맡은 토론토 인공지능 연구센터는 시각 이해 연구를 중점으로 진행하고 있다. 인공지능 알고리즘 연구 전문가인 드미트리 베트로프Dmitry Vetrov 러시아고등경제대학 교수 등이 이끄는 모스크바

삼성전자 글로벌 AI 연구센터

삼성은 한국은 물론, 북미, 유럽 등지에서 AI 인재 확보를 위해 공격적으로 AI 연구소를 건립 중이다

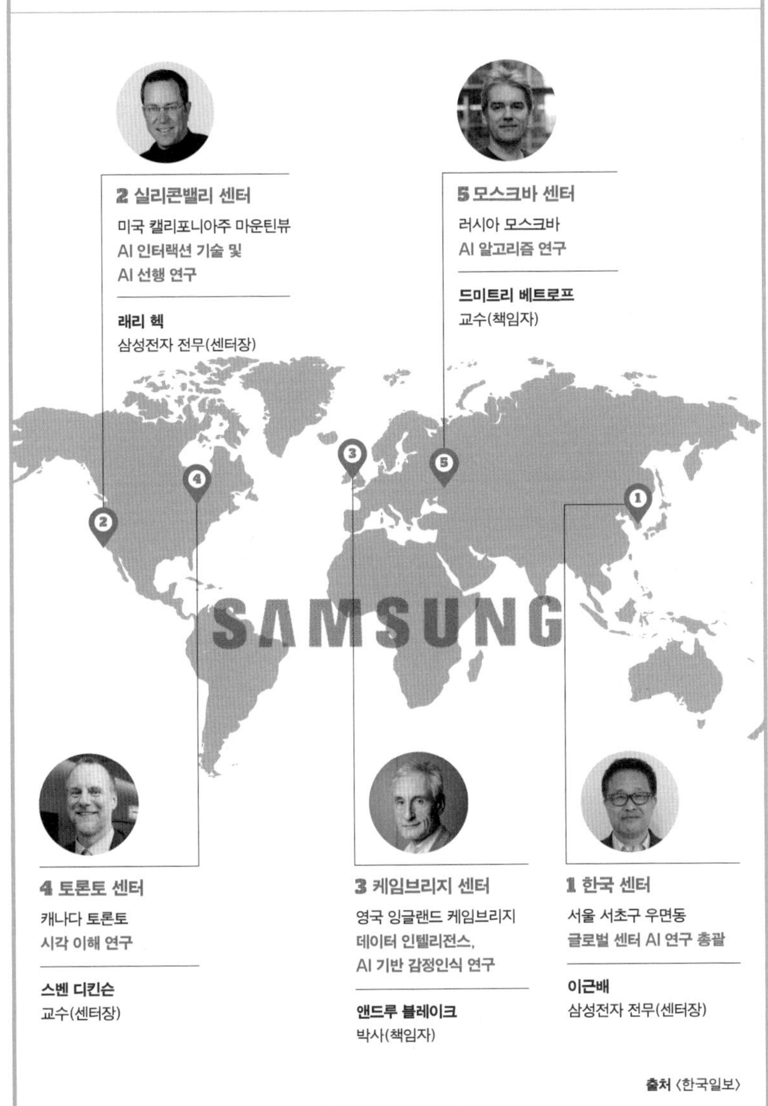

출처 〈한국일보〉

인공지능 연구센터는 러시아가 강점을 보이는 수학, 물리학 등 기초과학 분야를 접목한 인공지능 연구를 중점으로 진행하고 있다. 마이크로소프트 케임브리지 연구소 연구소장을 지낸 앤드루 블레이크Andrew Blake 박사와 인공지능 기반 감정인식 연구로 유명한 마야 팬틱Maja Pantic 임페리얼대학 교수 등이 이끄는 케임브리지 인공지능 연구센터는 데이터 인텔리전스 및 감정인식 연구를 중점으로 진행하고 있다.

뿐만 아니라 삼성전자는 공격적인 투자를 통해 인공지능 연구개발 인력을 2020년까지 1,000명으로 확대하겠다고 밝히기도 했다. 인수합병 측면을 보면, 삼성전자는 투자 자회사 삼성넥스트Samsung NEXT를 통해서 다양한 인공지능 스타트업들을 인수해왔다. 인공지능 자연어 번역 서비스 업체인 언바벨Unbabel, 로봇을 위한 인공지능 개발 업체인 비카

영국 케임브리지 AI 센터의 개소식에서 삼성 리서치 소장을 겸임하고 있는 김현석 CE 부문 대표이사가 환영사를 하고 있다

출처 삼성 뉴스룸

리우스Vicarious, 노년층을 위한 로봇 인공지능 개발사인 인튜이션 로보틱스Intuition Robotics, 머신러닝 인공지능 개발 소프트웨어 스타트업인 코베리언트.AI Covariant.AI 등이 대표적이다. 뿐만 아니라 가상/증강현실, 디지털 헬스케어 등 다양한 분야에서 투자를 진행 중이다.

네이버도 인공지능 비즈니스 분야에서 두각을 나타내고 있다. 인공지능 기술을 뒷받침할 컴퓨팅 자원이 필요하기에 클라우드 서비스는 인공지능과 밀접한 관계를 가지는데, 네이버도 자체 네이버 클라우드 플랫폼을 통해 최근 인공지능 기술을 공개하고 서비스를 시작했다. 사실 국내 클라우드 시장은 이미 아마존, 마이크로소프트 등의 글로벌 업체에 잠식된 상태다. 국내 클라우드 서비스 사업자들의 대표격인 네이버나 다음 같은 인터넷 업체들, 혹은 KT, SKT 등과 같은 통신사들, 그리고 삼성SDS 같은 SI System Integration: 정보기술 시스템을 통합 구축해주는 서비스 업체들 모두 데이터 저장 공간을 제공하는 스토리지 서비스에 편중되어 있는 반면, 글로벌 업체들은 스토리지 서비스는 기본이고 그 안에 포함된 인공지능 서비스 등 다양한 애플리케이션을 이용할 수 있는 한층 진화된 환경을 제공하기 때문이다. 하지만 네이버의 경우, 스토리지 서비스 일변도의 클라우드 서비스에서 벗어나 글로벌 선두 업체들처럼 기본 인프라뿐만 아니라 Paas, SaaS 등의 라인업을 구축함으로써 고객들에게 다양한 서비스를 제공하려고 노력 중이다.

예를 들어, 아마존과 비슷한 안면인식 기술을 활용한 '클로바 페이스 레코그니션Clova Face Recognition', 음성인식 기술을 이용해 문자를 사람의 목소리로 재생해주는 '클로바 스피치 신세시스Clova Speech Synthesis', 이와 반대로 자연어 처리 기술을 기반으로 사람의 목소리를 문자로 변

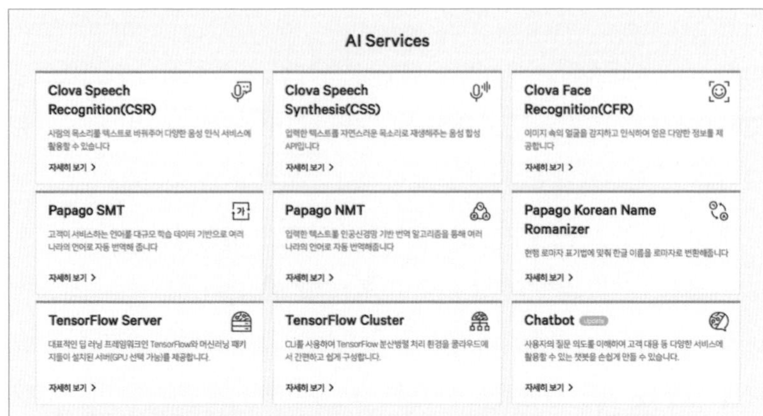

네이버는 클라우드 서비스 플랫폼 내에 다양한 애플리케이션 라인업을 구축했다. 글로벌 클라우드 서비스 업체들과 유사한 방식으로, 이를 클라우드 서비스 이용 고객들에게 자연스럽게 노출되도록 한다

출처 네이버 클라우드 플랫폼

네이버는 2017년 프랑스에 위치한 세계적 인공지능 연구소 제록스리서치센터유럽XRCE을 인수했다

출처 naverlabs.com

환해주는 '클로바 스피치 레코그니션Clova Speech Recognition', 인공지능 언어 번역 서비스인 파파고Papago 등 인공지능 API를 개발해 2017년 6월부터 네이버 비즈니스 플랫폼을 통해 제공하기 시작했다.

네이버는 인공지능 연구 인력 확보에도 적극적인데, 2017년 프랑스에 위치한 인공지능 연구소 제록스리서치센터유럽Xerox Research Center Europe, XRCE을 전격 인수한 것이 그 대표적인 예다. XRCE는 복사기, 스캐너 등의 사무기기로 유명한 미국 제록스가 1993년 프랑스의 실리콘밸리로 불리는 그르노블 지역에 설립한 인공지능 전문 연구소로, 보유하고 있는 인공지능 관련 특허만 1,000여 건에 달한다.

XRCE는 2013년 MIT가 선정한 '가장 혁신적인 기업연구소 50'에 이름을 올리기도 했고, 구글의 딥마인드, 페이스북의 AI리서치센터, 마이크로소프트의 MS리서치센터 등과 함께 세계 인공지능 연구를 선도하는 4대 연구소로 손꼽힌다. 2017년 제록스 본사의 회사 분할 결정으로 인해 이 연구소가 매물로 나오자 유명한 글로벌 IT 기업들이 인수전에 뛰어들었지만, 연구에 있어서 정체성과 협업을 강조한 네이버가 최종 인수 계약을 체결하게 되었다.

네이버는 XRCE를 인수함으로써 인공지능 관련 고급 인력 80여 명을 한꺼번에 확보하게 되었다. 뿐만 아니라 네이버는 2017년 말부터 프랑스 음향기기 업체 드비알레Devialet, 미국 음성인식 기술 기업 사운드하운드Sound Hound, 일본의 대화형 가상 홈로봇 벤처기업 윈클Vinclu 등 20여 곳의 크고 작은 연구소 및 스타트업 등에 1,500억 원가량을 투자하며 인재 확보와 시너지 창출에 적극적인 행보를 보이고 있다.

카카오는 산하 투자사인 케이큐브벤처스와 카카오인베스트먼트를 통해 미래 기술 관련 기업에 투자해왔다. 특히 최근 들어서는 머신러닝, 딥러닝, 빅데이터 등의 인공지능 기술이나 노하우를 가진 국내 기업들에 집중적인 투자를 하고 있어 눈길을 끈다. 카카오 산하 투자사들은 독자적으로 개발한 마이크로 운영체제를 탑재한 모듈형 로봇 플랫폼 스타트업인 럭스로보에 투자했고, 인공지능 기반의 의료영상 진단 서비스를 제공하는 루닛, 인공지능 기반 시스템 생물학 기업인 스탠다임, 그리고 인공지능 기반의 컴퓨터 비전 기술을 활용한 드론 기업인 유비파이에 투자를 진행했다. 또한 계열사인 카카오브레인과 함께 인공지능 기반 개인화 플랫폼 기업인 스켈터랩스에 공동투자하기도 했다.

카카오는 최근 공시를 통해 김범수 카카오 의장이 직접 운영을 맡은 인공지능 연구개발 전문 자회사 카카오브레인에 200억 원을 추가로 투입하면서 향후 다양한 인공지능 스타트업에 투자할 수 있는 여력을 마련했다. 카카오는 모바일에서는 카카오메신저, 온라인에서는 다음Daum으로 대표되는 강력한 플랫폼을 기반으로, 기존 캐시카우인 광고와 게임 콘텐츠 부문 외에 금융, 교통 등의 분야에서 새로운 먹거리가 될 수 있는 다양한 신규 사업을 진행 중이다. 물론 카카오모빌리티나 카카오뱅크 등 신규 사업들이 아직 본격적인 궤도에 오르지는 않았지만, 이미 비슷한 성격의 비즈니스를 하고 있는 미국의 글로벌 IT 기업들이 그러했듯 향후 서비스 최적화를 위해 어떤 방식으로든 인공지능과 빅데이터 관련 기술이 필요할 것으로 예상된다.

사실 삼성전자와 네이버, 카카오 등을 제외하면 국내 대기업들 가운데 인공지능 비즈니스와 관련해 기술적인 경쟁력을 갖추었다고 말할 수 있는 업체는 거의 없다. 앞서 언급한 삼성전자와 네이버마저도 국내 기업들 가운데에서는 어느 정도 앞서 있다고 말할 수 있을지 몰라도, 아마존, 구글, 마이크로소프트와 같은 글로벌 IT 기업들과 비교했을 때는 한참 뒤처져 있다고 볼 수 있다. 이런 상황에서 글로벌 IT 기업들이 자체 기술 개발뿐만 아니라 공격적인 인수합병 등을 추진하며 선도적 경쟁력을 확보하기 위해 사력을 다하고 있는 반면, 국내 기업들은 인공지능 비즈니스의 중요성을 인지하고 목표의식을 갖고 있음에도 불구하고, 상대적으로 구체적인 실행, 특히 인공지능 관련 스타트업이나 기업 인수합병에 있어서는 글로벌 기업들의 움직임과는 별개로 조용해 보인다. 과연 무엇이 문제일까?

인공지능 기술 개발이 효과를 보기 위해서는 일반 IT 인력뿐만 아니라 프로젝트를 중추적으로 수행할 수 있는 고급 연구 인력의 확보가 필수적이다. 따라서 글로벌 IT 기업들은 여러 스타트업이나 대학교 연구팀 전체를 인수하는 등 인공지능 전문 인재들을 끌어들이기 위해 다양한 방식으로 많은 노력을 기울여왔다. 삼성전자나 SK 같은 국내 대기업들도 이러한 인재 확보를 위해 다방면으로 애쓰고 있지만, 고급 인력의 수는 제한되어 있고 이들 대부분이 이미 아마존, 구글 같은 글로벌 IT 기업에서 선두권의 인공지능 비즈니스에 몸담고 있어 파격적인 조건을 제시하더라도 고급 연구 인력의 확보가 현실적으로 어렵다는 것이 업계의 중론이다.

그래서 삼성전자에서 2020년까지 인공지능 연구개발 인력을 1,000명으로 확대하겠다고 제시한 방안도 그 목표의식에 있어서는 박수를 보내지만, 사실 쉽지 않아 보인다. 뿐만 아니라 인공지능 기술의 기반이 되는 데이터 측면에서 표준화된 데이터 인프라가 현저하게 부족한 것도 문제점으로 지적되고 있다. 국내 시장 규모가 미국이나 일본, 유럽보다 작은 탓도 있겠지만, 서비스를 개발하기 위한 유용한 데이터들이 산재해 있음에도 불구하고, 애매한 규제나 기업들의 소통 부재로 제대로 활용되지 못하는 것이 더 직접적인 원인이다. 인공지능 기술의 큰 축이 되는 고급 인력과 표준화된 데이터 인프라가 부족하다 보니 한국에서 인공지능 기술의 경쟁력이 뒤처질 수밖에 없는 것으로 보인다.

애플의 앱스토어와 구글의 안드로이드 마켓. 이 둘의 공통점은 수많은 애플리케이션들로 이루어진 하나의 플랫폼으로서 다양한 장르의 애플리케이션들이 선보이고 소비되는 이른바 장터의 역할을 한다는 것이다. 애플과 구글은 주요 기능의 오픈소스 소프트웨어를 제공해 전 세계 수많은 개발자들이 자신들의 아이디어를 자유롭게 구현할 수 있도록 환경을 제공하고, 수많은 공급과 수요가 발생하는 관문 역할을 함으로써 자연스럽게 플랫폼 생태계를 넓히는 동시에 시장을 장악했다.

이는 인공지능 기술 발전을 위한 글로벌 IT 기업들의 전략에도 비슷하게 적용되고 있다. 아마존, 구글, 마이크로소프트 등 클라우드 플랫폼을 제공하는 기업들은 거의 모두 인공지능 기술을 클라우드 서비스와 함께 오픈된 API 형태로 제공하면서 시장 관계자들의 자발적 참여에 의한 데이터 고도화와 시장 선점을 기대하고 있다. 이들 글로벌 IT 기업은 내부적으로도 우수한 인공지능 개발 인력이 많지만, 자사의 플랫폼 소스를 오픈해 수많은 협력자들을 끌어들임으로써 자연스럽게 기술 수준과 경쟁력을 높여가는 선순환 고리를 만드는 것이다.

반면 국내 대기업들의 경우, 오픈소스 소프트웨어를 제공하는 플랫폼 아키텍처를 구축해 수많은 파트너들과 소통하고 협력하는 관계를 맺기보다는 내부적으로 보안의 울타리를 치고 내부 인력과 인프라만으로 기술을 개발하는 경우가 많다. 따라서 데이터의 양적·질적인 측면에서 글로벌 경쟁력이 떨어질 수밖에 없다. 이렇듯 대기업들이 소위 '자기들이 다 알아서 하는 구조'가 고착되면서 선순환 고리를 만드는 건강한 생태계는커녕 자본력이 약한 영세한 개발자나 중소 개발 업체들은 성장 동력을 잃고 말라죽지 않기 위해 대기업의 하청을 받는 구조가 고착되어버렸다.

결국 국내 대기업들은 소통과 협력보다는 내부 통제와 보안에 신경을 쓰고, 우수한 외부 파트너사들의 기술력을 인정하고 적극적으로 생태계를 만들어가기보다는 내부 채용을 통해 이들을 자사 인력으로 끌어들이고 기존 조직 문화에 흡수해버리는 행보를 보여왔다. 결과적으로 다양성과 혁신이 더딜 수밖에 없는 환경을 그들 자신이 만들어온 셈이다.

그러므로 국내 대기업들이 인공지능 기술 분야에서 경쟁력을 확보하기 위해서는 사내에 우수한 인력과 양질의 데이터를 확보하는 것도 중요하지만, 무엇보다 다양한 분야에서 크고 작은 기술 개발이 자발적으로 일어날 수 있는 생태계를 조성하는 일이 우선시되어야 한다. 즉, 기업과 정부가 보안 혹은 기밀로 과도하게 묶어두고 있는 데이터들을 더 공개하고, 이를 통해 인공지능 기술 관련 인력이 다양한 서비스를 개발하고 자생할 수 있는 협력 구조를 만드는 것이 필요하다. 이러한 토대가 마련된다면 국내에서 인공지능 비즈니스의 인수와 합병도 훨씬 더 활발해질 수 있을 것으로 예상한다. 아울러 인공지능 기술 분야에서 건강한 생태계가 자리 잡게 된다면, 이미 세계 시장에서 선도적 위치에 있는 하드웨어 분야와 더불어 큰 시너지 효과를 낼 수 있을 것이다.

PART 03

인공지능 혁신의 3가지 열쇠, 특허·연구·협력

AI BUSINESS TREND

"

Innovation distinguishes between a leader and a follower.

"

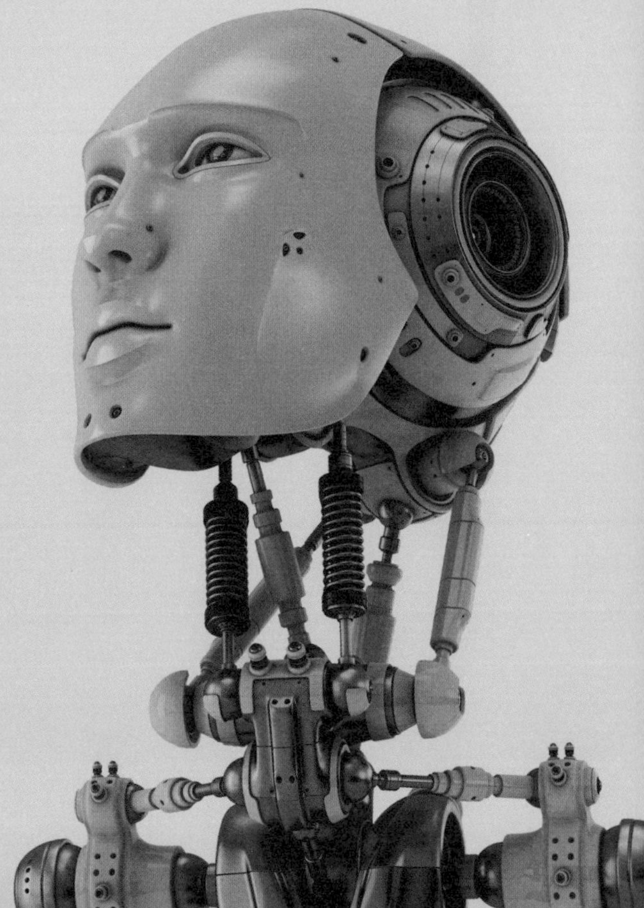

AI

BUSINESS

TREND

07

글로벌 기업들의 인공지능 특허 전략

_미국과 중국의 두 번째 무역전쟁

미국 기업인 IBM, 마이크로소프트, 구글은

인공지능 모델링에 대한 특허출원을 많이 하고 있는 반면,

중국 기업인 바이두는 정보 검색, 자연어 처리, 음성인식 등

사용자 인터페이스에 대한 출원에 집중하고 있다.

특허출원 동향을 보면 인공지능 연구개발의 트렌드 파악이 가능하다. 특허는 비밀 유지를 위해 일반적으로 출원일로부터 18개월 후에 공개된다. 따라서 최근의 인공지능 연구개발 트렌드는 파악하기 어렵지만, 과거의 데이터를 분석해 현재의 연구개발 트렌드를 유추해볼 수 있다. 또한 어떤 기술 분야에 인공지능이 많이 적용되는지도 확인할 수 있다.

이와 관련해 인공지능의 특허출원 동향을 필자들이 직접 분석해보았다. 먼저 특허 검색 DB인 윕스온을 사용하여 검색 조건을 설정했다. 인공지능 관련 기술은 2015년 정도부터 두각을 나타내기 시작했으므로 출원일 범위는 2010년부터 2018년 12월 31일까지로 설정했다.

그렇게 해서 도출된 검색 결과에서 노이즈를 제거하여 총 7,572건의 데이터를 얻었다. 출원인을 '대표명화'하고 출원인 업종별·기술별 분류를 통해 데이터를 가공한 후 특허출원 동향을 분석했다(여기서 '대표명화'란, 전 세계 특허를 조사할 때 동일한 기업이지만 삼성전자, Samsung Electronics 등으로 다양하게 표기된 명칭들을 동일한 출원인명으로 통일시키는 작업을 말한다).

인공지능 관련 국제 특허출원 동향

아래 도표에서 막대그래프는 각 연도별 인공지능 관련 국제 특허출원수를 나타내고, 선그래프는 각 연도별 누적 특허출원수를 나타낸다. 2018년은 앞서 언급한 바와 같이 미공개 건을 다수 포함하기 때문에 정확한 출원수는 2년 정도가 경과해야 알 수 있다. 따라서 아래 도표에서는 2018년의 인공지능 관련 출원수가 감소한 것으로 표시되었지만, 실제로는 그렇지 않을 것으로 보인다.

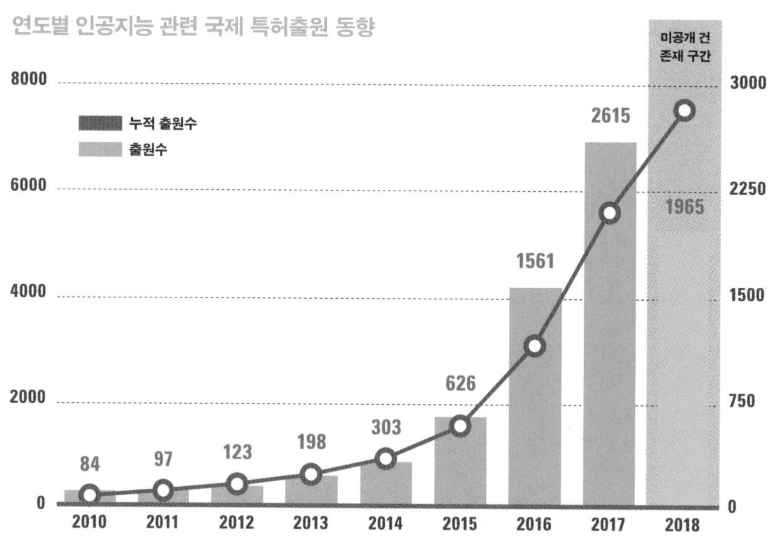

연도별 특허출원 동향을 자세히 살펴보면, 2010년부터 인공지능 관련 출원수가 조금씩 증가하다가 2015년부터 급격히 증가하기 시작한 것을 알 수 있다. 출원이 급증하면서 2016년의 특허출원 증가율은 전년 대비 약 149%를 기록했다. 특히 2015년부터 중국 국적 출원인들의 출원이 급증했기 때문에 이에 영향을 받아 전체 출원수도 크게 증가했다. 중국 기업인 바이두와 일본 기업인 화낙Fanuc은 2015년 전에는 거의 특허출원을 하지 않다가 2015년 이후부터 인공지능 관련 특허출원수를 급격하게 늘렸다. 따라서 앞 페이지의 도표에 나온 수치는 이런 기업들의 출원수 급증에 영향을 받은 것으로 볼 수 있다.

국가별 특허출원 동향

아래 도표에서 선그래프는 각 국가별·연도별 인공지능 관련 특허출원 수를 나타내고, 파이그래프는 각 국가별 전체 인공지능 관련 특허출원 수를 나타낸다. 2018년의 선그래프는 아래로 꺾이고 있지만, 이는 미공개 건을 다수 포함하고 있기 때문이므로, 2년 정도 후에 다시 통계를 작성하면 실제 선그래프는 위를 향하는 형태가 될 것으로 예측된다.

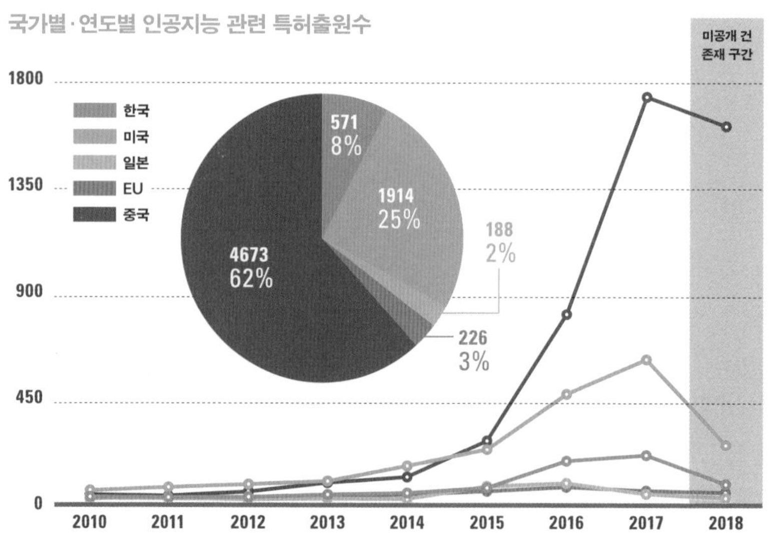

앞 페이지 도표에서 적색 선으로 나타낸 바와 같이, 중국은 2015년부터 미국을 누르고 출원수가 급증했다. 주요 5개국 중 출원 비중도 약 62%에 달한다. 한국은 중국과 미국에 비해 출원수는 적지만 유럽과 일본보다는 많은 출원을 하고 있다. 중국의 특허출원에서 특히 주목해야 할 부분은 총 4,673건의 특허출원 중에서 대학이 1,469건으로 가장 많고, 연구소도 297건으로 꽤 많다는 점이다. 현재로서는 중국의 인공지능 관련 특허출원의 수준이 질적인 측면에서 미국보다 낮은 것으로 보이지만, R&D의 중심인 대학과 연구소의 특허출원이 많이 이루어지고 있기 때문에 몇 년 후에는 좀 더 질적으로 우수한 특허를 양산할 수 있을 것으로 보인다.

인공지능 관련 상위 15개 특허출원인

다음 페이지의 도표에서 좌측은 인공지능 관련 특허출원인 중 가장 출원을 많이 한 15개 주요 출원인의 각국별 출원수를 절대치로 나타내고, 우측은 각국별 출원 비중을 상대치로 나타낸다. 청색이 주로 많이 보이는 이유는 상위 15개 주요 출원인들이 주로 미국에 많이 출원했기 때문이다. 그다음으로는 중국을 나타내는 적색이 두드러지게 나타난다. 중국의 기업과 대학은 주로 중국 출원에 집중한 것을 알 수 있는데, 특히 중국 대학 2곳인 저장대학과 톈진대학은 중국에만 출원했기 때문에 그 특허 품질이 좋지는 않을 것으로 보인다.

바이두는 바이두 명의의 다양한 법인들을 통하여 출원하고 있다. 즉, 바이두는 1) 바이두 온라인 네트워크 테크놀로지(북경) 유한책임회사百度在线网络技术(北京)有限公司, 2) 북경 바이두 온라인 커뮤니케이션 사이언스 앤 테크놀로지 유한책임회사Beijing Baidu Netcom Science and Technology Co., Ltd., 北京百度网讯科技有限公司, 3) 바이두 온라인 네트워크 테크놀로지(북경) 유한책임회사Baidu Online Network Technology(Beijing) Co., Ltd., 百度在線網絡技術(北京)有限公司, 4) 바이두(미국) 유한책임회사Baidu USA Co., Ltd., 百度(美国)有限责任公司 명의로 출원하고 있으며, 이들의 특허출원 총수는 356건이다.

인공지능 관련 상위 15개 주요 특허출원인의 국가별 출원수 및 출원 비중

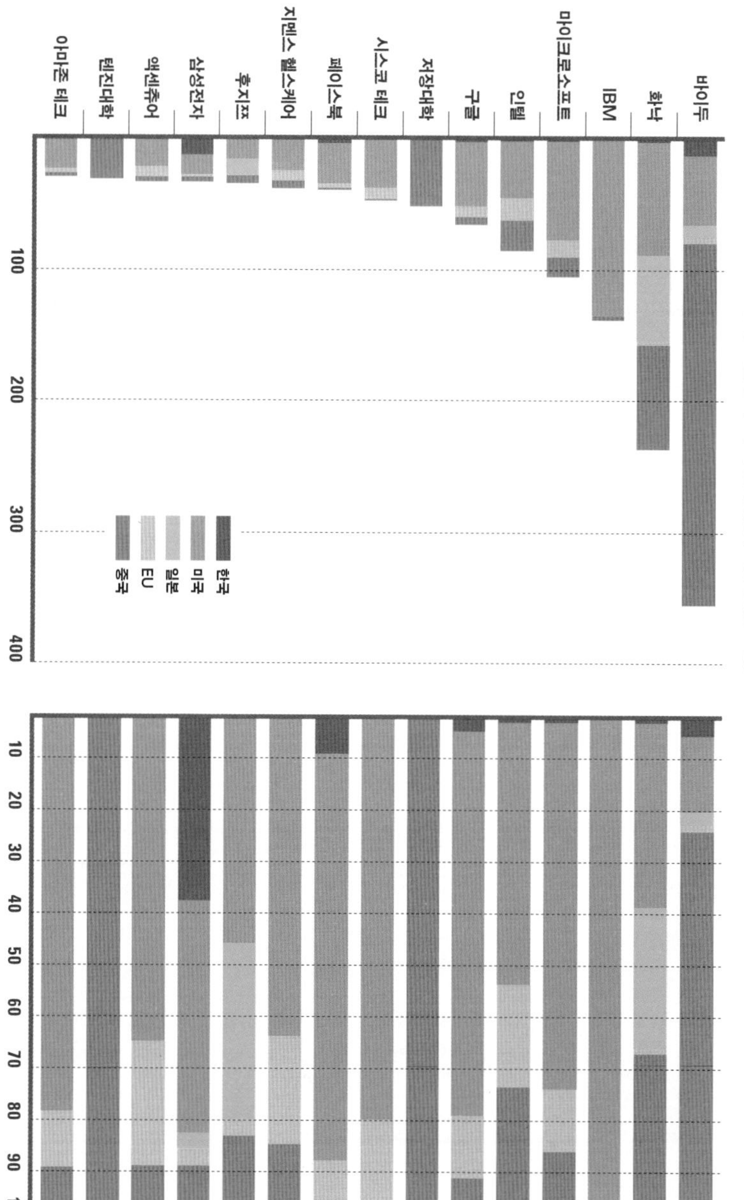

일본의 공작기계 업체인 화낙은 일본, 중국, 미국을 대상으로 특히 인공지능 관련 특허출원에 집중하고 있다. 화낙의 출원 내용은 주로 머신러닝에 관한 것인데, 서보모터를 정밀 제어하기 위해서는 많은 변수들을 컨트롤해야 하기 때문에 여기에 머신러닝 기술을 이용한다. 화낙은 프리퍼드 네트웍스Preferred Networks와 2015년에 공동연구 협약을 맺고 딥러닝을 적용한 기계를 생산하고 있으며, 프리퍼드 네트웍스와의 공동출원도 11건에 달한다.

미국 국적 출원인으로는 IBM, 마이크로소프트, 인텔, 구글, 페이스북, 시스코Cisco, 아마존 등 주요 IT 업체들이 전부 포함되어 있으나 애플은 출원수가 그리 많지 않아서 주요 출원인에 포함되어 있지 않다. 출원인 간의 갈등과 분쟁도 심심치 않게 벌어지고 있다. 애플의 경우 인공지능 기술과 관련하여 미국등록특허 제8768865호(패턴 매칭을 통한 학습 방법)를 침해했다는 이유로 2017년 11월 퀄컴으로부터 미국 캘리포니아 남부 지방법원에 제소를 당했으나 2019년 4월 합의를 했다. 이 소송은 아이폰 및 애플 워치 제품과 관련되어 있다. 한편 모든 출원인이 미국에 가장 많이 출원했다는 것은 인공지능 관련 시장으로서 미국을 가장 중요하게 생각하고 있다는 것을 보여준다.

주요 특허출원인의 연도별 분석

연도별로 인공지능 관련 상위 15개 주요 특허출원인들이 어떤 패턴으로 출원해왔는지를 분석했다. 다음 페이지의 도표에서 원의 크기는 각 해의 출원수를 나타낸다. 2018년 출원은 미공개 건을 다수 포함하기 때문에 실제 출원수는 추후에 알 수 있다.

미국 국적 출원인인 아마존 테크Amazon Tech, 페이스북, 시스코 테크Cisco Tech, 구글, 인텔, 마이크로소프트, IBM은 인공지능이 크게 부각되기 시작한 2015년 전부터 지속적으로 출원해왔다. 따라서 이들 기업은 인공지능에 대한 기술적 잠재력이 상당할 것으로 예측된다. 이는 2015년이 되어서야 본격적으로 출원을 하기 시작한 바이두와는 크게 대조된다. 공작기계 분야에서 독보적인 입지를 구축한 화낙조차도 2015년에 들어서야 출원을 크게 늘리고 있는 것을 알 수 있다. 따라서 인공지능과 관련하여 이들 업체의 기술적인 잠재력은 그리 크지 않을 것으로 보인다.

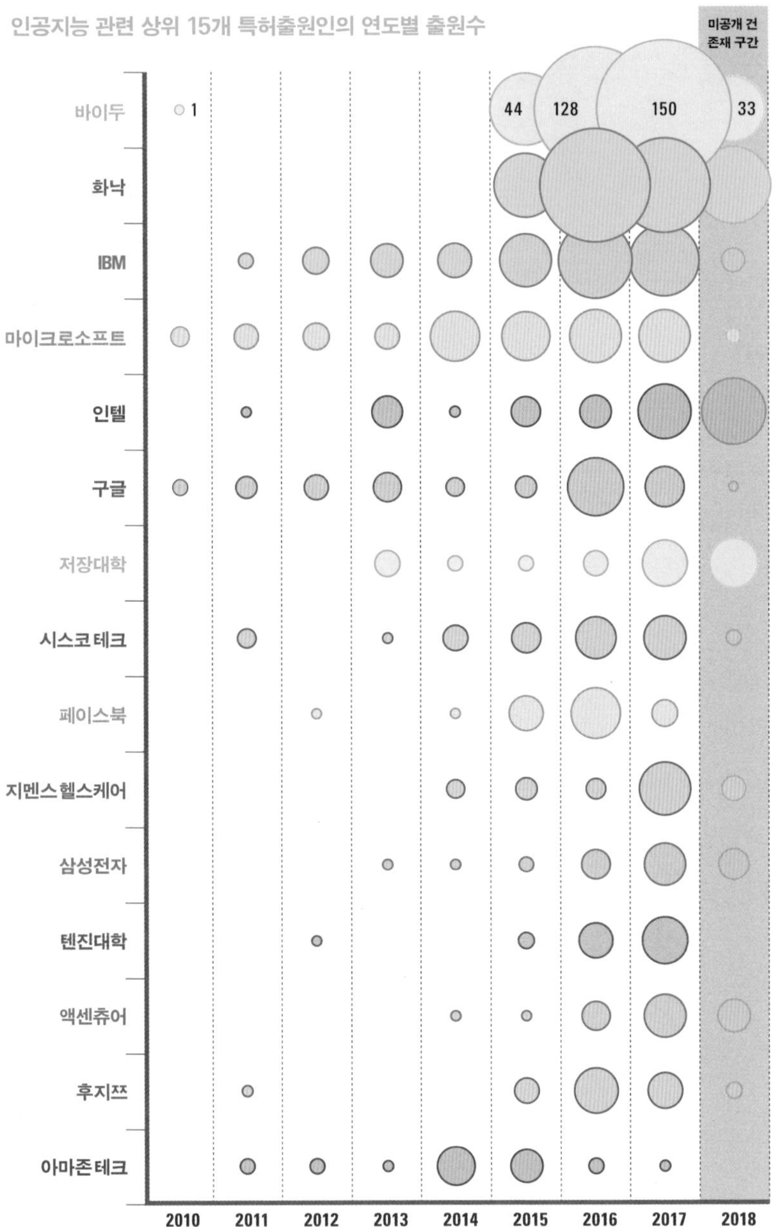
인공지능 관련 상위 15개 특허출원인의 연도별 출원수
미공개 건
존재 구간
바이두
1
44
128
150
33
화낙
IBM
마이크로소프트
인텔
구글
저장대학
시스코테크
페이스북
지멘스헬스케어
삼성전자
텐진대학
액센츄어
후지쯔
아마존테크
2010
2011
2012
2013
2014
2015
2016
2017
2018

업종별·국가별 인공지능 특허출원 분석

다음 페이지의 도표는 인공지능과 관련해 출원국별로 어떤 업종의 출원인들이 출원하는지를 상대적으로 구분해 나타낸 것이다. 해당 도표는 개인, 연구소, 대학은 편의상 제외하고 실제 사업을 영위하는 기업만을 대상으로 하고 있다. 업종 분야는 전기전자, 기계금속, 화학바이오로 구분했다. 여기서 IT 업체는 삼성전자와 같이 IT기기를 판매하는 기업들을 의미하고, 인터넷 업체는 인터넷 포털을 기반으로 사업을 영위하는 NHN, 바이두 등의 기업들을 의미한다. 통신 업체는 KT, 버라이존Verizon, 티모바일T-mobile 등의 망사업자와 통신 서비스 제공 기업들을 의미하고, 전력 업체는 스마트 그리드 등을 중심으로 에너지를 공급하는 기업들을 의미한다.

전기전자 분야에서는 미국이 중국과 거의 대등하거나 더 많은 출원 비중을 차지하고 있으나, 기계금속 분야 및 화학바이오 분야의 경우 헬스케어와 항공을 제외하고는 중국이 미국보다 더 앞서 있다. 요컨대, 미국에서는 대체적으로 전기전자 분야의 업체들이 인공지능과 관련된 출원에 집중하고 있다. 중국에서는 스마트 그리드 관련 전력 업체들이 인공지능과 관련된 출원을 많이 하고 있는 점이 특이하다.

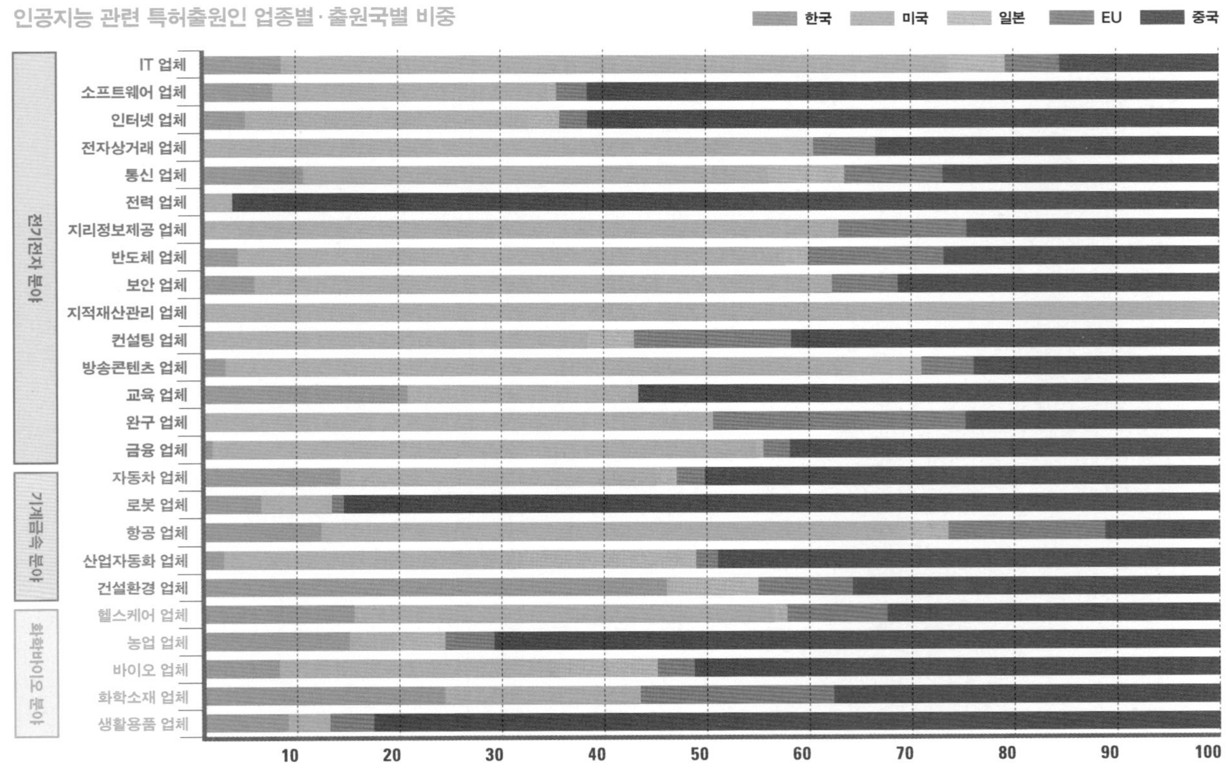
인공지능 관련 특허출원인 업종별 · 출원국별 비중
한국
미국
일본
EU
중국
전기전자 분야
기계금속 분야
화학바이오 분야
IT 업체
소프트웨어 업체
인터넷 업체
전자상거래 업체
통신 업체
전력 업체
지리정보제공 업체
반도체 업체
보안 업체
지적재산관리 업체
컨설팅 업체
방송콘텐츠 업체
교육 업체
완구 업체
금융 업체
자동차 업체
로봇 업체
항공 업체
산업자동화 업체
건설환경 업체
헬스케어 업체
농업 업체
바이오 업체
화학소재 업체
생활용품 업체
10
20
30
40
50
60
70
80
90
100

한편 한국과 중국에서는 전기전자 분야의 업체들뿐만 아니라 화학바이오 분야와 기계금속 분야의 업체들도 인공지능 관련 출원을 많이 진행하고 있다. 사실 이러한 기술 분야들 가운데 일부는 인공지능이 전격적으로 도입될 가능성이 적을 것으로 예상되는 것도 있다. 그럼에도 불구하고 한국과 중국의 업체들은 분야를 막론하고 인공지능이라는 용어를 사용함으로써 마케팅이나 정부 과제 선정 등에서 유리한 위치를 선점하고자 하는 경향을 보인다. 참고로 현재 중국에서는 인공지능과의 관련성이 매우 낮은 업종임에도 불구하고 기업명에 인공지능을 뜻하는 단어인 '智能 intelligence technology'을 넣는 것이 유행하고 있다.

글로벌 기업들의 인공지능 특허출원 분석

앞에서 살펴본 주요 기업들 중 바이두, 마이크로소프트, IBM, 구글의 특허출원 기술 분야를 다음과 같이 분석했다. 주요 출원 기술 분야는 특허 분류에 사용되는 IPCinternational patent classification 코드를 참고했다.

바이두

바이두의 특허출원 356건의 발명 내용을 분류하고 이를 그룹핑한 후 출원이 많이 이루어진 기술 10개의 연도별 출원을 분석했다. 186페이지 상단의 도표에는 나와 있지 않지만, 바이두는 프로그램 제어장치, 화상통신, 에러 검출 및 모니터링 등에 대한 출원도 진행하였다.

바이두의 연도별·기술별 특허출원 동향을 살펴보면, 바이두는 주로 정보 검색, 자연어 처리 및 음성인식에 출원을 집중하고 있는 것을 알 수 있다. 바이두가 중국에서 구글에 버금가는 검색엔진임을 감안할 때, 자연어 처리 및 음성인식에 인공지능 기술을 도입해 고객의 검색 편의를 높이려는 의지를 엿볼 수 있다. 바이두는 최근에 시각인식과 관련된 객체인식 기술에 대한 특허출원도 늘리고 있다. 이에 대한 2018년 출원은 4건에 불과하지만, 미공개 건이 다수 존재하기 때문에 실제로는 더 많은 출원을 진행했을 것으로 예측된다.

IBM

IBM의 특허출원 138건의 발명 내용을 분류하고 이를 그룹핑한 후 출원이 많이 이루어진 기술 10개의 연도별 출원을 분석했다. IBM은 다음 페이지 하단의 도표에 기재된 기술 외에 특수용도 데이터 처리, 디지털 정보 전송, 음성인식, 에러 검출 및 모니터링 등에 대한 출원도 진행하였다.

IBM의 연도별·기술별 특허출원 동향을 살펴보면, 출원의 상당수가 인공지능 모델링에 집중되어 있고, 최근 들어서 이미지 처리, 데이터 인식/표시/기록 등에 대한 출원도 증가하고 있는 것을 알 수 있다. 이는 IBM에서 왓슨을 만들면서 2014년부터 기본적인 인공지능 모델링 구조에 대한 연구를 본격화했고, 의료 분야에 인공지능을 적용하기 위해 이미지 판독 등의 기술이 중요해짐에 따라 이와 관련된 이미지 처리와 데이터 인식/표시/기록에 대한 출원을 늘리고 있음을 알 수 있다. 한편 왓슨을 이용한 인공지능 플랫폼 사업을 본격화하면서 대량의 데이터 처리를 가능하게 하는 무선 네트워크 관련 출원도 늘리고 있다는 것을 알 수 있다.

마이크로소프트

마이크로소프트의 특허출원 104건의 발명 내용을 분류하고 이를 그룹핑한 후

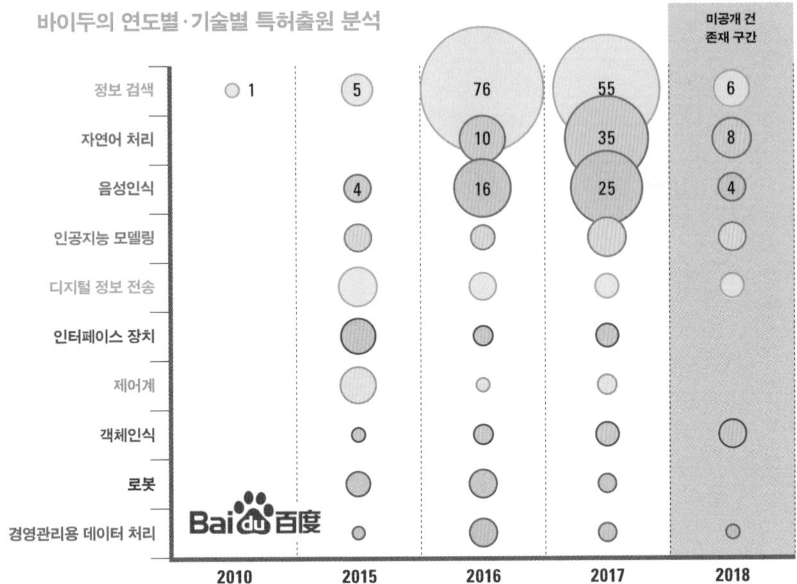
바이두의 연도별·기술별 특허출원 분석
미공개 건
존재 구간
정보 검색
자연어 처리
음성인식
인공지능 모델링
디지털 정보 전송
인터페이스 장치
제어계
객체인식
로봇
경영관리용 데이터 처리
1
5
76
55
6
10
35
8
4
16
25
4
Baidu百度
2010
2015
2016
2017
2018

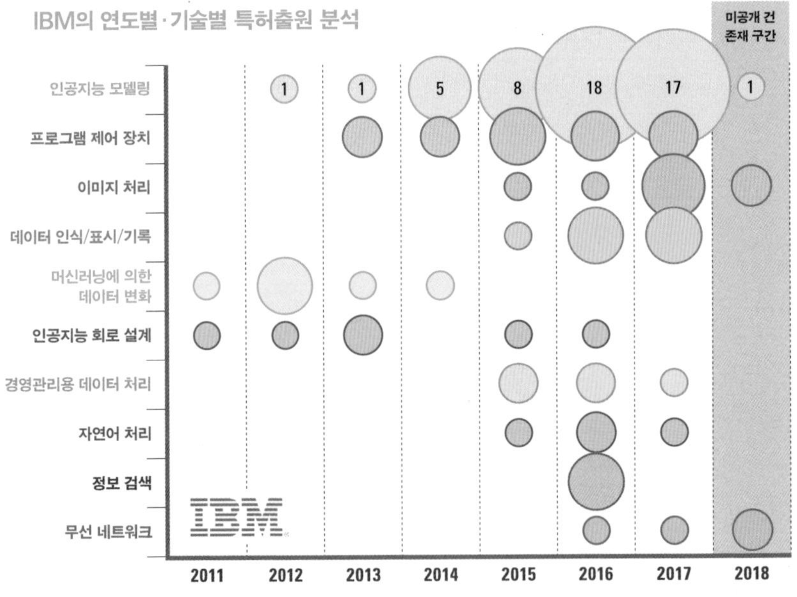
IBM의 연도별·기술별 특허출원 분석
미공개 건
존재 구간
인공지능 모델링
프로그램 제어 장치
이미지 처리
데이터 인식/표시/기록
머신러닝에 의한
데이터 변화
인공지능 회로 설계
경영관리용 데이터 처리
자연어 처리
정보 검색
무선 네트워크
1
1
5
8
18
17
1
IBM
2011
2012
2013
2014
2015
2016
2017
2018

출원이 많이 이루어진 기술 7개의 연도별 출원을 분석했다. 다음 페이지 상단의 도표에 기재된 기술 외에 마이크로소프트는 이미지 처리, 특수용도 데이터 처리, 음성인식 등에 대한 출원도 진행하였다.

마이크로소프트의 연도별·기술별 특허출원 동향을 살펴보면, 거의 모든 출원이 인공지능 모델링에 집중되어 있는 것을 알 수 있다. 인공지능 모델링은 머신러닝 또는 딥러닝 등의 기본적인 설계 구조에 대한 내용으로 이루어져 있다. 예를 들면, 메모리, 자원 할당, 인터페이스 등에 대한 내용이다. 따라서 마이크로소프트가 인공지능의 아키텍처 설계에 대해 오래전부터 충실하게 준비해왔음을 알 수 있다.

구글

구글의 특허출원 71건의 발명 내용을 분류하고 이를 그룹핑한 후 출원이 많이 이루어진 기술 7개의 연도별 출원을 분석했다. 다음 페이지 하단의 도표에 기재된 기술 외에 구글은 화상통신 및 디지털 컴퓨팅 등에 대한 출원도 진행하였다.

구글의 연도별·기술별 특허출원 동향을 살펴보면, IBM 및 마이크로소프트와 유사한 동향을 보이는 것을 알 수 있다. 즉, 많은 출원이 인공지능 모델링에 집중되어 있고, 머신러닝에 의한 데이터 변화는 2014년 이후로 출원하지 않아 관련 기술의 개발이 이미 완료된 상태임을 추정할 수 있다. 구글의 인공지능 모델링 특허출원은 규칙화, 최적화, 고객 인터페이스, 피드백 등의 내용을 포함하고 있다. 또한 그 수는 많지 않지만 로봇 등 하드웨어와 관련된 출원도 진행하고 있다는 것을 알 수 있다.

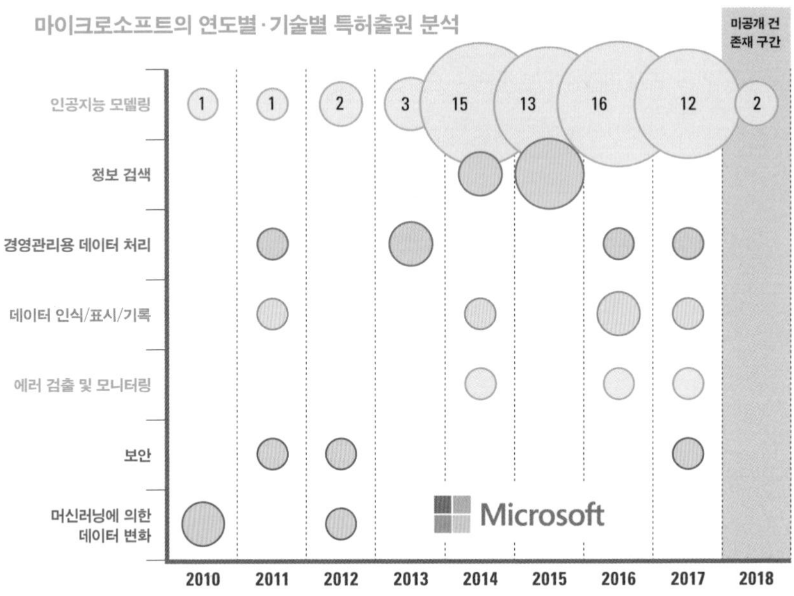
마이크로소프트의 연도별·기술별 특허출원 분석
미공개 건
존재 구간
인공지능 모델링
1
1
2
3
15
13
16
12
2
정보 검색
경영관리용 데이터 처리
데이터 인식/표시/기록
에러 검출 및 모니터링
보안
머신러닝에 의한
데이터 변화
Microsoft
2010
2011
2012
2013
2014
2015
2016
2017
2018

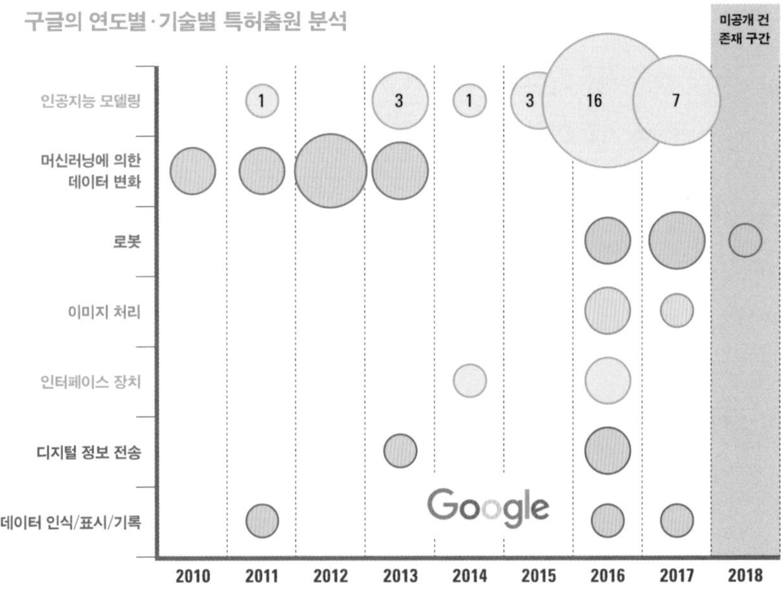
구글의 연도별·기술별 특허출원 분석
미공개 건
존재 구간
인공지능 모델링
1
3
1
3
16
7
머신러닝에 의한
데이터 변화
로봇
이미지 처리
인터페이스 장치
디지털 정보 전송
데이터 인식/표시/기록
Google
2010
2011
2012
2013
2014
2015
2016
2017
2018

앞서 살펴본 바와 같이 미국 기업인 IBM, 마이크로소프트, 구글은 모두 인공지능 모델링에 대한 출원을 많이 하고 있지만, 중국 기업인 바이두는 정보 검색, 자연어 처리, 음성인식 등 사용자 인터페이스와 관련된 출원에 집중하고 있다. 즉, 미국 기업들은 장기간에 걸쳐 기본을 탄탄하게 다지는 출원 패턴을 보이고 있는 반면, 불과 몇 년 사이에 급성장한 중국 기업들은 기본기보다는 외형에 치중한 출원 패턴을 보인다. 인공지능 기술 개발의 선두주자라고 할 수 있는 이런 기업들의 향후 실적이 어떻게 나타날지는 불분명하지만, 2018년까지의 출원 패턴으로 볼 때 바이두는 향후에 기술적인 장벽에 가로막혀 한계를 노출할 가능성도 있다.

AI
BUSINESS
TREND

08

R&D 없이 불가능한 인공지능
_구글, 연구소 이름을 Google AI로 바꾸다

R&D 조직은 그 기업의 미래를 보여준다. 구글은 연구소 이름을 아예 구글 AIGoogle AI로 바꿨고, 페이스북, IBM, 마이크로소프트도 인공지능 기술 중심의 R&D를 펼치고 있다.

1차~3차 산업에서 제품이 생산되는 과정을 생각해보자. 우선 농업은 상당히 직관적인 산업이다. 땅에 씨를 뿌리고 잘 관리해주면 농작물이 자란다. 농부는 작물이 거친 비바람이나 해충으로부터 피해를 입지 않도록 정성을 다해 관리해야 한다. 제조업도 그 원리는 크게 다르지 않다. 공장에서 원료를 가공·조립하면 결과물이 만들어지는 시스템이다. 서비스업, 유통업 등 다른 산업도 큰 시각에서 볼 때 비슷한 원리로 수익을 창출하고 있다. 물리적인 공간이나 노동력, 재료를 얼마만큼 투입하느냐에 따라 산출물이 달라진다.

반면 인공지능 기술에 기반한 비즈니스는 조금 다른 구조를 갖고 있다. 기본적으로 인공지능 비즈니스는 컴퓨터가 인간을 대신해 대량의 작업을 빠른 속도로 처리할 수 있도록 고안된 제품이나 서비스를 제공한다. 따라서 빅데이터를 수집하고 처리하는 능력, 복잡한 수학 알고리즘을 만들고 계산하는 능력, 컴퓨팅 시스템을 다룰 수 있는 능력 등이 필요하다. 물론 이런 능력은 과거 산업 현장에서도 어느 정도 필요했으나 그 범위와 속도 면에서 현재의 그것과 비교가 되지 않는다.

자율주행차를 예로 들어보자. 자율주행차가 스스로 안전 운전을 하기 위해 반드시 필요한 일은 차 주변의 상황이 어떠한지 파악하는 것이다. 차 앞에 자전거가 지나가는지, 신호등이 파란불이라 그냥 지나가면 되는지 등의 상황을 스스로 파악할 수 있어야 한다. 인간 운전자는 이 일을 짧은 시간 안에 본능적으로 해내지만 컴퓨터는 그렇지 않다. 컴퓨터 운전자에게 자전거는 어떻게 생겼고, 파란불의 신호등은 어떻게 생겼는지 등을 학습시켜야 한다. 컴퓨터가 외부 전경을 공부하는 방법은 관련 데이터를 사전에 많이 익혀두는 방식으로 이뤄진다. 사람과 마찬가지로 많이 공부하면 할수록 실수가 적은 베스트 드라이버가 된다.

이처럼 인공지능 비즈니스는 노동력이나 원료만으로는 이익을 창출할 수 없는 전형적인 지식 집약 산업이다. 누가 더 깊이 있고 효율적인 인공지능 기술을 개발하고 빠르게 상용화할 수 있느냐에 따라 기업들의 희비가 엇갈릴 수 있다. 따라서 대학이나 연구 기관과의 협업 혹은 자체 연구소 운영은 인공지능 비즈니스에서 빼놓을 수 없는 중요한 과정이다.

대부분의 IT 비즈니스가 그렇듯, 인공지능 사업도 계단식 성장 곡선을 그린다는 점에서 혁신을 위한 심도 있고 선도적인 연구가 상당히 중요하다. 계단식 성장이란 기업이 혁신을 이룰 때마다 시장과 투자자들에게 인정을 받게 되고, 그 결과 급격한 성장을 하게 됨을 뜻한다. 인공지능 비즈니스 시장이 현재 초기 단계에 있다는 점을 감안한다면, 혁신을 기반으로 한 성장은 필수라 할 수 있다.

구글, 마이크로소프트, IBM, 페이스북 등 글로벌 IT 기업들은 자체 연구소 혹은 대학과의 협업을 통해 인공지능 연구에 거금을 투자하고 있다. 미국과 중국 정부도 서로 경쟁하듯 자국의 인공지능 연구개발에 전폭적인 지원을 하고 있다. 아직 테스트 단계인 연구 성과들이 많지만, 이미 우리 생활 속에 시나브로 스며든 인공지능 기술도 많다. 이번 장에서는 글로벌 IT 기업들의 인공지능 연구 활동을 살펴보고 그들의 활동에서 무엇을 배울 수 있을지, 타산지석으로 삼을 만한 실수는 없는지 알아보자.

구글

https://ai.google

세계 1위 IT 기업 구글은 우리나라 사람들에게 인공지능의 충격을 체감하게 해준 장본인이다. 2016년 3월에 펼쳐진 이세돌 선수와 알파고의 '구글 딥마인드 챌린지 매치'는 구글이 2014년 인수한 딥마인드라는 회사의 이름을 세계적으로 널리 알리는 계기가 되었고, 바둑과 인공지능에 대한 붐을 일으켰다. 당시 구글 내부에서도 이 경기에 대한 관심이 뜨거워서 세르게이 브린Sergey Brin, 에릭 슈미트Eric Schmidt, 제프 딘Jeffrey Dean 등 구글의 핵심 인사들이 직접 방한할 정도였다.

다른 기업들과 마찬가지로 구글도 인공지능을 차세대 핵심 기술로 여기고 있다. CEO 선다 피차이Sundar Pichai는 인공지능은 전기나 불보다 심오하며, 인류가 추구하는 중요한 도구 중 하나라는 말로 구글이 인공지능에 큰 방점을 찍고 있음을 보여줬다. 또 구글은 2018년 5월, 그동안 구글 리서치Google Research로 부르던 자사 연구 조직을 구글 AIGoogle AI라는 이름으로 바꾸기도 했다. 구글 AI 홈페이지에 따르면, 비록 AI가 조직명을 대표하긴 하지만 예전부터 해오던 인공지능 이외의 연구들도 계속 진행한다고 한다.

구글 AI가 밝힌 연구 방향은 크게 4가지다.[57] 첫째는 기초 연구 분야로 이론을 도출하거나 응용 서비스에 활용할 수 있는 기술을 새롭게 개발하는 것이다. 두 번째 방향은 심도 있는 연구를 바탕으로 한 신제품 개발이다. 여기서 제품이라 함은 단순히 구글이 사용자에게 제공하는 서비스뿐 아니라 새로운 형태의 비즈니스 모델도 포함된다. 세 번째 방향은 기존 서비스의 혁신으로 이어질 수 있는 실용 연구다. 구글 AI의 연구가 이론에서 끝나는 것이 아니라 구글의 현 서비스를 발전시킬 수 있는 실제 결과물로 이어지는 연구를 뜻한다. 마지막 방향은 구글 내 개발팀과 연구팀 모두가 사용할 수 있는 인프라에 대한 연구다. 이는 구글 구성원들의 업무 효율을 높이고, 범용적으로 사용할 수 있는 기본 시스템에 대한 연구를 가리킨다.

구글 AI의 구성원 중에는 인공지능과 관련된 전설적인 인물들이 많은데, 이 책에서는 분량상 '피터 노빅Peter Norvig'과 앞에서 언급한 '제프 딘' 그리고 딥러닝의 아버지로 불리는 '제프리 힌튼Geoffrey Hinton'만 소개하려고 한다. 구글 AI에서 연구 디렉터를 맡고 있는 피터 노빅은 1994년 스튜어트 러셀Stuart Russell과 함께 인공지능의 교과서라 불리는 《인공지능: 현대적 접근Artificial Intelligence: A Modern Approach》을 저술한 인물이다. 유튜브에 'Peter Norvig: The 100,000-student classroom'을 검색하면, 그가 스탠퍼드대학에서 세계 209개국 16만여 명의 학생들과 함께했던 인공지능 개론 온라인 강의의 뒷이야기를 TED 무대를 통해 재미있게 들을 수 있다. 피터 노빅은 2001년 구글에 합류했으며, 그 전에는 미국항공우주국NASA에서 3년간 컴퓨터과학 부문을 이끌었다. Norvig.com은 그가 직접 운영하는 개인 홈페이지인데, 그에 대한 거의 모든 것이 정리되어 있다.

구글 AI에서 인공지능 연구를 이끌고 있는 제프 딘은 천재성으로 유명한 프로그래머다. 머신러닝에 관심이 있는 독자라면 한 번쯤 들어봤을 머신러닝 오픈소스 '텐서 플로TensorFlow', 빅데이터 처리 프레임워크 맵리듀스MapReduce 등이 제프 딘의 손을 거쳤다. 'ai.google/research/pubs/pub62'를 방문하면 그가 2004년 발표한 논문 〈맵리듀스: 대규모 클러스터에서의 간소화된 데이터 처리 방법MapReduce: Simplified Data Processing on Large Clusters〉을 다운로드할 수 있다. 1999년 구글에 합류한 제프 딘은 구글이 수많은 검색 데이터를 저장하고 처리할 수 있는 능력을 갖추는 데 결정적인 역할을 한 장본인이며, 2011년부터 딥러닝 연구 조직인 구글 브레인을 이끌어왔다.[58] 제프 딘은 2016년 3월 구글 캠퍼스 서울에서 특강을 한 적도 있는데, 유튜브에서 'Google Tech Talk with Jeff Dean at Campus Seoul'을 검색하면 당시 발표 영상을 볼 수 있다.

마지막으로 소개할 인물은 현재 전 세계적으로 인공지능 연구 및 비즈니스의 큰 축을 담당하고 있는 '토론토 학파'의 수장, 제프리 힌튼이다.[59] 피터 노빅과 제프 딘이 구글 초기에 합류한 전형적인 구글러Googler라면 제프리 힌튼은 구글의 인공지능 연구를 위해 영입된 스타 학자다. 1987년부터 캐나다 토론토대학에서 컴퓨터과학을 가르치던 제프리 힌튼은 2012년 자신의 제자 두 명(알렉스 크리체브스키Alex Krizhevsky와 일리아 수츠케버Ilya Sutskever)과 함께 음성과 이미지를 인식하는 솔루션 연구 스타트업 DNN리서치를 설립했고, 구글이 2013년 이 회사를 인수함으로써 구글에 합류하게 되었다.[60] 당시 힌튼의 연구팀과 구글의 인연을 맺어준 이벤트가 하나 있었는데, 바로 '이미지넷 대규모 시각 인식 경진대회 2012ImageNet Large Scale Visual Recognition Challenge 2012'이다. 이미지 인식을 오류 없이 얼마나 잘 해낼 수 있는지가 이 대회의 목표였는데, 딥러닝과 콘볼루션 신경망 기술을 활용한 힌튼의 연구팀이 다른 팀들에 비해 월등한 성적으로 우승했다.[61]

2013년 6월 구글이 자사 블로그에 올린 글에 따르면, 힌튼 연구팀의 성과 덕분에 사진 외부 정보(파일명 등)가 아닌 사진 자체의 픽셀 정보를 바탕으로 이미지를 더 잘 인식하고 분류해서 이미지 검색 품질을 올릴 수 있게 되었다고 한다.[62] 이 포스팅에는 이미지 검색을 위해 구글이 기존에 어떤 기술을 써왔고, 힌튼 연구팀의 성과가 어떤 혁신을 가져다주었는지 자세히 설명되어 있기 때문에 이 분야에 관심 있는 독자라면 흥미롭게 읽을 수 있을 것이다.

구글의 인공지능 연구에서 또 하나 주목할 만한 부분은 인공지능 개발에 대한 윤리의식이다.[63] 구글은 2018년 6월 내부 직원들의 반발로 미 국방부의 메이븐Maven 프로젝트 계약을 2019년 3월부터 갱신하지 않겠다고 선언하기도 했다. 당시 직원들의 주장에 따르면, 이 프로젝트에서 구글의 인공지능 기술이 군사 작전용 드론이 촬영한 이미지를 분석하는, 비윤리적인 목적에 활용되었다고 한다. 구글의 인공지능 기술은 전 세계적으로 파급력이 큰 만큼 인공지능 기술의 부작용 역시 구글 내부뿐 아니라 외부에서도 상당히 민감하고 중요한 사안이다. 선다 피차이는 2018년 6월 '구글의 AI: 우리의 원칙AI at Google: our principles'이라는 제목의 글을 통해 인공지능 개발 시 지켜야 할 7가지 윤리 원칙을 아래와 같이 밝혔다.[64]

1. 사회에 유익한 인공지능
2. 편견이 없는 공평한 인공지능
3. 안전한 인공지능
4. 사람이 제어하는 인공지능
5. 개인정보 원칙을 지키는 인공지능
6. 과학적으로 우수한 인공지능
7. 악용의 소지가 없는 인공지능

또한 아래와 같이 부정적인 내용을 포함하는 인공지능은 개발하지 않겠다고 덧붙였다.

1. 위험한 결과를 일으킬 수 있는 기술
2. 인간에게 직접적인 피해를 줄 수 있는 무기나 관련 기술
3. 감시 목적으로 정보를 수집하는 기술
4. 국제법을 위반하거나 인권을 침해할 수 있는 기술

또 구글은 인공지능 개발 원칙을 단순히 선언하는 데 그치지 않고 개발 과정에서 이 원칙들이 실제로 어떻게 적용되고 있는지에 대한 사례들을 '책임감 있는 인공지능 모범 사례Responsible AI Practices'라는 제목으로 분기마다 공유하고 있다.[65]

페이스북

https://research.fb.com/category/facebook-ai-research

페이스북은 인공지능 연구를 위해 페이스북 인공지능 리서치Facebook Artificial Intelligence Research, FAIR라는 이름의 연구소를 운영 중이다. 2018년 4분기 기준 약 190명의 연구원들이 이곳에 소속돼 있으며, 2020년까지 규모를 2배로 늘릴 예정인 것으로 알려져 있다. FAIR의 사무실은 총 8곳인데, 미국에 4곳(캘리포니아 멘로파크, 뉴욕, 시애틀, 피츠버그)을 비롯해 영국 런던, 캐나다 몬트리올, 프랑스 파리, 이스라엘 텔아비브에 각각 위치하고 있다. 그중 가장 많은 인력이 근무하는 곳은 프랑스 파리 사무실로, 약 70명이 근무하고 있다.

주요 연구 분야는 로보틱스, 가상현실, 머신러닝 등이며 타사의 인공지능 연구소와 비교해 학술적인 내용에 초점이 맞춰져 있다. 또 구글이나 아마존 등 경쟁사들이 인공지능 스피커, 자율주행차, 로봇 같은 하드웨어 중심의 인공지능 제품에 집중하는 반면, 페이스북의 인공지능 연구는 안면인식, 이미지 분석, 언어 번역, 악성 댓글 차단 등 SNS와 관련된 소프트웨어 중심의 연구 성과를 많이 발표하고 있다. 당연히 이 연구 결과들은 페이스북, 인스타그램Instagram, 왓츠앱Whatsapp 등 페이스북이 운영 중인 다양한 서비스에도 이미 적용되고 있다.

페이스북의 인공지능 연구에서 빠질 수 없는 한 사람은 얀 르쿤Yann LeCun 뉴욕대학 교수다. 그는 앞서 구글 인공지능 연구의 핵심 인물들을 소개할 때 언급한 제프리 힌튼의 연구실에서 박사후과정을 거치기도 했다. 2018년 9월 한국에서 열린 삼성 AI 포럼에 연사로 선 적도 있는 얀 르쿤은 현재 페이스북에서 인공지능 수석 과학자Chief Artificial Intelligence Scientist라는 직책을 맡아 핵심 프로젝트를 이끌고 있다. 르쿤은 프랑스에서 태어나 1987년 소르본대학Université Pierre et Marie Curie에서 컴퓨터과학 박사학위를 취득했다. 그는 이곳에서 현재 인공지능의 주요 알고리즘 중 하나인 역전파Backpropagation 학습 알고리즘의 초기 형태를 고안했다. 2003년 뉴욕대학 교수로 부임했으며, 2012년 뉴욕대학 데이터과학 센터를 세우는 데 기여했다. 2013년에는 FAIR 설립을 주도했고, 2018년 1월 제롬 페젠티Jerome Pesenti가 페이스북에 합류하기 전까지 FAIR를 이끌었다.

IBM

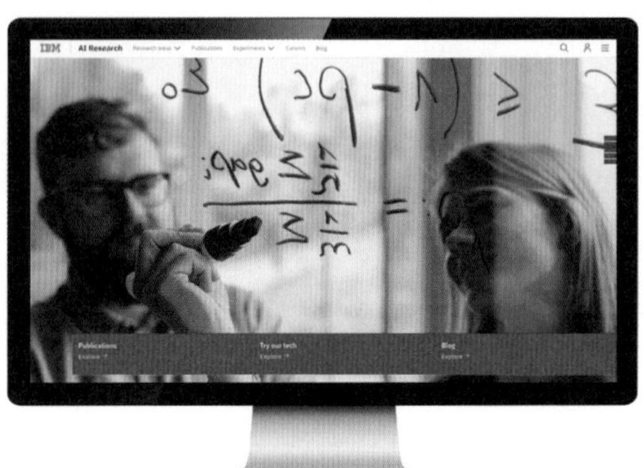

www.research.ibm.com/artificial-intelligence

구글, 아마존 등 젊은 IT 기업들이 인공지능에 막대한 투자를 하고 있지만, 사실 IBM 인공지능의 역사가 현대 인공지능 기술의 역사 그 자체라고 해도 과언이 아니다. 인공지능이라는 용어가 처음 정립된 1956년 '다트머스 하계 인공지능 연구 프로젝트 워크샵'을 기획한 인물 중에는 존 매카시, 마빈 민스키 외에도 IBM에서 정보 연구소Information Research 매니저로 일하던 나다니엘 로체스터Nathaniel Rochester가 있다. 그가 이끌던 팀은 IBM의 첫 상용 컴퓨터인 IBM Type 701 개발을 담당했고, 패턴 인식, 정보 이론 등에 대한 연구를 진행했다.

머신러닝이라는 용어도 IBM 덕분에 탄생했다. 1959년 IBM의 아서 사무엘Arthur Samuel은 보드게임의 일종인 체커스checkers를 활용해 스스로 학습할 줄 아는 프로그램을 개발하며 머신러닝의 초기 연구를 발전시켰다.[66] 그는 머신러닝을 '개발자의 명시적인 프로그래밍 없이도 스스로 학습할 수 있는 컴퓨터에 대한 연구 분야Field of study that gives computers the ability to learn without being explicitly programmed'라는 표현으로 정의했다.

이후에도 인공지능 역사의 주요 이벤트에는 항상 IBM이 있었다. 1997년 슈퍼컴퓨터 딥블루가 러시아의 체스 챔피언 개리 카스파로프를 이겼고, 왓슨이 2011년 퀴즈쇼 〈제퍼디!〉에서 두 명의 인간 챔피언을 상대로 3회 연속 승리했다. 2014년부터는 단순히 주어진 문제에 답하는 인공지능이 아닌, 인간과 심도 있는 주제에 대해 자유롭게 토론할 수 있는 인공지능 컴퓨터인 프로젝트 디베이터Project Debater를 개발하기 시작했다.[67]

2018년 6월 18일, 샌프란시스코에 위치한 IBM 왓슨 웨스트 건물에서 이스라엘 토론 전문가 댄 자프리르Dan Zafrir와 인공지능 컴퓨터 프로젝트 디베이터가 '우리는 원격 진료를 확대해야 한다'라는 주제에 대해 찬반을 나눠 토론을 하고 있다

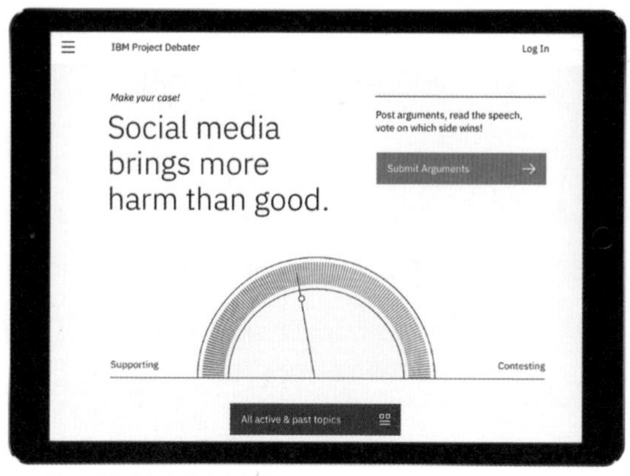

프로젝트 디베이터의 홈페이지 화면 **출처** ibm.com

기본적으로 IBM의 연구 활동은 IBM 리서치IBM Research라 불리는 자체 연구소에서 이뤄지고 있다. IBM 리서치는 1945년 컬럼비아 대학 캠퍼스에서 시작했으며, 전 세계 기업 연구소 중 가장 큰 규모와 전통을 자랑한다. 또한 1975년부터 〈IBM Journal of Research & Development〉라는 유명 학술지를 발간해왔다. IBM 리서치는 스위스 취리히, 인도 델리, 일본 도쿄 등 세계 12곳에 설립돼 있으며(아쉽게도 한국에는 없다), 본부는 1961년에 세워진 토마스 왓슨 연구센터Thomas J. Watson Research Center다. 연구센터의 명칭은 1914년부터 1956년까지 IBM 회장을 역임한 토마스 왓슨의 이름에서 따왔다. 왓슨Watson은 IBM이 개발한 슈퍼컴퓨터이자 인공지능 플랫폼의 이름이기도 하다.

2018년 12월, IBM은 홈페이지를 통해 한 해 동안 자신들이 진행한 인공지능 연구 결과를 공개했다.[68] 주요 내용을 요약하면 다음과 같다.

1. 진화하는 인공지능 Advancing AI

- iDebate 데이터를 활용해 토론하는 환경에서 음성 이해도를 높인 연구
- 기존 연구보다 더 적은 이미지 데이터로 이미지 인식을 잘 할 수 있는 기술
- 인공지능 에이전트끼리 서로 학습하고 가르치며 성능을 높이는 연구
- 입력된 질문에 대한 답을 단일 참고자료가 아닌 여러 참고자료에서 찾는 기술

2. 믿을 수 있는 인공지능 Trusting AI

- 알고리즘의 성능을 크게 해치지 않으면서 데이터의 편향성을 줄이는 연구
- 블랙박스라 불릴 정도로 복잡한 심층신경망의 내부 구조를 보다 쉽게 파악하도록 해주는 ProfWeight 기술
- 신경망이 외부 공격으로부터 얼마나 취약한지를 측정할 수 있는 CLEVER 지표

3. 확장하는 인공지능 Scaling AI

- 심층신경망 훈련을 위해 하드웨어 효율성을 높인 연구
- 입력된 이미지 데이터에 따라 작동할 레이어를 결정해 심층신경망의 구동 속도를 높인 BlockDrop 연구
- 심층신경망 아키텍처의 검색 속도를 높인 연구

마이크로소프트

www.microsoft.com/en-us/research/lab/microsoft-research-ai

윈도우Windows, 오피스Office, 코타나Cortana, 애저Azure 등의 제품을 통해 상용 컴퓨팅 시장에 큰 발자취를 남겨온 마이크로소프트는 그 명성만큼이나 R&D의 역사가 길다. 창업자 빌 게이츠는 1991년 미국 서부에 위치한 워싱턴 레드몬드 지역에 마이크로소프트 리서치Microsoft Research, MSR를 세웠으며, 미국 외에 중국, 영국, 인도, 캐나다에도 연구소를 두고 있다. 2017년 7월에는 인공지능 전문 연구소 MSR AI가 레드몬드 지역에 설립됐다.

마이크로소프트의 인공지능 연구 중심에는 연구소를 이끌고 있는 에릭 호르비츠Eric Horvitz가 있다. 1990년 스탠퍼드대학에서 박사학위를 취득한 그는 마이크로소프트 내부뿐 아니라 인공지능 관련 대외 활동에서도 핵심적인 역할을 맡고 있다. 그중 대중적으로 유명한 두 가지 프로젝트가 있는데, 첫 번째 프로젝트는 스탠퍼드대학에서 진행한 'AI 100' 연구다.[69] 호르비츠가 지원한 예산으로 진행되는 이 연구는 '인공지능 100년 연구The One Hundred Year Study on Artificial Intelligence'라고도 불리는데, 인공지능이 인간의 삶과 사회에 어떤 영향을 미치는지 분석하고 예견하는 것을 목표로 한다. 2016년 9월, 〈2030년 인공지능과 삶Artificial Intelligence and Life in 2030〉이라는 제목으로 52쪽 분량의 첫 프로젝트 보고서가 발표되었다. 이는 인공지능의 정의, 연구 동향, 활용 분야, 정책 권고사항 등이 일목요연하게 정리된 자료로 해당 페이지에서 무료로 다운로드 받을 수 있다.[70]

호르비츠가 주도한 두 번째 프로젝트는 'PAIPartnership on AI'로 불리는 비영리 기관 설립이다.[71] PAI는 아마존, 구글, 페이스북, IBM, 마이크로소프트가 힘을 모아 인공지능이 인간과 사회에 안전하고 긍정적인 영향을 미칠 수 있는 방법을 연구하고 공유하는 조직으로, 2016년에 만들어졌다. 현재 PAI와 파트너십을 맺고 있는 단체는 13개국에 걸쳐 80곳이 넘는다.

AI

BUSINESS

TREND

미래 인공지능을 위한 산학 컬래버레이션
_IBM과 MIT, 구글과 칭화대학, 우버와 토론토대학

IBM과 MIT, 구글과 칭화대학, 우버와 토론토대학 등
기업과 대학이 미래 인공지능 연구를 위해
전통적인 산학협력의 틀을 깨고 적극 손을 잡고 있다.

만약 아마존 알렉사가 대학 교수보다 더 강의를 잘한다면, 구글 어시스턴트가 대학 행정 업무를 완벽히 처리해낸다면, 더 나아가 머신러닝 기반 소프트웨어가 데이터 분석은 물론, 새로운 가설까지 세워 연구를 진행한다면 더 이상 대학이 필요할까? 터무니없는 소리가 아니다. 지난 2017년 발표된 다보스포럼 리포트에서는 인공지능 기술이 대학에 어떠한 영향을 미칠지에 대해 다루면서, 인공지능은 배움과 연구의 새로운 과학적 기반이 될 것이고, 대학이 이러한 변화를 받아들이고 선도하지 못한다면 도태될 것이라고 경고하기도 했다.[72]

그러나 적어도 아직까지는 대학이 보유하고 있는 우수한 인재풀과 연구 역량을 인공지능으로 대체하기는 힘들어 보인다. 인공지능이라는 개념도 대학 연구에서 시작됐고, 딥마인드를 비롯한 상당수의 인공지능 기업이 대학을 기반으로 시작되기도 했다. 구글, 페이스북, 아마존 등 인공지능 개발을 선도하고 있는 IT 기업들 역시 대학과 활발히 협력하고 있다. 인공지능 분야에서 대학과의 협력이 중요한 이유는 기업이 보유한 방대한 데이터와 대학의 우수한 연구 인력이 만날 때 가장 큰 시너지 효과를 낼 수 있기 때문이다.

IT 기업과 대학의 윈윈게임

산업계와 학계라는 서로 다른 두 분야의 협력을 뜻하는 산학협력은, 학계에는 연구 실적과 학문의 발전을, 산업계에는 새로운 기술과 성장 동력을 가져다줄 수 있기에 꽤 오래전부터 이뤄져왔다. 산학협력의 유형에는 인재 양성, 공동 기술 연구, 기술 공유 및 이전, 산업 자문 등이 있으며, 절차에는 단기 및 중장기 협약, 컨소시엄 구성, 공동 연구소 개발 등이 있다.

2000년대 후반 이후 미국, 일본, 싱가포르, 그리고 EU 등에서 산학협력이 크게 증가했는데, 여기에는 몇 가지 배경이 있다. 첫째, 산업계에서 기술 개발 속도가 빨라지고, 상품의 개발 주기가 단축되었으며, 글로벌 경쟁이 심화되어 기업들이 처한 환경이 크게 변화했다. 둘째, 학계 역시 학문의 발전 속도가 빨라짐에 따라 연구비가 증가하고 자금 조달이 어려워지는 등의 문제를 겪으면서 기업과 협력하지 않을 수 없는 상황에 놓이게 되었다. 특히 글로벌 경제위기 이후 대학을 학문의 장보다는 경제성장의 동력으로 보는 관점이 두드러지며 산학협력이 더욱 강화되었다.

그러나 인공지능 분야에서의 산학협력은 조금 다른 양상을 보이고 있다. 인공지능 연구에는 알고리즘 자체보다도 알고리즘을 학습시킬 수 있는 양질의 데이터를 보유하는 것이 중요한데, 데이터 측면에서는 기업이 대학과는 비교할 수 없을 정도의 우위를 가지고 있기에 산학협력의 필요성이 상대적으로 낮았던 것이다. 실제로 2017년까지만 해도 미국과 영국을 중심으로 인공지능 분야에서 대학의 연구 인재가 기업으로 유출되는 것을 우려하는 목소리가 높았다. 대학에서는 여러 행정 업무와 강의, 학회, 연구 보조금 확보 등의 과외 업무에 시달리지만, 기업에서는 온전히 연구에 집중할 수 있는 것도 기업으로의 인재 유출을 가속화하는 요인으로 분석되었다. 무엇보다 방대한 양의 데이터를 사용해 알고리즘을 학습시킬 수 있어 개인의 연구 성과에도 기업이 매력적인 선택지가 되면서, 박사학위 취득을 앞둔 인재들이 억대 연봉을 제안 받고 애플이나 우버에 입사한 경우가 심심치 않게 발생했다. 이로 인해 우수 연구원들의 능력과 경험이 기업들의 전유물이 되고, 지식의 공유와 확산을 통해 인공지능의 사회적 영향에 대한 고찰과 논의를 하는 것이 어려워짐에 따라 사회 전체적으로 문제가 될 것이라는 우려가 제기되기도 했다.

두뇌 유출? 두뇌 공유!

다행히 이러한 두뇌 유출 현상이 오래 지속되지는 않을 것으로 보인다. 학계의 교수와 대학원생들이 산업계로 유출되어 대학이 새로운 인재를 길러내지 못한다면 이는 기업에도 큰 타격이 될 수 있다는 점을 기업들이 인지하기 시작한 것이다. 따라서 대학에서는 인재 유출을 막고, 기업에서는 지속 가능한 인재 확보 및 R&D를 할 수 있도록, 겸업 허용을 통한 '두뇌 공유'가 대안으로 떠오르게 되었다.

틀을 깬 산학협력 트렌드를 이끄는 기업은 바로 페이스북이다. 페이스북은 2013년 인공지능 연구소를 신설하며 콘볼루션 신경망과 컴퓨터 비전의 선구자인 얀 르쿤 뉴욕대학 교수를 소장으로 영입했다. 르쿤은 뉴욕대학 교수와 페이스북 AI 수석 과학자 직무를 겸임하고 있으며, 전문가들이 학계와 기업 사이에서 시간을 분배해서 일해야 혁신을 촉진시킬 수 있다고 주장한다. 실제로 페이스북은 학자 및 연구원들이 기업체 내에서 일하면서 학계의 직책을 유지할 수 있도록 하는 '이중 소속 모델dual-affiliation model'을 토대로 연구소를 운영하고 있다. 서로 다른 연구 환경은 서로 다른 아이디어와 접근 방법을 만들어낼 수 있는데, 어떤 아이디어는 대학이라는 환경에서 꽃피울 수 있고, 어떤 아이디어는 큰 규모의 엔지니어팀과 전산장비가 있는 기업에서 꽃피울 수 있다. 이처럼 산업계와 학계의 연구 동향을 모두 인지하고, 소속된 환경에 구애받지 않고 최선의 연구를 할 수 있는 여건이 조성되면, 결국 연구자들과 산업 전반에 큰 도움이 될 수 있다. 여기에 더해 기초 연구에 대한 산업계의 투자 확대와 오픈소스 및 오픈리서치에 대한 학계의 개방적이고 적극적인 태도로 인해 인공지능 분야에서 산학협력이 진행되기 좋은 환경이 조성되었다. 이렇듯 페이스북을 비롯한 IT 선도 기업들이 산학협력에 적극적으로 나서면서 인공지능 분야에서 기업과 대학은 불가분의 관계가 되어가고 있다.

페이스북의 인공지능 연구를 이끌고 있는 얀 르쿤 뉴욕대학 교수 **출처** quora.com

인공지능 시장과 대학의 역할

산학협력이 인공지능 비즈니스에 필요한 또 다른 중요한 이유는 대학이 새로운 시각과 접근방법을 제공하기 때문이다. 인공지능 기술은 기업, 미디어, 그리고 대중의 관심을 사로잡았고 그만큼 많은 자본과 인력이 투입되어 빠른 발전을 이뤄냈다. 그러나 비판적인 시선으로 바라봤을 때 무분별한 '속도 경쟁'으로 평가될 수도 있는 것이 현재 인공지능 기술 개발 및 연구의 현황이다. 기업들이 인공지능 알고리즘의 효율과 속도를 올리는 것에 집중할 때, 학계에서는 이러한 접근방식이 과연 바람직하고 효과적인지에 관해 의문을 제기하고 다른 접근방식과 결과물을 제공할 수 있다.

일례로, 지난 2018년 넷플릭스의 자동 추천 알고리즘이 인종 차별적이라는 논란이 발생했다. 흑인 이용자들에게는 흑인 배우가 등장하는 영화 및 드라마 포스터로 추천 항목이 채워진다는 의혹이 소셜 미디어를 통해 제기된 것이다. 넷플릭스는 특정 인종을 타깃으로 한 편향된 서비스를 제공하지 않는다며 즉각 대응에 나섰다. 넷플릭스는 이용자에게 성별이나 인종에 관한 개인정보를 요구하지 않기에 넷플릭스가 콘텐츠를 사용자 인종에 따라 필터링하여 제공했을 확률이 매우 낮은 것은 사실이다. 그러나 기업이 직접 정보를 수집하여 편향된 서비스를 제공하지 않더라도 인공지능 알고리즘이 검색 기록 및 시청 정보를 활용하여 사용자의 취향을 도출해낼 때 그 결과물이 특정 성별이나 인종에 치우칠 수 있음을 보여준 사례였다.

이렇듯 머신러닝 알고리즘은 패턴을 분석하고 예측하는 능력은 뛰어나지만, 데이터만으로는 학습하기 어려운 사회문화적 가치 등의 요소를 스스로 반영하는 데에는 어려움이 있다. 문제는 기업이 자체적으로 인공지능으로 인한 중장기적 문제점을 발견하고 대비하는 데에는 한계가 있다는 것이다. 이는 장기적 관점에서 인공지능 분야의 산학협력이 중요한 또 하나의 이유라 할 수 있다.

대학은 기업에 비해 단기적인 상업적 성과로부터 자유롭기에 인공지능 기술 자체의 발전에 있어 기업이 등한시하는 중요한 질문에 주목할 수 있다. 예를 들어, MIT의 조시 테넨바움Joshua Tenenbaum 교수는 마치 사람처럼 유아의 지능에서 성인의 지능에 도달하기까지 스스로 다양한 분야의 지식과 능력을 학습해나가는 인공지능에 관한 연구를 진행하고 있다. 현재 기업들이 개발하는 가상비서나 챗봇 등의 인공지능 서비스는 할 수 있는 일이 특정 영역에 한정되어 있는 것에 반해, 테넨바움 교수를 비롯한 인지과학 분야 학자들의 새로운 연구 방향은 분야나 영역에 대한 제한 없이, 미리 입력된 전문적인 학습 알고리즘 없이도 인공지능이 새로운 지식이나 능력을 습득할 수 있는 것을 목표로 하고 있다.

이를 위해서는 알고리즘 자체에 대한 컴퓨터과학 분야의 연구는 물론, 인간의 뇌가 어떻게 새로운 지식을 습득하고 성장하는지에 대한 심리학·뇌과학·인지과학 분야의 연구 역시 병행되어야 하는데, 이러한 연

MIT의 인지과학/인공지능 분야 교수 조시 테넨바움 **출처** web.mit.edu

구를 진행하는 데에는 기업이나 기업의 연구소보다는 대학이 더 적합하다. 이렇듯 대학이 인공지능 기술과 산업에 제공해줄 수 있는 유의미한 접근법과 결과물이 존재하기에 중장기적 관점에서 인공지능 분야의 산학협력은 필수불가결하다.

인공지능 시장의 컬래버레이션

그렇다면 인공지능 산업을 선도하고 있는 기업들이 어떠한 방식으로 산학협력을 진행하고 있는지 살펴보자.

1. IBM과 MIT, 두 거인이 손을 잡은 이유

가장 눈에 띄는 인공지능 산학협력의 사례는 바로 IBM과 MIT다. 인공지능에 관해 이야기할 때 빼놓을 수 없는 이 두 곳은 공동 연구소를 설립하여 인공지능 기술을 함께 연구하기로 했다. 지난 2017년, MIT와 IBM은 'MIT-IBM 왓슨 AI 연구소'를 설립하였고, IBM은 이 연구소에 10년간 2억 4,000만 달러(약 2,700억 원)를 투자하기로 결정했다.[73] MIT-IBM 왓슨 AI 연구소는 현재 60여 명의 MIT 소속 연구진과 40여 명의 IBM 소속 연구진 등 총 100여 명의 연구진으로 구성되어 있으며, 최대 규모의 장기 산학협력 모델 중 하나이다.[74]

MIT-IBM 왓슨 AI 연구소의 연구 분야는 인공지능 알고리즘 및 소프트웨어, 인공지능 하드웨어, 인공지능의 산업 분야 적용, 그리고 인공지능을 통한 공동 번영 등 크게 4가지로 나뉘어져 있다. 출범 이후 1년간 186개의 연구 제안이 있었고, 그중 48개가 선정되었으며, AI 알고리

MIT 총장 L. 라파엘 레이프L. Rafael Reif와 IBM의 수석 부사장 존 켈리John Kelly III 출처 news.mit.edu

즘 및 인공신경망 디버깅(오류 분석) 효율화, 윤리적 가치 학습 등 다양한 연구가 진행되고 있다.

MIT-IBM 왓슨 AI 연구소가 특히 중점적으로 연구하는 영역은 '브로드 AIBroad AI'이다. 브로드 AI란 '다영역, 다성능 인공지능'을 일컫는 말로, 하나의 영역에서 학습한 지식을 다른 영역에 자유롭게 사용할 수 있는 능력을 갖출 뿐만 아니라 합리성·보안성·윤리성을 갖춘 인공지능을 의미한다. 이 인공지능은 적은 데이터로도 학습이 가능하다는 특징을 가지고 있다. 브로드 AI가 MIT-IBM 왓슨 AI 연구소의 중점 사업으로 선정된 배경에는 조시 테넨바움 교수 등을 비롯한 MIT의 인공지능 분야 교수 및 연구소가 지향하는 방향이 반영된 것으로 보인다.

MIT-IBM 왓슨 AI 연구소가 중요시하는 또 다른 연구 분야는 인공지능 알고리즘의 합리성과 설명 가능성을 향상시키는 것이다. 현재는 인공지능 알고리즘이 어떠한 과정을 통해 결론에 다다르게 되었는지를 알기 어려운데, 이를 개선하여 출력된 결과에 대한 합리적인 이유를 제공하는 것을 목표로 한다. 인공지능의 합리성과 설명 가능성이 보완된다면, 앞서 언급한 넷플릭스의 자동 추천 사례와 같이 특정 결과물이 자동적으로 출력되었을 때 알고리즘의 오류를 발견하기가 수월해져 기업들이 인공지능 서비스를 원활하게 제공하는 데 큰 도움이 될 수 있다. 그리고 인공지능의 보안성을 높여 데이터 도난이나 조작으로부터 안전한 인공지능 서비스를 만드는 것 역시 MIT-IBM 왓슨 AI 연구소의 주요 연구과제 중 하나다.

MIT-IBM 왓슨 AI 연구소가 추구하는 또 다른 목표는 인공지능 관련 창업 지원이다. MIT의 교수진과 학생들이 연구소에서 개발된 인공지능 기술을 활용해 창업할 수 있도록 기반을 마련하는 것을 장기적 목표로 삼고 있다. 연구소의 4가지 중점 목표 중 하나가 '인공지능의 산업 분야 적용'인 만큼, 해당 분야를 연구하는 과정에서 다양한 창업 아이디어가 IBM의 인공지능 서비스와 결합해 성공적인 스타트업 사례가 나올 수 있을지 귀추가 주목된다.

MIT와 IBM이 이와 같은 대규모 산학협력 프로젝트를 실행할 수 있었던 것은 지난 10여 년간 양측이 지속적으로 인공지능과 관련된 학술적 교류를 해온 영향이 크다. 양측의 교류는 프로젝트별 협력과 연구사업 지원에서 한걸음 더 발전해 2016년에는 IBM 연구소와 MIT 뇌·인지과학부가 파트너십을 체결했고, 이후 공동 인공지능 연구소를 설립하기에까지 이른 것이다. 1950년대에 처음으로 '인공지능'이라는 개념을 확립하고 인공신경망, 양자컴퓨터 등의 개발 및 연구를 주도한 MIT와 지난 20여 년간 인공지능의 다양한 활용 방안을 연구하고 인공지능 클라우드 플랫폼 왓슨을 개발한 IBM의 만남은 앞으로 인공지능 산업과 학계에 큰 영향을 미칠 것으로 전망된다.

2. 페이스북, '두뇌 공유' 트렌드의 선구자

공동 연구소를 설립한 IBM에 비해 페이스북은 좀 더 다양한 종류의 산학협력 방식을 시도하고 있다. 그러나 진행되고 있는 다양한 파트너십의 핵심은 모두 '두뇌 공유'다.

페이스북은 IBM보다 더 앞선 2016년에 하버드, 프린스턴, 스탠퍼드, MIT, 칼텍 등 미국 15개 대학과의 파트너십을 발표했다. 기존의 산학협력 모델로는 공동 연구를 하는 데 계획부터 연구 진행까지 9~12개월가량 소요되었지만, 페이스북은 이러한 과정을 대폭 간소화시켜 몇 주 만에 연구 진행이 가능하도록 했다. 유럽에서는 파트너십 프로그램을 통해 EU 내 인공지능 연구소에 딥러닝용 GPU 서버를 기부하고 대학 및 연구 기관과의 협력을 지속적으로 진행했다.

페이스북의 중점적인 산학협력 방식은 자사의 인공지능 연구소 Facebook Artificial Intelligence Research, FAIR에서의 이중 소속dual-affiliation 모델을 통한 대학과의 협력이다. 페이스북은 연구진이 FAIR와 대학에 동시에 소속되어 활동하는 것을 보장함으로써 우수한 연구진이 대학 소속으로 계속해서 강의와 대학원생 지도 및 학술연구 활동을 해나가는 한편, 페이스북의 데이터와 설비를 활용한 연구를 진행하고 사원 수준의 대우를 받을 수 있도록 한 것이다. 이러한 이중 소속 모델은 미국 및 유럽 각지에 있는 FAIR에서 이뤄지고 있다. 컴퓨터 비전 및 사진 처리 분야를 중점적으로 다루는 시애틀 소재 FAIR에서는 워싱턴대학의 자연어 처리 분야 교수들이 겸직으로 활동하고 있으며, 런던 FAIR에서는 옥스퍼드대학의 컴퓨터 비전과 머신러닝 분야 교수들을 겸임 연구원으로 영입했다. 2018년에 새로 설립된 피츠버그의 FAIR에서는 카네기멜론대학 교수를 소장으로 임명해 로봇, 평생학습 시스템, 창의 분야 인공지능 등을 중점적으로 연구하도록 했다. 또한 페이스북 본사가 위치해 있는 캘리포니아 멘로파크의 FAIR에서는 캘리포니아대학 버클리 캠퍼스 교수진의 겸업이 활발히 이뤄지고 있다.

뿐만 아니라 페이스북은 새로운 방식의 산학협력 시도도 펼치고 있는데, 대표적인 사례가 뉴욕대학 의과대학과의 공동연구 프로젝트 'fastMRI'다.[75] 2018년 8월부터 진행되고 있는 이 프로젝트는 인공지능을 MRI에 접목시켜 적은 데이터를 가지고도 MRI 이미지를 만드는 것을 목표로 한다. 이를 위해 뉴욕대학 의과대학이 1만여 장의 MRI 스캔 데이터를 페이스북에 제공하고, 페이스북은 인공지능과 컴퓨터 비전 기술을 뉴욕대학 의과대학에 제공하기로 합의했다. 일반적인 인공지능 산학협력의 경우 기업이 보유하고 있는 데이터세트를 활용하는 방식으로 이뤄지는데, 이 협력 프로젝트는 대학이 데이터를 제공한다는 점에서 인공지능 산학협력의 새로운 패러다임을 제시하였으며, 인공지능 연구 협력의 확장성을 보여준 사례로 평가받고 있다.

3. 아마존, 인공지능 연구의 표준화를 노리다

'알렉사' 열풍을 비롯해서 미국의 인공지능 산업을 주도하고 있는 아마존은 자사의 AI 서비스를 인공지능 연구의 표준으로 만들려는 시도를 계속하고 있다. 이러한 노력의 일환으로 아마존은 대학과 다양한 방식의 협력 사업을 펼치고 있는데, 이들의 공통분모는 자사의 인공지능 비서인 알렉사 서비스의 연구 및 활용이다.

다른 기업과 구별되는 아마존의 인공지능 산학협력의 특징은 알렉사가 강조된다는 것이다. 아마존은 이미 시중에 널리 이용되고 있고 학생들이나 연구진에게도 익숙한 알렉사를 무기로 산학협력 프로그램을 다양하게 공격적으로 운영하고 있다. 이 중 가장 대표적인 프로그램은 알렉사 펀드 펠로십Alexa Fund Fellowship으로, 알렉사를 활용한 음성 처리 및 자연어 처리 관련 연구를 지원하는 프로그램이다. 구글이나 페이스북 등 타사의 연구 분야 협력 방식과 차별화되는 점을 들자면, 아마존은 외부 개발자들이 알렉사를 활용해 개발 및 연구를 용이하게 할 수 있도록 많은 노력을 기울인다는 것이다. 그런 까닭에 대학에서 실제 진행되는 인공지능 연구에 알렉사가 많이 사용되는 추세다. 연구원 및 개발자들이 타 기업의 인공지능 비서 서비스보다 알렉사를 활용하는 것에 더 익숙해지면 알렉사의 기능 발전에도 도움이 될 뿐만 아니라, 우수한 석박사 인재를 엔지니어 및 연구원으로 영입하는 것도 용이해지는 일석이조의 효과를 누릴 수 있다.[76]

알렉사 펀드 펠로십 프로그램은 크게 두 가지 세부 사업인 알렉사 그래주에이트 펠로십Alexa Graduate Fellowship과 알렉사 이노베이션 펀드

Alexa Innovation Fund로 나눌 수 있다. 알렉사 그래주에이트 펠로십은 박사과정 학생 및 박사후 연구원을 대상으로 한 머신러닝, 음성인식, 자연어 처리, 대화형 AI 등의 교육 지원이 중점인 프로그램이다. 아마존은 대화형 AI 관련 커리큘럼과 연구 역량을 바탕으로 10개 대학을 선정해 강의 및 연구에 알렉사 스킬 키트Alexa Skills Kit, ASK, 알렉사 보이스 서비스Alexa Voice Services, AVS 등 자사의 툴을 지원해주고 있다. 선정 대학에는 미국의 카네기멜론대학과 MIT, 인도의 IIT, 영국의 케임브리지대학 등 3개국 10개 대학이 포함되어 있다. 알렉사 이노베이션 펀드는 대화형 인공지능을 활용한 창업에 초점을 맞춘 협력 프로젝트다. 아마존은 이 프로그램을 통해 다트머스대학, 미시건대학 등 10개 대학 창업센터와 협력하여 대학 내에서 진행되는 대화형 인공지능 창업에 금전적·기술적 지원을 제공한다. 이러한 아마존의 지원 프로젝트를 바탕으로, 일리노이대학은 알렉사 개발 키트를 활용한 음성 처리 강좌를 신설했고, 케임브리지대학은 알렉사를 활용해 대화형 인공지능의 후속 질문 및 명령문에 관한 연구를 진행하고 있다.

이외에도 아마존은 자체적으로 '머신러닝 대학' 프로그램도 진행하고 있는데, 이는 자사 엔지니어를 위한 교육 프로그램을 아마존 웹서비스를 통해 모든 개발자에게 공개한 것이다. 아마존 머신러닝 대학은 30여 개의 강의로 구성되어 총 45시간 정도의 학습시간이 소요되는 커리큘럼으로, 개발자, 데이터 과학자, 데이터 엔지니어, 경영 전문가 등 다양한 사람이 아마존의 머신러닝 툴을 배울 수 있도록 했다. 이렇듯 아마존은 타사에 비해 더 많은 교육 지원 사업을 펼치고 있는데, 이는 좀 더

장기적인 관점에서 아마존의 인공지능 플랫폼이 인공지능 학습 및 연구의 표준이 되도록 심혈을 기울이는 것으로 보인다.

4. 딥마인드, 산학협력으로 그리는 인공지능의 미래

알파고를 개발한 구글 딥마인드는 사실 가장 활발하게 산학협력을 펼치고 있는 인공지능 관련 기업 중 하나다. 딥마인드의 공동창업자이자 CEO 데미스 하사비스는 스스로가 대학과 기업을 넘나드는 커리어를 다져왔다. 하사비스는 어린 나이에 고등학교를 조기 졸업해서 바로 케임브리지대학에 진학할 수 없었고, 이 시기에 게임 회사에 근무하며 첫 직장생활을 시작했다. 케임브리지대학 졸업 후에는 엘릭서 스튜디오Elixir Studios라는 게임 회사를 세워 큰 성공을 거두었고, 이후 다시 학계로 돌아가 유니버시티 칼리지 런던UCL에서 뇌인지과학 박사학위를 받았으며, 하버드, MIT 등에서 연구에 참여하다 현재의 딥마인드를 창업하게 되었다.

그래서인지 딥마인드 역시 대학과 다양한 협력 프로젝트를 진행하는 등 산학협력에 꾸준한 관심을 보여왔다. 딥마인드 연구진은 2017년까지 100여 편의 논문을 발표했을 뿐만 아니라, 대학과의 협력을 통한 인공지능 분야 커리큘럼 개설에 많은 노력을 기울였다. 2016년부터는 UCL과 공동으로 석사과정 수준의 머신러닝 심화 강의를 운영하며 딥마인드의 수석 연구진이 강연자로 참여하기도 했다. 옥스퍼드대학에서는 '자연어 처리를 위한 딥러닝' 강의를 공동으로 개설하고, 강의 및 커리큘럼 기획 과정에서 딥마인드의 언어 연구팀과 옥스퍼드대학 컴퓨터

과학부가 지속적으로 협력하고 있다. 그리고 딥마인드 내 연구진이 대학 교수직을 유지하며 계속해서 논문을 발표하고 학술활동을 할 수 있도록 지원하는 등 대학과의 유연한 협력 관계를 유지하고 있다.

딥마인드는 인공지능의 기술적 한계를 뛰어넘고 인공지능의 활용 영역을 넓혀가는 것을 기업의 핵심 가치로 삼고 있는데, 특히 '종합적 인공지능General AI', 즉 다양한 업무를 수행하고 변화하는 환경에 적응하며 스스로 학습할 수 있는 인공지능을 개발하는 것을 목표로 한다. 따라서 알고리즘 연구는 물론, 이를 학습시키고 평가할 수 있는 다양한 개발 환경을 만드는 것이 병행되어야 하는데, 이를 위해서는 대학과의 협력 관계가 필수적이다.[77]

이러한 협력 프로젝트의 일환으로, 2017년에는 캐나다에 인공지능 연구소 '딥마인드 앨버타DeepMind Alberta'를 설립하며 앨버타대학과의 긴밀한 협력 방안을 발표했다. 강화학습reinforcement learning의 선구자인 리치 서튼Rich Sutton 교수를 비롯한 3명의 앨버타대학 교수를 영입할 때는 이들 모두 앨버타대학에서 교수직을 유지할 수 있도록 보장했다. 딥마인드는 2010년부터 앨버타대학 교수진과 활발하게 교류해왔는데, 이 과정에서 박사과정 졸업생 다수가 딥마인드에 합류하고, 앨버타대학에서 진행되는 인공지능 연구를 딥마인드가 지속적으로 지원하는 등의 상호 협력이 지속되었기에 딥마인드 앨버타 연구소 설립에까지 이어질 수 있었다. 또한 딥마인드와 앨버타대학 모두 머신러닝의 한 영역인 강화학습에 큰 관심을 가지고 있는 까닭에 협력이 지속적이면서도 효과적으로 이뤄질 수 있었다.[78]

딥마인드 앨버타 연구소를 이끄는 앨버타대학의 리치 서튼, 마이클 볼링, 패트릭 필라스키 교수 출처 deepmind.com/blog

이외에도 2019년 9월부터는 UCL에 '딥마인드 교수직'이 신설되어 머신러닝 관련 연구를 진행하게 된다. 이렇듯 딥마인드는 대학과의 다양한 협력 프로젝트를 통해 인공지능의 미래를 그려나가고 있다.[79]

5. 캐나다와 중국의 인공지능 산학 컬래버레이션

이제부터는 미국과 유럽을 제외한 지역에서 진행되고 있는 산학협력에 대해 살펴보자.

인공지능 관련 산학협력이 전통적으로 활발하게 이루어지고 있는 국가 중 하나가 바로 캐나다이다. 캐나다는 토론토대학, 워털루대학, 몬트리올대학 등의 대학들이 지속적으로 인공지능 분야에 투자를 해온 까닭에 인공지능 분야의 우수 석학 및 연구진은 물론 전 세계 IT 기업의 큰 관심을 끌고 있다. 특히 캐나다는 건강·에너지·교통 분야의 공공 투자가 활발하고 우수한 인프라가 구축된 덕분에 인공지능 연구에 사용할 수 있는 데이터가 풍부하다. 게다가 캐나다의 개방적인 다문화 정책으로 인해 데이터의 다양성까지 확보되어 있어 인공지능 연구에 있어 최적의 환경으로 평가받고 있다. 이러한 이유로 지난 2018년, 〈포브스Forbes〉는 국가 간 인공지능 경쟁에서 미국이나 중국이 아닌, 캐나다가 승리할 수 있다는 예측을 내놓기도 했다.

캐나다는 이러한 잠재력을 실질적인 투자와 성과로 연결시키고 있다. 가장 대표적인 산학협력 사례로는 토론토대학이 주도하고 있는 인공지능 연구 기관인 '벡터 연구소Vector Institute'를 꼽을 수 있다 벡터 연구소는 토론토대학을 비롯하여 연방정부와 지방정부, 기업 등이 합작해 2017년 설립한 기관이다. 캐나다 정부의 '범캐나다 인공지능 전략'의 일환으로 설립된 이 연구소는 5,000만 달러의 연방정부 투자, 5,000만 달

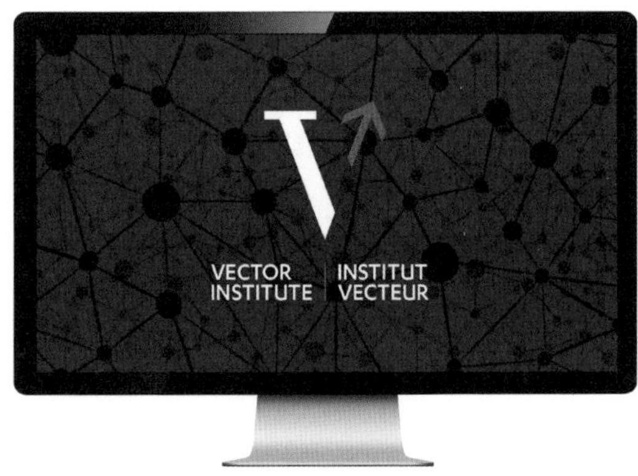

토론토대학 중심의 산학협력 프로젝트 '벡터 연구소' **출처** vectorinstitute.ai

우버 인공지능 연구소를 이끌며 자율주행 관련 연구를 주관하고 있는 토론토대학의 라쿠엘 우터슨 교수 **출처** www.cs.toronto.edu

러의 지방정부 투자, 그리고 8,000만 달러 규모의 기업 투자를 유치하며 캐나다 인공지능 연구의 허브가 되었다.[80] 딥러닝 혁명을 일으킨 1세대 인공지능 과학자로, 토론토대학 교수직과 구글 브레인 연구원직을 겸직하고 있는 제프리 힌튼이 벡터 연구소를 이끌며 다양한 산학 연구협력을 주도하고 있다.[81]

캐나다에는 벡터 연구소 외에도 다양한 개별 산학협력 프로젝트가 진행되고 있다. 우버의 경우 이미 토론토에 인공지능 연구소를 설립했고, 토론토대학의 인공지능 분야 교수 라쿠엘 우터슨Raquel Urtasun이 연구소를 이끌며 다양한 자율주행 관련 연구를 주관하고 있다. 우버는 2018년 자사 토론토 연구소에 2억 달러 규모의 추가 투자 계획을 발표하기도 했다.[82]

구글은 벡터 연구소에 직접 투자한 것은 물론, 캐나다에 '구글 브레인 토론토Google Brain Toronto'를 설립하여 토론토대학과 활발한 교류를 진행하고 있다. 삼성, LG, 엔비디아NVIDIA 등도 캐나다에 인공지능 연구소를 설립하거나 투자를 확대하는 등 캐나다의 우수한 연구 환경에 과감하게 뛰어들고 있다.

이러한 흐름과 맞물려, 미국의 강화된 이민 정책은 미국 내 인공지능 분야 전문 인력의 '엑소더스' 및 캐나다로의 유입에 기여하고 있다. 실제로 캐나다에서 2017년 6월 이후 발급된 신규 비자 중 거의 절반에 가까운 수가 미국 및 기타 지역에서 온 인도인들의 것으로, 〈이코노미스트Economist〉는 미국 내 인도 출신 엔지니어들이 캐나다로 대규모 이동하기 시작했다고 보도했다. 우수한 인재와 뛰어난 연구 환경, 그리고 정부, 기업, 대학의 대규모 지원 및 투자까지 뒷받침되면서 캐나다는 인공지능 강국으로 발돋움하고 있다.

중국 역시 인공지능 산학협력이 활발하게 이루어지는 곳이다. 중국 칭화대학은 지난 2018년 인공지능 연구소Tsinghua University Institute for AI를 설립하며 인공지능의 학제 간 연구와 인공지능 기술의 산업화 방안에 관한 연구 활성화 계획을 발표했다. 칭화대학의 인공지능 연구소는 구글, 텐센트 등의 IT 기업과 칭화대학의 여러 학부 간 연구 협력도 지원하게 된다. 이와 동시에 칭화대학은 구글의 인공지능팀을 이끌고 있는 제프 딘을 컴퓨터과학대학 자문위원으로 영입하는 등 다양한 방식으로 기업과 교류하고 있다. 구글 역시 베이징에 AI 연구센터를 설립하며 북경대학, 중국과학기술대학 등과의 협력을 강화하고 있다.

인공지능 산학협력의 3가지 키워드

앞에서 언급했듯이, IBM과 MIT의 공동 연구소 설립부터 아마존의 알렉사 표준화 노력에 이르기까지 다양한 방식의 인공지능 산학협력이 계속해서 공격적으로 진행되고 있다. 아마존은 인공지능 비서 기술 고도화를 위한 자연어 처리 관련 인공지능 연구에 중점을 두고, 우버는 자율주행 인공지능 소프트웨어 연구에 중점을 두는 등 기업마다 주력 연구 분야와 그에 따른 기술 개발 전략이 각각 다르다. 게다가 아직 초기 단계에 있는 연구 협력 프로젝트가 많기 때문에 효과적인 산학협력 모델을 고르는 것은 시기상조일 수 있다. 그러나 인공지능 관련 주요 기업들의 산학협력 방식의 큰 흐름을 살펴보고 방향성을 가늠하는 것은 중요하므로, 이를 3가지 키워드로 정리해보았다.

첫 번째는 '공유'다. 효과적인 인공지능 연구를 위해서는 데이터세트, 인공지능 소프트웨어, 하드웨어, 그리고 전문 연구 인력까지 모든 것이 갖춰져야 하지만, 이 모든 것들이 기업, 대학, 정부 등 여러 조직에 분산되어 존재하기에 연구 기획부터 결과 도출까지의 과정에서 비효율이 발생한다. 이러한 상황에 대처하고 인공지능 기술 발전을 가속화하기 위해서는 관련 기업이나 공공기관은 데이터를 제공하고, 기업은 인공지능 서비스 및 설비를 지원하며, 대학은 전문 연구 인력을 공유하는 것이 필요하다. 공동 연구소 운영부터 개별 협력 프로젝트까지 다양한 방식이 있지만, 인공지능 산학협력의 핵심이 되는 것은 관련 기관 간의 지식 및 자원 공유를 통한 유연한 협력이다.

두 번째는 '융합'이다. 기업 내부 또는 기업 부설 연구소의 단독 연구는 기업의 단기 기술 개발 전략과 주력 사업 분야의 영향을 많이 받는 데 반해, 산학협력을 통한 연구는 다양한 영역과 융합되어 중장기적 관점에서 이뤄질 수 있다. 컴퓨터공학은 물론, 심리학과 뇌과학, 더 나아가 인문학과 사회학, 생물학에까지 인공지능이 접목되어 새로운 기술이 개발되고 새로운 비즈니스 기회가 만들어질 수 있기에 대학과 기업은 점점 영역의 경계를 허물고 융합적인 연구 정책을 펼쳐나가고 있다.

마지막은 '전략'이다. 인공지능 분야에 국한된 특징은 아니지만, 기업이 특정 지역의 특정 대학과 파트너십을 체결하는 것은 해당 지역에서의 사업 전략과 밀접하게 관련된 경우가 많다. 구글이 베이징에 AI 연구센터를 설립하고 중국 대학과의 협력 계획을 발표한 것을 두고 중국 시장에 재진입하기 위한 구글의 초석으로 해석하는 것도 역시 같은 맥락이라고 할 수 있다. 또한 자연어 처리, 컴퓨터 비전 등 특정 분야에서 우수한 성과를 낸 대학과의 밀접한 협력 관계는 기업이 인공지능 사업에서 어떤 전략을 추구하는지를 드러내기도 한다. 이렇듯 인공지능 기술을 선도하는 IT 기업들의 산학협력 정책에서 기업들의 중장기 전략과 인공지능 산업의 전망을 엿볼 수 있다.

PART 04

글로벌 인공지능 시대를 대비하라

AI BUSINESS TREND

“

Being the richest man in the cemetery doesn’t matter to me.

”

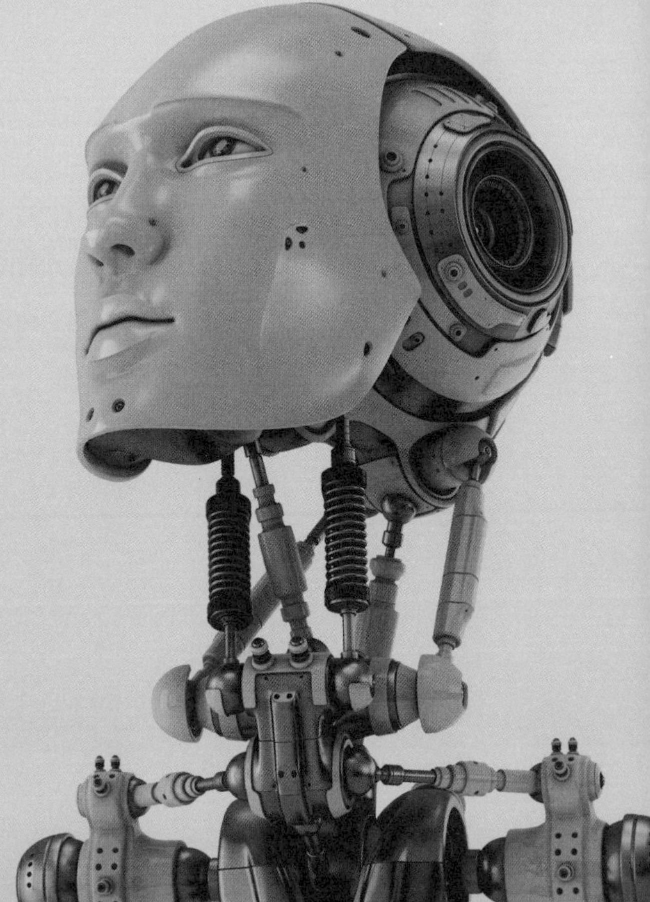

AI

BUSINESS

TREND

10

영향력에 비례하는 인공지능의 리스크

_인공지능, 믿을 수 있을까?

잘못 설계된 인공지능은 우리 삶에 직간접적인 피해를 줄 수 있는 만큼, 인공지능에 대해 무조건적인 신뢰를 하기보다는 인간의 분석과 예측에 도움을 줄 수 있는 상호보완적 접근이 필요하다.

버락 오바마 전 미국 대통령이 나와 연설을 하는 특정 동영상이 큰 화제가 된 적이 있다.[83] 이 동영상이 이슈가 된 이유는 영상 속 오바마 전 대통령이 후임자인 트럼프 대통령을 겨냥해 욕설과 비속어가 섞인 표현을 거침없이 했기 때문이었다. 물론 이 동영상은 나중에 가짜로 판명되었다. 누군가가 본인의 얼굴 표정과 오바마 전 대통령의 얼굴 이미지를 합성해 마치 오바마 전 대통령이 실제로 그러한 욕설과 비속어를 남발한 것처럼 꾸며 동영상으로 만든 것이다.

문제가 된 동영상은 딥러닝을 기반으로 한 '딥페이크Deep Fake'라는 기술로 만들어졌다. 제작자가 합성 프로그램을 이용해 특정인의 표정, 동작, 억양, 목소리, 행동 패턴, 버릇 등을 성대모사 하듯 모두 익히고 촬영을 한 후 이를 특정인의 기존 영상에 프레임 단위로 1:1 매칭시켜 덧입히는 것이다. 따라서 동영상을 재생해서 보면 마치 동영상 속 특정인이 진짜 그렇게 말하고 행동하는 것과 같은 착각에 빠지게 된다. 물론 이런 기법으로 만든 동영상은 아직 어색하고 어설프게 보이는 것들이 대부분이지만, 위의 오바마 전 대통령 영상처럼 합성인지 아닌지 분간하기 어려울 정도로 완성도 높은 영상도 점점 늘어나고 있다. 문제는 이러한 동영상이 늘어날 경우, 수많은 사람들이 피해를 볼 수 있어 향

딥페이크 기술의 사례: 왼쪽의 오바마 전 대통령이 하는 연설은 사실 오른쪽에 있는 사람이 했던 말이다

출처 buzzfeed.com/videos

후 사회 문제로까지 번질 수 있다는 점이다.

대부분의 사람들은 인공지능 기술, 그리고 그와 관련된 비즈니스가 가져다줄 편리함과 효율성에 대해 대체로 긍정적인 인식과 기대감을 갖고 있다. 기업들도 다양한 영역에서 인공지능 기술이 보여줄 미래지향적 비즈니스 환경과 성장 잠재력에 주목해 인공지능 기술을 적극 개발하고 있다.

하지만 그와 동시에, 인공지능 기술과 이를 이용한 비즈니스는 우리에게 악영향 또한 미칠 수 있음을 생각해볼 필요가 있다. 앞에서 언급한 오바마 전 대통령의 '딥페이크' 동영상은, 인공지능 기술을 잘못된 용도로 사용할 경우 사회 전반에 악영향을 미칠 수 있는 리스크가 존재함을 보여주는 단적인 예다. 인공지능 기술과 비즈니스가 점차 확대될 것으로 예상되지만, 그 효용 가치만큼이나 우리 생활에 미치는 위험 혹은 부작용 또한 만만치 않을 수 있다.

인공지능으로 인한 리스크는 말 그대로 인공지능 기술을 활용한 사업을 통해 야기될 수 있는 위험성을 의미한다. 인공지능은 궁극적으로 사람의 지적 능력을 인공적으로 구현하려는 기술이기 때문에 기술이 발달할수록 그에 따른 파급효과가 크게 마련이며, 만약 잘못 사용될 경우 광범위한 종류의 위험이 따를 수 있다. 그런 까닭에 나날이 발전해가는 인공지능을 우려스럽게 바라보는 시각이 있다. 그렇다면 인공지능 비즈니스에는 어떠한 걱정거리가 있는 것일까?

직업이 사라져 간다

많은 사람들은 인공지능 기술을 바퀴나 증기기관의 발명처럼 혁명적인 기술이라고 표현한다. 바퀴의 발명으로 운송 혁명이 가능해졌고, 증기기관의 발명으로 대량 생산이 가능해진 것처럼, 인공지능 기술 역시 그만큼 인류의 삶에 큰 변화를 가져다줄 것으로 판단하기 때문이다.

기계의 발달은 비즈니스에 큰 변화를 가져왔다. 이전에 사람의 힘으로 했던 많은 일들이 사람보다 훨씬 강력한 힘과 월등한 내구성을 가진 기계의 작업으로 대체되었고, 이는 곧 대량 생산을 통한 양적 팽창과 비용 절감으로 이어졌다. 물론 그 당시에도 일자리 측면에서 '기계가 사람의 일자리를 빼앗아간다'라는 사람들의 걱정과 우려의 시각이 있었다. 하지만 결과적으로 기계의 도입을 통해 사람들은 단순 반복 작업을 기계에 물려주고, 이를 운영하고 관리하는 방향으로 흐름이 바뀌며 많은 일자리가 새롭게 생겨났다. 뿐만 아니라, 사람의 역할은 사람만이 할 수 있는 고차원적인 가치를 창출하는 방향으로 그 성격이 진화해왔다고 할 수 있다.

하지만 인공지능 기술은 기계를 통한 산업화보다 우리 생활에 훨씬 더 큰 변화를 가져올 것으로 예상된다. 인공지능 기술이 이제껏 고차원적인 지능을 가진 '사람'의 전유물이었던 '스스로 생각하는' 영역에 접근하고 있기 때문이다. 인공지능이 스스로 학습할 수 있도록 빅데이터를 효과적으로 처리하고 분석하는 기술이 꾸준하게 발달함에 따라 인공지능은 복잡한 업무 처리를 사람처럼, 아니 사람보다 훨씬 더 능숙하고 확실하게 해낼 수 있다. 이렇듯 인공지능 기술이 고도화되면 인간에게 편의를 제공하는 것을 넘어서서 궁극적으로 사람들의 일자리를 위협할 것이라고 우려하는 사람들이 많다.

2016년 세계 경제 포럼World Economic Forum이 발표한 보고서 〈일자리의 미래The Future of Jobs〉에 따르면, 2020년까지 약 500만 개의 일자리가 인공지능 기술의 도입으로 인해 사라질 것으로 전망된다. 보고서에서는 인공지능과 이러한 시스템이 탑재된 로봇 등이 사람보다 월등한 신속성, 효율성, 정확성을 무기로 단순 반복 작업에서부터 상대적으로 고차원적인 사무 업무들에 이르기까지 전방위에 걸쳐 위협을 가할 것이라고 예상했다.

실제로 인공지능 기술은 여러 강점을 갖는다. 우선 인공지능 기술은 사람보다 똑똑하고 빠르며 정확할 뿐만 아니라, 지치지 않고 24시간 일할 수 있어 비용 대비 생산성 측면에서 사람과는 비교가 되지 않을 정도로 효율적이다. 쉽게 말해 과거 기계의 도입이 인간의 손과 발을 대체했다면, 인공지능의 도입은 인간의 머리와 몸 전체를 대체할 수 있는 것이다. 사실 인공지능 기술은 사람들이 전문적인 지식을 요한다고 생각하는 많은 비즈니스, 특히 화이트칼라 직종에서 앞다투어 도입되고 있으며, 실제로 많은 일자리들이 인공지능에 의해 대체되어 사라지고 있다.

미국 금융 시장을 대변하는 월스트리트의 수많은 투자 은행들 가운데 맏형 격인 골드만삭스Goldman Sachs는 수년간 인공지능 기술을 본사

금융 관련 전문 인력들이 하던 다양하고 복잡한 업무들이 인공지능에 의해 대체되었거나, 혹은 대체될 가능성이 있다

출처 bloomberg.com

의 금융 서비스에 접목하고자 노력해왔다. 그 결과, 600여 명에 달하던 골드만삭스의 주식 거래 트레이딩 부서는 소수의 인력을 제외하고 대부분 인공지능 자동거래 시스템으로 대체되었다.

골드만삭스의 전 CEO인 로이드 블랭크페인Lloyd Blankfein에 따르면, 골드만삭스는 투자 업무를 담당하는 부서뿐 아니라 회계, 재무 등 지원 부서에도 인공지능을 통한 관리 시스템을 이미 도입했으며, 지속적으로 인공지능 기반의 관리 영역을 넓히겠다고 밝힌 바 있다.

이 같은 변화의 배경에는 사람이 저지를 수 있는 실수를 최소화하고, 인공지능을 통해 좀 더 객관적인 분석과 예측을 수행함과 동시에 비용을 아낄 수 있다는 장점이 크게 작용한 것으로 보인다. 물론 골드만삭스의 인공지능 시스템을 지원하기 위해 많은 사람이 고용되었지만, 이들은 금융 관련 전문 인력이 아니라 인공지능을 관리해줄 IT 엔지니어들이었다. 전반적인 흐름으로 볼 때 전통적 개념의 금융 서비스 전문 인력은 고도화된 인공지능 기술의 도입으로 인해 점차 설 자리를 잃어가고 있다.

미국의 또 다른 대형 은행인 뱅크 오브 아메리카Bank of America는 2017년 회사명의 마지막 5글자를 따서 '에리카Erica'라는 인공지능 챗봇 서비스를 선보였다. 에리카는 모바일 앱을 통해 음성이나 텍스트로 정보를 제공하며, 잔고 조회에서부터 고객 개개인의 성향에 맞는 금융 상품 추천, 각종 공과금 납부 등에 이르기까지 개인금융과 관련된 다양하고 복잡한 업무들을 고객의 개인비서처럼 꼼꼼하게 챙겨주고 조언해준다.

사실 금융 서비스 업종에서 챗봇은 이전부터 여러 형태로 존재해왔지만 그다지 만족스러운 반응을 얻지 못했다. 챗봇의 대응이 자연스럽

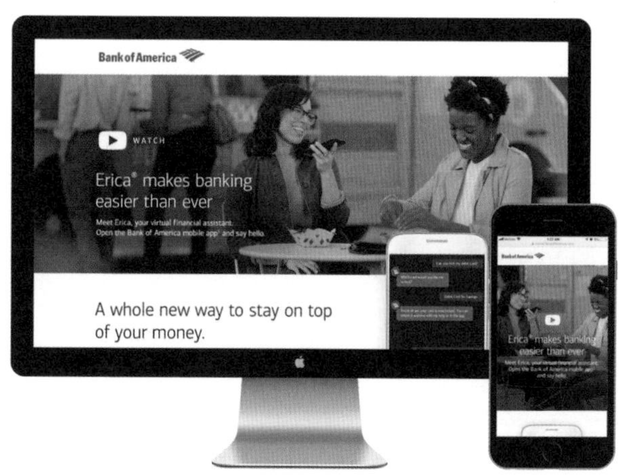

스마트폰상의 에리카 홈페이지와 실행화면 예시 **출처** bankofamerica.com

지 못하고, 준비된 답변을 질문에 맞게 읊어주는 것마냥 어색했기 때문이다. 따라서 고객들은 이렇게 '말귀를 못 알아듣는' 챗봇을 기피하기까지 했다. 하지만 인공지능 기술이 고도화되면서 챗봇 서비스에도 많은 변화가 일어났다. 앞서 언급한 뱅크 오브 아메리카의 챗봇 서비스 에리카의 경우, 기존의 챗봇과는 달리 인공지능 기술을 이용해 2,500만 고객의 패턴을 일일이 분석하고 그에 꼭 맞는 최적의 플랜을 짜서 고객에게 먼저 말을 건낸다. 에리카가 챗봇 서비스의 완성형이라고 말할 수는 없지만, 꾸준히 발전하고 있는 패턴을 볼 때 멀지 않은 미래에 사람과 원활하게 대화하는 듯한 '챗봇'을 기대할 수도 있을 것 같다. 만약 그러한 일이 현실화될 경우, 챗봇 서비스는 기존에 이 일을 담당하고 있던 수많은 고객센터의 상담원과 텔레마케터의 자리를 위협할 가능성이 높다.

법률 서비스 부문은 까다롭고 복잡한 법 관련 전문지식을 요하기 때문에 어려운 자격시험을 통과해 선발된 전문 인력들을 중심으로 업무가 이루어진다. 특히 법률 서비스는 우리 생활 전반에 걸쳐 거의 모든 분야에 적용되기 때문에 그 범위가 어마어마하게 넓다. 그런 까닭에 법 전문 인력들이 꼽는 가장 고된 작업 중 하나가 관련 판례나 참고할 수 있는 사례를 찾는 것이라고 한다. 수천 페이지의 법률 문서들을 사람이 일일이 읽어보고 도움이 될 만한 자료를 찾아내기가 결코 쉽지 않은 데다 분석해야 하는 자료의 양에 따라 몇 시간 혹은 며칠이 걸릴지도 모르는 일이다.

반면에 인공지능은 법 관련 자료 검색 분야에서 굉장한 잠재력을 가지고 있다. 단순히 키워드만 검색해내는 것이 아니라, 자연어 처리, 즉 문서에 기록된 문장이나 복잡한 논리의 법조문을 읽고 해석할 수 있으

법률 서비스 스타트업 로긱스LawGeex가 뛰어난 실력을 가진 20명의 변호사를 상대로 벌인 '판례 찾기 및 분석' 대결에서 정확도와 신속성 모두 완승을 거두었다 **출처** Techstartups.com

며, 이를 몇 분 내에 요약까지 해낼 수 있는 능력을 갖추고 있다. 오역이나 오류의 가능성도 사람보다 훨씬 낮은 까닭에 최근 미국에서는 대형 로펌들을 중심으로 법률 문서 검색 분야에서 인공지능 기반의 판례 검색 서비스 도입을 적극 검토하고 있는 추세다.

법률 서비스뿐만 아니라, 고객의 자산을 관리하거나 투자하는 분야에 있어서도 인공지능 기술이 점차 영역을 넓혀 가고 있다. 그동안 자산관리는 금융 관련 전문지식을 갖춘 고급 인력들만이 할 수 있는 일로 여겨져왔다. 하지만 이제는 인공지능의 대단위 알고리즘을 이용해 계량적 투자 전략을 세우거나, 고객의 투자에 대한 위험 선호도 및 기대 수익률 등의 자료를 바탕으로 최적화된 자산 운용 플랜을 짜는 등 자산

관리, 투자 컨설팅 서비스 분야에서도 인공지능의 역할이 점점 확대되고 있다.

특히 자산 관리 및 금융 투자 서비스 분야의 대표적 자산군인 주식 투자 부문에서도 인공지능을 이용한 자료 수집, 분석, 더 나아가 해당 주식을 살지 팔지를 결정하는 종합적인 시도가 구체적으로 진행되고 있다. 인공지능의 힘을 이용하는 것이 효율성, 정확성, 저비용의 3박자 측면에서 수익률을 향상시키는 데 기여할 수 있다고 보기 때문이다. 아무리 전문적인 투자자라 할지라도, 폭포처럼 쏟아지는 수많은 뉴스 가운데 개인이 모니터링할 수 있는 정보의 양은 매우 한정적일 수밖에 없다. 또한 인간은 개인적인 성향과 편견 등으로 인해 상황마다 주관적 판단 요소가 개입되어 때때로 잘못된 의사결정을 내리기도 한다. 하지만 여기에 인공지능을 이용하게 되면 수많은 뉴스와 정보의 바다 속에서 실제로 투자에 도움이 될 수 있는 유효한 정보를 사람보다 빠른 속도로 찾는 것이 가능해진다.

인공지능은 속도나 정확성 면에서 탁월할 뿐만 아니라, 개인적인 편견이나 고집이 포함되지 않은 객관적 결론을 도출해 제안한다. 즉, 주식 투자와 관련해 사람들이 흔히 드러내는 고집, 편견, 실수 등을 효과적으로 제거해줄 수 있는 강력한 장점을 지니고 있다. 최근에는 쇼핑 시즌에 주요 도로의 교통량을 보여주는 실시간 위성사진 분석, 특정일의 고객 신용카드 거래 승인 내역 분석 등 다양한 알고리즘을 기반으로 하는 새로운 분석 기술을 활용해 시장의 수많은 빅데이터를 분석하고, 위험 관리, 자산 배분, 투자 기회 발굴 등의 분야에서 최적화된 결론을 도출해내는 단계에까지 이르렀다.

이러한 인공지능 기술의 도입이 가장 빠르게 진행되고 있는 곳은 다양하고 자유로운 투자 전략으로 잘 알려진 헤지펀드들이다. 헤지펀드란 개인 혹은 기관의 투자금을 받아 주식, 채권, 부동산, 파생상품 등 다양한 자산군에 공격적인 투자 전략 및 차입을 이용한 레버리지로 위험 대비 수익률을 극대화하면서도, 변동성 측면에서 적절하게 위험이 관리될 수 있도록 복잡하게 설계된 펀드이다. 이미 미국 내 상위 10개의 헤지펀드(브리지워터 어소시에이트Bridgewater Associates, 디.이.쇼D.E.Shaw, 투 시그마Two Sigma 등)는 이러한 인공지능을 이용한 투자 전략을 적극 도입해 막대한 자금을 운용 중이다. 이들 회사는 최근 들어 전통적 방식의 투자 분석 및 자산 운용 인력에 대한 비중을 줄이고 수학, 물리학, 컴퓨터공학 등을 전공한 이공계 연구개발 인력을 확보하는 데 힘쓰고 있다.

위의 사례들 외에도 인공지능의 도입으로 인해 수많은 일자리가 위협받을 것이라는 우려가 다양한 분야와 직종에서 제기되고 있고, 실제로 빠르게 대체되고 있다. 다른 산업 분야도 도입 정도와 속도에 따라 차이는 있겠으나, 인공지능 기술이 사람들의 일자리에 직간접적인 영향을 줄 것이라는 점은 부정하기 힘든 사실이다. 그래서 인공지능 기술이 확대되는 것에 부정적인 시각을 가진 사람도 많다.

하지만 '인공지능 기술 도입은 사람들의 일자리를 빼앗아가기 때문에 나쁜 것이다'라는 이분법적 사고를 하기보다는 인공지능 도입으로 인해 우리 사회가 달라질 수 있는 점에 대해 먼저 생각해볼 필요가 있다. 인공지능 도입이 확대됨에 따라 장기적·지속적으로 새로운 변화가 진행되고 있기 때문이다. 앞서 언급한 사례들처럼 인공지능으로 인해 위협받거나 장기적으로 사양길에 접어든 업종이 있는가 하면, 인공지능 도입으로 인해 소위 '뜨고 있는' 일자리들도 그에 못지않게 새로 생겨나고 있다.

한 예로, 인공지능 기술을 개발하거나 그 밑바탕이 되는 데이터를 분석·관리하는 업무 등은 거의 컴퓨터로 이루어지고 있다. 따라서 인공지능 기술의 도입이 확대될수록 컴퓨터공학 혹은 소프트웨어 개발을 비롯해 데이터를 체계적으로 분석하고 관리하는 직업은 수요가 많을 것으로 예상된다. 앞에서 제시한 골드만삭스의 사례에서 인공지능을 도입함에 따라 그와 관련된 기술 인력의 채용을 늘렸던 것도 이러한 수요를 방증한다고 볼 수 있다. 뿐만 아니라 사람의 심리를 다루거나, 문화나 예술 등 인공지능의 도입이 어려운 분야의 경우에는 오히려 사람의 능력이 더욱 긴요해질 것으로 보인다. 이러한 점을 종합해볼 때, 인공지능 기술 도입 확대로 인한 영향에 대해 단순히 '인공지능이 일자리를 빼앗아 간다'는 관점에서 접근하기보다는, 고용 시장에서 사람들이 맡는 업무의 형태와 관련해 전반적인 변화를 갖고 올 것이라는 관점에 무게중심을 두어야 한다.

과연 데이터를 신뢰할 수 있는가?

사람이 교육과 배움을 통해서 더 똑똑해지듯이, 인공지능도 '데이터'를 통해 인간의 지능처럼 고도화될 수 있도록 훈련된다. 이를테면 데이터는 인공지능에게 있어 '배움을 위한 교과서'라고 할 수 있다. 데이터의 종류는 그 내용과 형태에 따라 다양하며 폭넓게 존재한다. 문제는 인공지능 기술의 기본 바탕이 되는 데이터 자체에 오기 혹은 오류가 있을 수 있다는 점이다. 한마디로 잘못된 교과서로 학습할 경우 아무리 뛰어난 인공지능이라 할지라도 왜곡된 결과를 도출할 가능성이 매우 높다. 이런 이유로 인공지능의 리스크와 관련해 데이터의 신뢰성 문제도 함께 대두되고 있다.

특히 의료 분야에서 사용되는 빅데이터는 환자의 건강과 생명에 직결되어 있기에 데이터의 신뢰성 확보가 필수적이다. 신뢰도가 낮은 데이터를 기반으로 한 분석은 왜곡된 결과를 초래해 환자에게 잘못된 진단과 처방을 내릴 수 있다. 최근 들어 딥러닝 알고리즘을 통해 훈련된 인공지능이 접목된 의료 기술이 각광받고 있지만, 사실 그 밑바탕이 되는 의료 관련 빅데이터의 신뢰성을 판단할 수 있는 기준은 표준화되어 있지 않은 것이 현실이다. 아무리 연구 목적으로 사용된다 하더라도 환자 데이터 자체가 민감한 개인정보를 담고 있는 까닭에 대부분의 병원에서는 환자 데이터의 유효성 및 신뢰성 검증, 더 나아가 데이터 기반 의료 활동에 소극적인 모습을 보인다. 이는 의료 관련 빅데이터 표준화 및 신뢰성 문제에 있어 큰 걸림돌 중 하나다.

의료 데이터를 표준화하는 데 있어서 더 큰 난관은 이러한 빅데이터의 1차적 수집 기반이 의사의 생각과 손으로 작성되는 환자 차트라는 점이다. 가령 약품의 처방 용량 등 계량화시킬 수 있는 부분은 충분히 데이터로 반영 가능하지만, 환자의 심리 상태나 의사의 주관적 소견 등의 경우 중요한 내용의 상당수가 문장으로 기록돼 있어 이를 데이터로 반영해내기 매우 어렵다. 따라서 이를 데이터로 옮기는 과정에서 데이터 왜곡이나 오류가 발생할 수 있고, 이러한 데이터를 기반으로 구현된

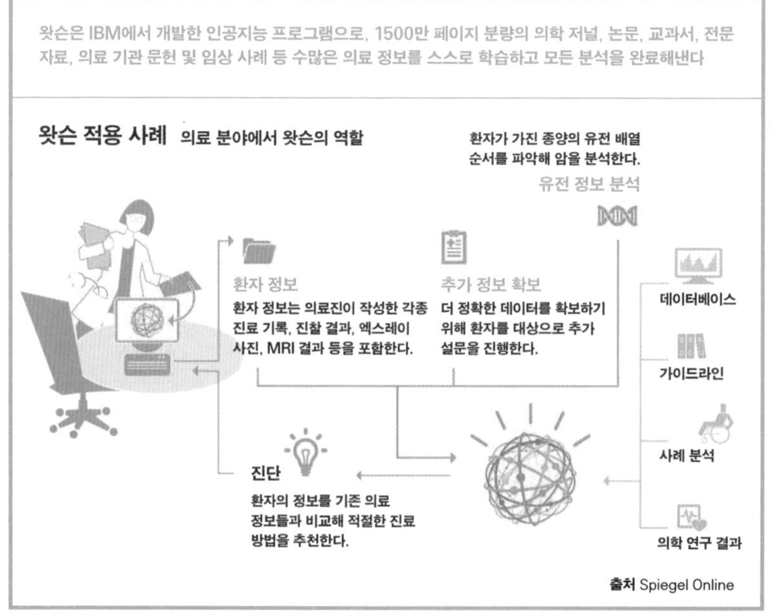

인공지능 분석은 환자에 대한 의사의 최초 소견과 동떨어진 결과를 보일 수도 있는 것이다.

인공지능 의사로 불리는 IBM 왓슨의 경우도 이와 비슷한 맥락의 고민을 안고 있는 것으로 보인다. 왓슨은 대장암, 유방암, 위암, 폐암 등 각종 암의 진단과 치료법 측면에서 의사만큼 뛰어난 능력을 보여주고 있다. 따라서 국내에서도 대형 병원을 중심으로 빠르게 도입되고 있다.

왓슨을 도입한 국내 병원들은 왓슨이 내놓는 진단이 의사의 소견과 상당 부분 일치할 뿐만 아니라, 설문조사 결과 환자들의 만족도도 대체로 높아 긍정적인 효과를 거두고 있다고 밝힌 바 있다. 하지만 IBM은 "의사가 환자 정보를 정확히 입력해야만 더 정확한 치료법이 나온다"라고 말한다. 다시 말해, 왓슨이 보다 정확한 분석과 진단을 내리려면 신뢰성 높은 빅데이터가 반드시 필요하다는 얘기다. 이는 결국 누군가가 빅데이터의 신뢰성을 높이기 위해 많은 사례를 직접 관리해야만 한다는 결론에 도달하게 된다. 환자 데이터의 형태와 종류가 다양하고 그마저 병원 시스템에 분산되어 있는 경우가 대부분이라 데이터들을 표준화된 형태로 모으는 일은 상당히 고된 일이다. 하지만 인공지능을 이용해 좀 더 최적화된 결과를 내기 위해서는 꼭 필요한 과정이기에 많은 기관들이 시간이 걸리더라도 데이터 수집과 관리에 박차를 가하고 있다.

인공지능, 해킹 그리고 사이버 보안

2014년 아마존은 미국 CIA의 수주를 받아 데이터센터를 건설한 적이 있다. 이 데이터센터는 다른 일반적인 데이터센터와 달리, CIA의 민감한 기밀 정보를 보관하므로 까다로운 보안 조건을 만족시켜야 했다. 따라서 위치는 물론이고, 면적이나 규모 등도 외부에 알려진 바가 없다. 기밀 정보를 다루는 특수한 목적의 데이터센터가 높은 보안 수준을 유지하는 것은 어찌 보면 당연한 얘기일지도 모르겠다.

하지만 이미 세계 도처의 정부 조직과 민간 기업들이 해킹을 당해 수많은 기밀 정보와 개인정보가 노출된 바 있다. 미국의 대형 신용정보 업체 에퀴팩스Equifax는 2017년 해킹으로 인해 1.5억 명의 미국인 개인정보가 유출되는 사건을 겪고 CEO가 사임했으며, 최근에는 페이스북이 해킹을 당해 회원 5,000만 명의 개인정보가 유출되기도 했다. 국내에서도 KT가 해킹을 당해 980만 명에 이르는 개인정보가 유출되는 사건이 발생했고, 주요 카드사 및 은행들도 다량의 개인정보 유출 사례로 피해를 입은 적이 있다.

최근 들어 인공지능을 악용한 해킹과 피해 사례가 늘고 있어 사람들의 우려도 커지고 있는데, 그 대표적인 사례가 바로 인공지능 해커의 등장이다. 월등한 속도와 진화하는 알고리즘으로 무장한 인공지능을 통해 시스템 침입이 더 용이해지고 있는 것이다. 예를 들어, 피해자의 컴퓨터에 해킹을 위한 악성코드가 삽입되는 경로를 살펴보면, 피해자가 불량 이메일이나 문자 등을 클릭함으로써 해킹 툴이 피해자 몰래 자동으로 컴퓨터에 설치되는 경우가 대부분이다. 사실 많은 경우 이러한 불량 메일을 쉽게 구분해낼 수 있는데, 제목이나 내용 등의 구성이 어색하고 어설프기까지 하기 때문이다. 하지만 인공지능을 이용하면, 피해자의 관심사나 인맥, 성향 등을 다면적으로 빠르게 분석해 이메일이나 메시지를 진짜로 인식하게 함으로써 악성코드 삽입률을 높일 수 있다.

특히 인공지능이 점차 고도화됨에 따라 해킹에 이용되는 인공지능 수준도 더욱 높아져 향후에는 영화에서나 보던 국가 전력망이나 교통망, 혹은 금융 시스템 전반에 걸친 해킹을 심각하게 우려해야 할 상황이 올 수도 있다. 만약 그러한 일이 현실화된다면 사회적으로 엄청난 혼란을 야기할 수 있기에 인공지능을 부정적인 시각으로 보는 사람들이 늘어나고 있다.

하지만 반대로 낙관적인 시각을 갖고 있는 사람들도 많다. 수많은 해킹 사례로 인해 이제껏 사이버 보안이 해킹보다 한발 늦은, '소 잃고 외양간 고치는' 식의 굴욕적 이미지였다면, 향후 고도화된 인공지능이 도입된 사이버 보안은 해킹 시도를 빠르게 감지하고 문제가 발생하기 전에 잡아냄으로써 효과와 효율 면에서 훨씬 높은 성과를 기대할 수 있기 때문이다. 일례로, 아마존은 자사의 아마존 웹서비스상의 엄청난 데이터에 대한 보안 관리를 강화하고자 인공지능 보안 전문 스타트업 하비스트AI Harvest.ai와 스쿼럴Sqrrl을 연달아 인수한 바 있다.

치명적인 알고리즘의 오류

사람들은 흔히 '인공지능이 사용되었다'고 하면 수많은 데이터를 기반으로 철저한 분석 과정을 거쳤을 것이라 판단하고 산출된 결과를 신뢰하는 경향이 있다. 진료 과정에 왓슨을 도입한 병원에서 환자들을 대상으로 만족도 조사를 실시한 결과 90%가 넘는 만족도를 기록했다는 사례를 보면, 우리가 얼마나 인공지능을 신뢰하는지에 대해 단적으로 알 수 있다. 하지만 인공지능에 대한 우리의 신뢰와는 별개로 과연 인공지능이 항상 정답만을 말해주는 것일까?

2014년 미국에 사는 브리샤 보든이라는 흑인 여성과 버논 프래터라는 백인 남성이 단순 절도 혐의로 경찰에 체포되었다. 인공지능 알고리즘을 통해 이들의 향후 범죄 가능성에 대해 분석하고 위험 정도에 따라 점수를 부여했는데, 길거리에 세워진 아동 자전거를 훔친 흑인 여성 브리샤 보든의 경우 초범임에도 불구하고 위험도가 8점High Risk이 나왔다. 그에 반해, 대형 공구 전문 상점에서 공구를 훔친 백인 남성 버논 프래터의 경우 이전에 무장강도 등 범죄 경력이 있었음에도 불구하고 위험도가 3점Low Risk밖에 되지 않았다.

하지만 이 분석은 결과적으로 틀렸다. 8점을 받고 재범 가능성이 높

인공지능에 의해 재범 가능성이 높다고 판단된 브리샤 보든.
하지만 그녀는 이후 범죄를 저지르지 않았다

출처 Alternet.org

을 것으로 분류되었던 흑인 여성 브리샤의 경우 그 이후 어떤 범죄도 저지르지 않았지만, 3점을 받고 재범 가능성이 낮을 것으로 분류되었던 버논의 경우 그 이후로도 계속 절도 행각을 벌여 결국 8년형을 선고받고 교도소에 수감되었다. 범죄자 예측에 쓰이는 인공지능 알고리즘이 잘못된 분석과 예측 오류를 범해 브리샤에게 상습범의 낙인을 찍어버린 것이다.

한편 애플이 최신 아이폰을 출시하면서 공격적으로 마케팅했던 새로운 기능 중 하나로 페이스 ID Face ID가 있다. 이 기능은 아이폰이 사용자의 얼굴을 인식해 스마트폰 잠금 해제를 하거나 애플 페이를 인증하는 등의 보안에 있어서 지문인식이나 비밀번호를 대체할 새로운 인공지능 기술로 각광받았다. 하지만 결과적으로 이 기능도 심각한 오류를 내포하고 있다. 우선 사용자가 일란성 쌍둥이일 경우 다른 쌍둥이의 얼굴을 인식시켰을 때 보안이 해제되어버리는 문제가 있었다. 뿐만 아니라,

가면과 실제 얼굴을 구분하는 데 오류를 드러낸 페이스 ID 출처 Techworm.net

베트남의 보안 업체인 Bkav에서 이 아이폰 기종을 대상으로 3D 프린터를 이용해 특정인의 얼굴을 인쇄한 마스크를 인식시켜 페이스 ID를 무사통과할 수 있었다. 이 또한 인공지능의 안면인식 알고리즘에 오류가 포함될 가능성이 있음을 드러낸 것이다.

사실 인공지능의 알고리즘은 복잡한 연산 과정과 분석 절차를 거치기 때문에, 사람이 짧은 시간 안에 알고리즘 전체를 이해하기는 어렵다. 특히 딥러닝의 경우 어떤 분석 절차나 의사결정 과정을 거쳤는지 파악하기 어렵다. 물론 앞서 말했던 것처럼 데이터의 신뢰성에 문제가 있을 수도 있다. 하지만 브리샤 보든이나 애플 페이스 ID의 사례처럼 데이터보다는 인공지능 자체에 오류가 있는 경우도 분명히 있다. 이러한 실패 사례들이 우리 삶에 직간접적으로 피해를 줄 수 있는 만큼, 인공지능을 무분별하게 신뢰하기보다는 인간의 분석과 예측에 도움을 줄 수 있는 상호보완적 차원에서 사용해야 한다는 목소리가 높아지고 있다.

우리는 인공지능 기술이 얼마나 놀라운지, 그리고 얼마나 우수한지에 대해 다양한 매체를 통해 꾸준히 접해왔다. 그래서 대부분의 사람들은 인공지능 기술의 도입으로 인해 우리 삶이 좀 더 윤택하고 편리해질 것이라고 생각한다. 하지만 순기능이 큰 만큼 인공지능의 도입에 따른 위험과 우려도 분명 존재한다. 인공지능 기술이 다양한 영역에서 대량으로 우리의 일자리를 앗아갈 수도 있고, 또 알고리즘의 복잡성으로 인해 혹은 신뢰도 낮은 데이터 사용 등으로 인해 인공지능의 분석이 잘못된 결과를 도출할 위험도 도사리고 있다. 뿐만 아니라 해킹 등의 범죄에 사용될 경우 대규모의 사회적인 피해를 야기할 수 있는 점도 인공지능 기술 도입에 따르는 큰 위험 요소 중 하나라고 볼 수 있다.

AI

BUSINESS

TREND

11

인공지능 시대와 정부의 역할
_미국 하원의 인공지능 관련 보고서

인공지능 비즈니스를 단순히 개별 기업 차원의 경쟁으로 봐서는 안 된다. 경쟁력 있는 인공지능 비즈니스는 국력과 직결된다. 또한 인공지능 비즈니스의 도래는 사회 제도에 혁명적인 변화를 수반할 가능성이 매우 높다. 이는 미국과 중국 등 강대국들이 인공지능 비즈니스에 대한 정책을 수립하고 연구개발에 힘을 쏟는 이유다.

인공지능은 과연 어떤 비즈니스 분야에서 혁명적인 변화를 일으킬 수 있을까?

이 물음에 답을 찾기 위해 다양한 인공지능 기술이 미국의 구글, 아마존이나 중국의 알리바바, 텐센트, 바이두 등 민간 기업의 선도하에 개발되고 있으며, 수많은 인공지능 스타트업들이 하루가 멀다 하고 생기고 있다. 이들 기업이 경쟁하는 과정에서 현재는 다소 응용 분야가 모호하거나 시장이 무르익지 않은 인공지능이 그 진가를 발휘할 수 있는 특정 비즈니스 분야 혹은 소위 킬러 애플리케이션Killer Application을 찾게 될 경우, 인공지능 비즈니스는 순식간에 그쪽으로 집중될 가능성이 높다. 현재로서는 자율주행이나, 인공지능을 활용한 헬스케어 시장이 인공지능 비즈니스의 각축장이 될 가능성이 높아 보인다.

민간 기업들이 인공지능 기술 개발과 비즈니스 개발에 막대한 투자를 하는 것과는 별개로, 세계 각국의 정부들은 경쟁에서 우위를 점하거나 인공지능이 가져올 미래의 변화에 뒤처지지 않기 위해, 더 나아가 인공지능 기술이 향후 초래할 수 있는 부작용에 미리 대비하기 위해 국가적 정책을 수립하고 연구개발 예산을 투입하고 있다.

인공지능 기술 개발에 대한 투자 못지않게 정부가 중요하게 다뤄야 할 사안은 인공지능이 초래할 수 있는 급작스러운 정치·사회적 혼돈이나 부작용을 미리 예측하고, 그 과정에서 소외될 수밖에 없는 사회 구성원에 대한 정책을 마련하는 것이다. 치열하게 인공지능 기술 개발 레이스를 펼치는 선진국 정부들이 이런 부분에 얼마나 신경을 쓰고 있으며, 어떤 정책들을 수립하고 시행하고 있는지 살펴보는 것 또한 의미 있을 것이다.

이번 장에서는 인공지능 기술 개발 주도권을 확보하는 동시에 인공지능이 가져올 수 있는 부작용을 최소화하고 국민들을 보호하기 위한 각 나라 정부의 지원 정책에 대해 살펴보고, 한국 정부는 어떤 대책을 마련하고 있는지에 대해 살펴보자.

필연적인 인공지능 정책

세계 각국의 인공지능 관련 정책을 비교 연구하는 팀 더튼Tim Dutton은 인공지능 정책AI Policy에 대해 '인공지능의 장점benefits을 최대한으로 살리는 동시에 인공지능 시대의 도래로 인해 우리가 치러야 할 비용cost과 위험risks을 최소화하는 공공정책public policies'이라고 정의한다.[84]

이 정의에 의하면, 첫째, 인공지능의 장점을 최대한으로 살리기 위해 정부는 관련 기술 연구개발에 국가 예산을 충분히 투입하고, 우수 인재를 육성해 미래 경쟁력을 확보하는 데 중점을 두어야 한다. 둘째, 인공지능 기술이 초래할 위험과 부작용을 최소화하기 위해 인공지능이 가져올 수 있는 예상치 못한 변화들에 대한 검토를 바탕으로 선제적인 조치를 취해야 한다. 예를 들어, 자동화Automation는 이미 인간의 노동력을 상당 부분 대체하고 있으며, 이러한 현상은 인공지능 기술의 발전과 더불어 더욱 가속화될 전망이다. 이러한 급격한 사회적 변화에 시장이 이상적으로 대응할 것이라 기대하는 것은 무리다. 정부가 이러한 부작용들을 미리 예측하고, 정책과 제도를 통해 사회적 충격과 부작용은 최소화하면서, 인공지능 기술이 가져올 장점은 국민들이 골고루 누릴 수 있도록 사회적인 합의를 도출하고, 규제와 제도를 정비하는 것이 인공지능 정책이 나아가야 할 방향이라 할 수 있다.

각국 정부의 인공지능 기술 지원 현황

인공지능 기술은 아직도 빠른 속도로 발전하는 중이며, 앞으로 인공지능 비즈니스가 만들어낼 시장의 크기는 수천조 원 이상이 될 것으로 예상된다. 따라서 세계 각국이 막대한 규모의 연구개발 예산을 투입해 인공지능 기술 개발과 비즈니스를 둘러싼 경쟁에서 우위를 점하려 하고 있다. 이 경쟁을 맨 앞에서 선도하고 있는 미국의 경우부터 알아보자.

미국

미국 정부는 버락 오바마 전임 대통령의 임기 중인 2016년에 〈인공지능의 미래를 위한 준비Preparing for the Future of Artificial Intelligence〉와 〈국가 인공지능 연구개발 전략 계획National Artificial Intelligence Research and Development Strategic Plan〉이라는 보고서를 통해 인공지능 분야 연구개발 예산의 중요성을 역설한 바 있다. 〈국가 인공지능 연구개발 전략 계획〉에 의하면, 미국 정부는 2015년에 이미 인공지능 관련 연구개발 프로젝트에 11억 달러(약 1조 2,000억 원)를 투자했다. 2018년 9월에는 미 국방고등연구계획국DARPA이 향후 5년간 인공지능 연구개발에 20억 달러(약 2조 2,000억 원)의 예산을 투자할 것이라고 발표했는데, 당장 사용할 수 있는 인공지능 기술은 미국 기업들이 주도하고 있으므로 미국 정부는 10년 혹은 20년 후를 내다보는 이른바 문샷Moonshot 연구를 통해 지속적으로 인공지능 분야의 리더 자리를 지키고자 하는 것으로 해석할 수 있다.

2018년 5월, 백악관에서 열린 인공지능 정상회담에서는 기밀로 분류되지 않은 인공지능 연구개발 예산을 2015년에 비해 40% 이상 확대 편성하기로 결정됐으며, '상당한' 연구개발 예산이 방위산업Defense과 정보 기관Intelligence communities과 관련해 응용 가능한 인공지능 분야에 투자되었다고 밝혔다. 일각에서는 미국 정부가 DARPA의 그랜드 챌린지와 같은 대회를 통해 인공지능 분야에서 지각변동을 일으킬 만한 기술적 발전을 이끌어내고 인공지능 경쟁을 선도해야 한다고 강조하고 있다.

2000년대 중반 자율주행차 기술 발전의 토대를 닦았던 DARPA 그랜드 챌린지의 성공이 2018년 (알파벳〔구글〕의 자율주행차 개발 자회사인) 웨이모Waymo 같은 회사들을 통해 실제 비즈니스로 이어져 미국 기업이 관련 시장을 주도하

웨이모의 자율주행차 **출처** Wired.com

고 있듯이, 다른 인공지능 비즈니스에서도 현재 기술 패러다임을 뛰어넘는 기술에 도전함으로써 경쟁국들과(특히 중국과) 지속적으로 격차를 벌이고자 하는 것이 미국 정부의 인공지능 개발 지원 방침으로 보인다. 이는 1960년대에 기본 토대 연구가 시작되었으나 30년이 지나서야 상업적인 성공을 거둔 월드와이드웹World Wide Web을 통해 미국이 정보통신기술 분야를 이끌어가는 것과 비슷한 맥락으로 보인다. 이미 이러한 방식으로 성공을 거둔 경험이 있고, 세계 인공지능 인력의 40% 이상을 확보하고 있는 미국이기에 이런 정책의 운영이 가능할 것이다.

현재까지는 미국이 인공지능 분야에서 리더의 자리를 차지하는 것으로 보고되고 있지만, 최근 들어 인공지능 기술 수준 및 비즈니스 규모에서 급격하게 성장하고 있는 중국의 추격이 만만치 않다. 미국 의회가 2018년 9월에 발간한 백서 〈기계의 부상Rise of the Machines〉에 따르면, 이르면 2018년 말부터 중국 정부가 미국 정부보다 더 많은 연구개발 예산을 인공지능에 투자할 것이라 예측하며, 미국이 인공지능 분야에서 리더 지위를 잃을 수도 있다고 우려하고 있다.[85] 미국의 이러한 우려가 엄살만은 아니다. 중국의 인공지능 관련 연구개발 예산은 2000년에서 2015년 사이에 약 200% 증가했으며, 2019년을 기점으로 양국의 연구개발 예산 규모가 역전될 것이라는 전망도 나오고 있기 때문이다.[86] 이 보고서는 미국의 정치적인 리더십이 실종될 경우 세계 다른 나라들, 특히 무섭게 추격하고 있는 중국과의 인공지능 경쟁에서 뒤처질 수 있다는 위기의식을 일깨움과 동시에, 미국 정부가 인공지능 기술을 선도하고 리더십을 공고히 할 수 있도록 인공지능 관련 연구개발 예산을 증액할 것을 권고하고 있다.

중국

중국은 미국이나 영국에 비해 인공지능 분야에 늦게 뛰어들었지만, 최근 수년간 인공지능 분야 인재들을 적극 영입해왔고, 머신러닝에 있어 가장 중요한 '방대한 양의 데이터'를 확보할 수 있다는 장점을 바탕으로 무서운 속도로 미국을 추격하고 있다. 2017년 7월 중국 정부는 차세대 인공지능 개발 계획A Next Generation Artificial Intelligence Development Plan을 통해 인공지능의 이론, 기술, 응용에 있어 세계 최고가 되겠다는 야심을 드러냈다. 중국 정부는 2020년까지 미국이나 영국, EU와 같은 인공지능 분야의 경쟁자들과 어깨를 나란히 할 수 있는 수준에 도달하겠다는 것을 첫 번째 목표로 세웠다.

'딥러닝', '심층신경망'이 언급된 논문 중 한 번 이상 인용된 논문 개수

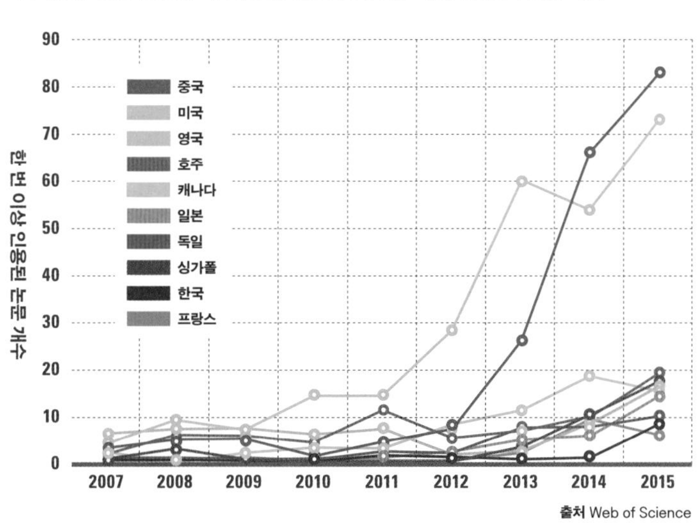

출처 Web of Science

중국은 이미 머신러닝 관련 논문 출판에서는 선발 주자인 미국이나 영국을 앞지른 상황이며, 중국의 알리바바, 바이두, 텐센트 등의 기업이 미국 기업을 따라잡기 위해 필사적으로 노력 중인 것은 누구나 알고 있는 사실이다. 중국 정부는 2025년까지 몇몇 인공지능 분야를 세계 최고 수준으로 끌어올리고, 2030년에는 인공지능 비즈니스 혁신의 중심이 되겠다는 청사진을 제시했다. 이를 위해 중국 정부는 수도 베이징에 21억 달러(2조 4,000억 원)를 들여 인공지능 기술 단지AI District를 설립할 계획임을 밝혔다.[87]

한국

한국 정부 역시 이러한 인공지능 분야의 흐름에 동참하기 위해 2018년 'I-Korea 4.0 실현을 위한 인공지능 R&D 전략'을 발표했다. 2018년부터 2022년까지 약 2조 2,000억 원의 투자를 통해 한국 인공지능 기술 역량을 대도약시키고, 인공지능을 통해 4차 산업혁명 시대의 성장 동력을 확충하는 것을 목표로 하고 있다. 한국 정부는 이 전략을 바탕으로 4년 동안 1) 세계적 수준의 인공지능 기술을 확보하고, 2) 인공지능 분야의 우수 인재를 양성하고 확보하며, 3) 개방 협력형 연구 인프라를 조성할 계획이다. 특히 이 보고서에서는 미국 정부의 DARPA 프로젝트를 벤치마킹하여 특정 분야를 대상으로 확실한 목표를 가지고 핵심 기술부터 응용 기술까지 전면적으로 개발을 추진할 것임을 천명했다. 또한 인공지능 고급 인재를 양성하고 확보하기 위해 2022년까지 인공지능 대학원 신설을 추진하고, 글로벌 전문가 영입과 산학협력을 통해 2022년까지 1,400명 규모의 인공지능 인력을 양성할 계획임을 밝혔다.

미국, 중국, 한국 정부뿐 아니라 영국, 캐나다, EU 등도 인공지능 분야에서 미국과 중국을 따라잡기 위해 연구소를 설립하고 연구개발 예산을 확충하고 있다. 한국이나 중국의 경우와는 달리, 미국은 2022년까지 어떤 수치를 달성하겠다는 목표를 세우기보다는 지금 당장 상용화 가능한 기술을 넘어 그 이상의 기술을 내다보고 있다. 어느 방식이 옳다 그르다를 따지기보다는 현재 인공지능 분야에서 '선도적 위치'에 있는 정부와 '추격자 위치'에 있는 정부의 입장 차이에서 비롯된 상황이라고 이해하면 될 것이다.

인공지능 비즈니스를 위한 새로운 규제

인공지능 기술 개발에서 주도권을 잡기 위한 연구비 증액, 연구 기반 구축, 우수 인재 육성 및 확보 등이 인공지능 비즈니스를 위한 정부 정책의 한 축이라면, 다른 한 축은 이전과는 확연히 다른, 패러다임을 뒤바꿀 수 있는 인공지능 비즈니스를 어떻게 규제할 것인가에 대한 고민을 정책을 통해 규정하는 것이다.

이와 관련해 미국 의회의 백서는 다음과 같이 견해를 제시했다. 기존의 산업 규제가 적용되지 않은 인공지능 비즈니스가 서비스를 시작하게 될 경우 기존 규제 대상에 해당되는지 살펴보고, 만일 기존 규제 대상에 해당되지 않는다면 인공지능 비즈니스에 걸맞은 새로운 규제를 만들거나, 기존 규제를 변경하는 것을 고려해야 한다.

자율주행차의 경우가 대표적인 사례다. 2018년 10월 미국 교통부Department of Transportation, 고속도로 교통안전국National Highway Traffic Safety Administration은 자율주행차가 미국 내 일반 공공 도로에서 운행할 수 있도록 안전 관련 규정을 수정할 것이라고 발표했다.[88] 기존의 규정에 따르면, 자동차는 운전대와 거울, 페달과 같은 조종 장치가 있어야만 공공 도로에서 운행이 가능했으나, 자율주행차의 출현에 발맞춰 규제도 바뀌어가는 중이다. 미국 교통부에서 발행한 〈미래 교통에 대한

준비: 자율주행차 3.0Preparing for the Future of Transportation: Automated Vehicles 3.0, AV 3.0〉을 보면, 미국 정부가 자율주행차 관련 규제에 대해 유연한 입장을 보이고 있음을 알 수 있다. 이러한 '규제의 유연함' 덕분에 자율주행차 회사인 웨이모는 2018년 캘리포니아의 공공 도로에서 운전석에 운전자가 없는 무인 주행 시험을 허가받았다. 공공 도로를 사용하는 일반 운전자들의 안전과 혁신적인 인공지능 비즈니스 사이에서 미국 교통부는 점진적인 규제 개선을 통해 혁신을 이루어가고 있다.

미국 식약청FDA 역시 의료 분야에 빅데이터와 인공지능 기술을 적용하는 데 필요한 가이드라인 마련 작업에 이미 착수했다. 2019년 3월 5일까지 FDA 국장을 역임한 스콧 고틀립Scott Gottlieb은 재임 당시 인공

미국 교통부에서 발간한 자율주행 시스템 2.0 보고서의 표지.
'안전을 위한 비전A Vision for Safety'이라는 구호가 인상적이다[89]

지능이 향후 의학의 성공에 지대한 영향을 끼칠 수 있으므로, 인공지능 기반 기술을 지원하고 의료 분야 인공지능에서 혁신이 지속적으로 이어질 수 있도록 새로운 규제의 틀을 적극적으로 모색할 것이라고 발표했다.[90]

생명을 다룬다는 특수성으로 인해 신기술 도입에 보수적이었던 FDA는 최근 들어 전향적인 자세를 보이고 있다. 2018년 4월 FDA는 인공지능 소프트웨어를 이용하여 당뇨성 막망병증Diabetic retinopathy을 진단하는 의료기기를 승인했다. 이 기기는 '혁신적인 기기Breakthrough Device'로 지정되어 승인받았는데, 이는 인공지능을 이용한 진단 의료기기에 대한 FDA 최초의 승인 사례다.[91] 스콧 고틀립 전 FDA 국장은 2018년 12월 17일, 암 관련 빅데이터 분석 및 전자의료기록 서비스를 제공하는 스타트업인 플랫아이언 헬스Flatiron Health에서 최고의료책임자를 지냈던 에이미 에버네시Amy Abernethy를 부국장으로 임명하는 등[92], 빅데이터 기반의 인공지능 의료 시스템에 대한 새로운 규제의 틀을 마련하기 위해 박차를 가한 바 있다. 환자의 생명을 다루는 의료 업계를 규제하는 기관인 FDA 역시 의료 분야의 혁신 기술 태동과 발전에 맞추어 변화를 모색하고 있는 것이다. 이러한 변화가 동반되지 않으면 인공지능이 의료에 적용되기 어렵고, 새로운 비즈니스를 창출하는 일도 요원해지기 때문이다. 미국 규제기관들의 이러한 유연하고도 신속한 변화는 우리 정부의 규제기관들이 본받아야 할 점이다.

리스크에 대비하는 정부 정책

어느 기술이든 마찬가지로, 인공지능이 가져올 미래가 마냥 장밋빛일 거라고 기대를 품는 것은 위험하다. 기술의 발전 속도는 너무 빠른 데다 그 영향력이 우리의 예상을 벗어나는 경우도 허다하다. 실제 인공지능의 미래를 겪어보지 못하고 현재의 기준만으로 섣부른 기대를 하는 것은 그래서 위험하다. 2016년 3월 이세돌과 알파고의 대국이 있기 전에 이세돌의 패배를 점친 전문가는 그리 많지 않았다는 점을 상기해보면 이해가 빠를 것이다.

다음 페이지의 글은 미국 의회에서 발간한 인공지능 관련 백서 〈기계의 부상〉에서 제시한 내용의 일부다.[93] 의회는 특히 네 번째 부분, 즉 인공지능이 단순한 기술의 발전을 넘어 우리가 전혀 예상하지 못한 방식으로 현재 미국(뿐만 아니라 전 세계) 사회의 근간을 바꿀 수 있다는 점에 주목했다. 그리고 미국 정부가 이에 어떻게 대처해야 하는가에 대해 서술했다. 또한 의회는 백서를 통해 인공지능 기술의 발전 속도와 그것이 초래할 사회적 변화에 적절히 대처하기 위해서는 미국 정부가 인공지능 기술의 위험 요소를 미리 이해하고 관리할 수 있는 방법을 선제적으로 고민하는 것이 매우 중요하다고 지적하고 있다.

1. 인공지능은 성숙하지 못한 기술이다. 많은 분야에서 인공지능의 역할은 이전에는 없던 새로운 것들이 될 것이다.

AI is an immature technology; its abilities in many areas are still relatively new.

2. 많은 직업들이 인공지능의 영향을 받을 것이다. 그 효과가 긍정적일지, 부정적일지, 아니면 중립적일지는 지켜봐야 할 것이다.

The workforce is affected by AI; whether that effect is positive, negative, or neutral remains to be seen.

3. 인공지능은 엄청난 양의 데이터를 필요로 하는데, 데이터가 선한 의도로 사용된다 하더라도 개인의 프라이버시를 침해하거나, 편향된 결과를 도출할 수 있다.

AI requires massive amounts of data, which may invade privacy or perpetuate bias, even when using data for good purpose.

4. 인공지능은 기존 사회의 모든 부분을 뒤흔들 수 있는 파괴적인 잠재력이 있다. 어떤 부분은 예상할 수 있을지도 모르지만 우리가 예상할 수 없는 부분도 있다.

AI has the potential to disrupt every sector of society in both anticipated and unanticipated ways.

인공지능이 재편할 직업과 사회복지

인공지능이 가져올 사회 문제 중 하나는 인공지능을 통한 자동화로 인해 사라질 일자리가 많다는 것이다. 2017년 맥킨지의 보고서는 "미국과 독일의 일자리 중 최대 3분의 1 정도가 인공지능으로 인해 사라지게 될 것"이라는 예측을 내놓았다.[94] 2013년 옥스퍼드대학의 연구 보고서는 인공지능 비즈니스가 도래하면 미국인들의 47%가 일자리를 잃게 될 것이라고 예상했다. 이 보고서는 특히 이러한 급격한 변화가 미국 내 소득 격차를 더 벌려서 불평등 구조가 심화될 것이라는 어두운 전망을 내놓았다. 물론 이런 어두운 전망만 있는 것은 아니다. 장담할 수는 없지만, 사라진 일자리 대신 새로운 일자리가 생겨서 다시 재고용이 이루어질 것이라는 예상이 바로 그것이다. 그러나 이 예상대로 실현되려면 시간이 걸릴 수 있기 때문에 단기적으로는 정부가 일자리를 잃은 사람들을 대상으로 재교육을 시키고, 사회적 안전망을 구축하는 데에도 투자해야 한다는 의견들이 있다.

많은 분야에서 인간에 비해 생산성이 월등히 높은 인공지능에 밀려 더 이상 일할 수 없는 사람들이 생길 수도 있는데, 핀란드에서는 이런 사람들을 위해 정부가 기본 소득을 지급하는 정책을 2017년부터 실제로 시행하고 있다. 2년 기한으로 운영 중인 핀란드의 기본 소득 실험은 25세에서 58세 사이의 실업자들 중 일부를 무작위로 골라 매달 690달러(약 75만 원)를 아무런 조건 없이 지급하는 것을 골자로 한다. 사실 핀란드가 이 실험을 하게 된 이유는 2015년에 실업률이 사상 최대인 10%로 치솟았기 때문이었지만, 인공지능으로 인해 많은 일자리가 사라지는 상황에서도 이 정책이 효과적일 수 있을지에 대한 파일럿 실험의 성격이 강해 세계적으로 큰 관심을 모았다. 일단 현재까지 알려진 바로 이 실험은 2019년에 중단될 것이라고 한다. 처음엔 70% 이상의 핀란드 국민이 '기본 소득' 개념에 찬성했으나 운영 과정에서 안 그래도 높은 세금 부담이 더 가중될 것이라는 전망이 나오자 찬성률이 35%, 절반 이하로 뚝 떨어졌기 때문이다. 캐나다 역시 2017년부터 3년 기한으로 토론토 인근에서 4,000명을 대상으로 기본 소득 정책을 시험했으나, 핀란드와 비슷한 이유로 2018년 8월 정책 시험 중단을 선언했다.[95]

핀란드와 캐나다 정부의 시도가 일단은 실패한 것처럼 보이지만, 사실 중요한 것은 이 파일럿 시험의 성공 여부가 아니다. 지금보다 훨씬 더 빠른 속도로 일자리는 사라질 것이고, 설령 사라진 일자리를 대체할 새로운 일자리가 생긴다 하더라도 그렇게 되기까지 시간이 얼마나 걸릴지 가늠할 수 없다면, 정부는 상상하지 못할 수준의 높은 실업률에 맞닥뜨리게 될 것이다. 이에 대한 해법을 찾지 못한다면 인공지능은 소수를 제외한 국민들 모두에게 악몽이 될 가능성이 크다. 새롭게 생겨나는 일자리의 개수가 충분하지 못하고(즉, 사라진 일자리가 훨씬 더 많고) 일자리의 보수가 높지 않다면, 생산성 높은 인공지능 비즈니스 서비스를 돈 주고 사용할 소비자가 없는 상황이 발생할 수도 있다. 그런 까닭에 사회복지 정책이 미국에 비해 잘 정비되어 있다는 핀란드와 캐나다의 기본 소득 시험 실패를 우려 섞인 시선에서 보게 된다. 한국 정부도 이 부분에 대해 뾰족한 해법을 제시하지 못하고 있지만, 최소한 정부 차원에서 고민하고 사회적인 논의를 시작해야 할 것이다.

프라이버시와 데이터 편견의 문제

현재의 인공지능은 방대한 양의 데이터를 필요로 한다. 데이터의 양이 많으면 많을수록 보다 나은 결과 혹은 보다 정확한 답을 낼 수 있기 때문에 데이터가 아주 중요하다. 여기에 인공지능 비즈니스의 약점이 있다. 데이터가 선한 의도로 사용된다고 하더라도 개인의 프라이버시를 침해할 수 있기 때문이다. 개인의 데이터는 언제든 해킹의 위험에 노출되어 있다. 가정에서 흔히 사용하는 인공지능 스피커의 경우 사생활이 그대로 녹음되어 저장되기도 한다. 독일에서는 아마존의 인공지능 스피커가 어느 고객으로부터 수집한 보이스 레코딩 데이터 1,700여 개를 엉뚱한 사람에게 보내는 사고가 발생했다. 나의 개인적인 음성 메시지가 악의를 가진 누군가에게, 이를테면 해커의 손에 들어가기라도 한다면 그 결과는 끔찍할 것이다.

현재의 인공지능은 방대한 양의 데이터를 학습해 최적의 결과물을 찾아가는 기술이므로, 이를 뒷받침하는 데이터의 질이 무엇보다 중요하다. 그러나 종종 데이터에는 편견이 개입한다. 현재 애플에서 인공지능 개발을 이끌고 있는 존 지안안드레아John Giannandrea는 2017년 한 인터뷰에서 인공지능의 편견이 가장 심각한 위협이 될 수 있음을 강조했다.[96]
따라서 인공지능 시스템을 보다 투명하게, 설명 가능하며 왜 그런 결과가 나왔는지 조사할 수 있도록 디자인해야 한다는 주장에 힘이 실리고 있다. 이를 통칭하여 인공지능의 윤리성 문제로 거론하곤 한다. 일반적으로 인공지능의 윤리성을 거론할 때 많은 이들이 인공지능 로봇이 사람을 죽이는 공상과학적인 사건을 떠올리지만, 실상 인공지능의 윤리성이란 앞서 언급한 '데이터'를 둘러싼 무결성integrity, 그리고 알고리즘 개발 과정에서의 투명성transparency을 중요한 가치로 삼는 것이다. 이 두 가지 가치가 무시된 인공지능 개발은 대다수에게 큰 위협이 될 수 있다. 하지만 일각에서 주장하는 대로, 이러한 가치는 필연적으로 기술 개발의 효율성과 대치될 수밖에 없다. 따라서 그 둘 사이에서 균형을 잡을 수 있도록 정책을 세우는 것이 무엇보다 중요하다. 2018년 12월 유럽 연합의 인공지능 고등 전문가 그룹High Level Expert Group on Artificial Intelligence, AI HLEG에서 신뢰할 수 있는 인공지능 시스템을 개발하기 위한 인공지능 윤리 가이드라인을 발표했다.[97] 최종본은 2019년 3월에 발표될 예정인데, 최종 가이드라인에 어떤 내용이 담기게 될지 눈여겨봐야 할 것이다.

앞서 언급했듯이 인공지능은 양질의 데이터, 즉 편견 없이 생성된 정확한 데이터를 얼마나 많이 확보하고 활용할 수 있는가가 관건이다. 인공지능과 관련된 중국의 약점과 중국 정부의 고민이 바로 여기에 있다. OKIOpen Knowledge International가 2015년 맥킨지와 함께 조사한 바에 따르면, 데이터의 개방성 순위Global ranking for data openness에서 미국이 전체 8위에 랭크된 데 반해, 중국은 93위에 머물렀다. 정부의 공공 데이터가 민간 부문의 혁신과 비즈니스의 혁신을 촉진한다는 점에서 중국 정부의 데이터 폐쇄성은 중국의 인공지능 비즈니스 성장에 걸림돌이 될 가능성이 크다. 또한 인공지능 기술과 관련한 중국의 폐쇄성으로 인해 국제적인 공동연구가 제한적이라는 점 역시 눈여겨볼 대목이다.[98]

현재까지 인공지능 기술을 선두에서 이끌어온 미국의 연구개발 정책과, 중국의 인공지능 정책에는 차이가 있다. 큰 틀에서는 양측 정책 모두 원천기술을 개발하고, 이를 이용한 혁신 기업들의 비즈니스 확대를 장려하고 창업을 촉진함으로써 인공지능 인재를 확보함과 동시에 인공지능이 초래할 기술 실업과 빈부 격차, 개인의 프라이버시 침해와 같은 부작용을 방지하는 것을 기조로 한다. 하지만 악마는 디테일에 있다The devil is in the detail.는 말처럼 그 큰 틀에 도달하는 방법은 각기 다를 것이다. 어느 정책이 절대적으로 옳고 그르다 말하기는 어렵다. 한 곳에서 성공한 모델이 다른 장소에서는 실패할 수도 있고, 반대로 미국에서 실패한 모델이 다른 국가에서는 성공적인 결과를 거둘 수도 있는 일이다.

인공지능이라는 기술의 미래만큼이나 정부가 수립해야 할 정책 역시 모호하고 정답이라 할 것이 없다. 그러나 인공지능의 발전으로 인한 사회 변화는 이미 시작되었으며, 인구 노령화 및 글로벌화 흐름과 더불어 그 변화 속도가 점점 더 빨라질 것임이 분명하다. 따라서 정부와 국회가 국가적 차원에서 인공지능 기술에 대한 이해도를 높이는 것은 물론, 이에 대한 사회적 합의를 이끌어낼 방법을 마련하기 위해 지금부터 준비해나가야 할 것이다.

AI

BUSINESS

TREND

12

인공지능 비즈니스와 리더십
_2019년 MIT가 인공지능 단과대학을 개설하는 이유

새롭게 도래할 인공지능 시대를 대비하기 위한
대학들의 노력도 주목할 만한데, 2019년 하반기 MIT의
인공지능 단과대학 개설이 바로 그 신호탄이다.

2030년 약 1,700조 원 규모에 달할 것으로 예상되는 인공지능 시장에 대해 개별 기업들뿐만 아니라 국가 단위의 경쟁 역시 치열해지고 있다.[99] 이번 장에서는 인공지능 비즈니스를 이끌어가는 나라들과 기업들의 사례를 살펴보고, 향후 인공지능 비즈니스에서 예상되는 리더십의 변화 및 국내 기업들의 대처 방안에 대해 알아보자.

인공지능 분야의 생태계

2018년 5월 골드만삭스의 통계조사 결과를 바탕으로 한 〈파이낸셜 타임스Financial Times〉의 기사에 따르면, 1) 인공지능 투자 액수, 2) 인공지능 관련 기업 개수, 3) 인공지능 관련 특허 개수를 기준으로 평가했을 때, 미국과 중국, 영국이 인공지능 비즈니스에서 리더 자리를 차지하고 있는 것으로 나타났다. 다음 페이지의 도표를 보면, 미국이 투자 액수 측면에서나, 기업 개수 측면에서 2, 3위인 중국과 영국을 크게 앞서고 있는 것을 확인할 수 있다. 캐나다는 인공지능 분야의 3대 거장이라 할 수 있는 제프리 힌튼 토론토대학 교수, (토론토대학에서 힌튼의 박사과정 제자였던) 얀 르쿤 뉴욕대학 교수, 요슈아 벤지오Yoshua Bengio 몬트리올 대학교수를 배출했다. 이렇듯 캐나다는 학술 부문에서는 크게 두각을 나타내고 있지만, 비즈니스에서는 많이 뒤처져 있다.

현재는 미국이 인공지능 비즈니스 경쟁에서 크게 앞서가고 있지만, 앞으로 5년 후 상황이 어떻게 전개될지는 예측하기 힘든 것이 사실이다. 기술 발전의 속도가 너무 빠르고 인공지능이 적용될 수 있는 비즈니스 분야가 다양하기 때문이다. 또한 '인공지능 굴기'를 선언하며 정부와 민간이 협력하여 2030년까지 인공지능 비즈니스의 선두에 서겠다는 중국이 무서운 속도로 미국을 따라잡고 있다는 점도 고려해야 할 사항이다.

미국 다음으로 가장 큰 인공지능 생태계를 보유한 중국

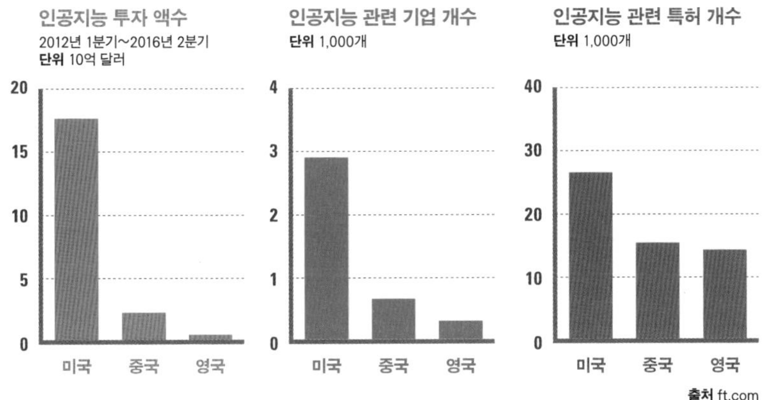

인공지능 비즈니스에 있어 가장 중요한 것은 빠르게 변하는 인공지능 기술을 갖춘 인재의 유입이다. 또한 인공지능 비즈니스는 특정 분야에 국한되지 않고 광범위하게 망라되어 있기 때문에 스타트업들에게 유리한 점이 있다. 단, 기업을 대상으로 하는 인공지능 서비스 시장은 구글, 아마존, 마이크로소프트 등이 앞으로도 지배력을 공고히 할 것으로 보인다.[100]

격렬해지는 인공지능 인재 확보 전쟁

미국과 중국의 테크 대기업들은 인공지능 분야의 '구루Guru'라 불리는 세계적인 석학들을 영입하는 데 각별한 노력을 기울이고 있다. 구글은 2013년에 제프리 힌튼 토론토대학 교수가 설립한 인공지능 스타트업인 DNN 리서치를 인수하고 힌튼 교수를 인공지능 연구 총괄로 영입했다. 미국 스탠퍼드대학의 페이페이 리Fei-Fei Li 교수도 2016년 구글의 수석 과학자로 영입되어 2년간 일한 후, 최근 스탠퍼드대학으로 돌아갔다. 이에 맞서 페이스북은 얀 르쿤 뉴욕대학 컴퓨터공학과 교수를 영입하여 페이스북의 인공지능 연구소 설립을 맡겼다.

중국의 바이두 역시 2014년에 스탠퍼드대학의 앤드루 응 교수를 최고기술경영자로 영입하여 자사의 인공지능 관련 기술을 한 단계 도약시켰다. 앤드루 응 교수는 얼마 전 바이두를 떠나 랜딩 AILanding AI라는 인공지능 소프트웨어 회사를 설립하여 독자적인 길을 모색하는 중이다. 삼성전자 역시 자사의 인공지능 연구 역량 강화와 인공지능 비즈니스 시장 선점을 위해 미국 프린스턴대학의 세바스찬 승 교수를 최고 연구 과학자로 영입하기도 했다.

대기업들이 엄청난 연봉을 주고 인공지능 분야의 '대가'들을 영입하여 자사의 인공지능 비즈니스 유닛의 설립부터 인재 채용까지 맡기는 것은 그만큼 인공지능 분야를 제대로 이해하고, 장기적인 비즈니스를 설계할 수 있는 인재들이 턱없이 부족하다는 방증이다. 또한 뛰어난 인공지능 인재를 확보하는 데 있어 해당 분야의 '구루'로 불리는 유명 대학 교수의 네트워크를 활용할 수 있다는 점도 파격적인 영입의 근거가 된다.

그런데 안타깝게도 인공지능 관련 기술을 가진 인재는 점점 더 찾기 어려워지고 있다(반대로 생각한다면, 인공지능을 공부하는 것이 큰 기회가 될 수 있다). 미국의 구인사이트인 인디드Indeed에서 제공한 자료를 보면, 인공지능 관련 전문 인력을 구하는 광고 포스팅은 2016년 이후 가파르게 상승하는 반면, 실제 구직자의 수는 제자리걸음을 하는 것을 볼 수 있다. 이는 미국 내에 인공지능 관련 일자리에 비해 인공지능 전문 인력 및 인

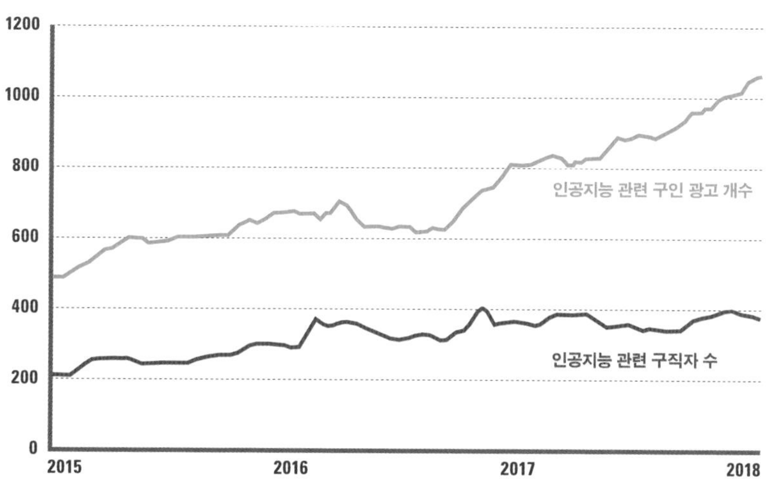

인공지능 관련 일자리 구인 광고 개수(청색)와 인공지능 관련 일자리를 구하는 구직자의 수(보라색). 인공지능 인력이 상대적으로 부족함을 보여준다

출처 IEEE Spectrum

재가 턱없이 부족함을 보여주는 방증이며, 이러한 현상은 당분간 지속될 것으로 보인다. 중국의 인공지능 관련 선도 기업 중 하나인 텐센트가 2017년 12월에 발행한 보고서에서는 현재 전 세계적으로 30만 명의 인공지능 엔지니어가 있는데, 앞으로 최소한 수백만 명의 인공지능 엔지니어가 더 필요할 것으로 내다보았다. 그리고 30만 명의 인공지능 엔지니어 중 약 1만 명 정도만이 새로운 인공지능 프로젝트를 이끌어갈 리더로서의 역할을 할 수 있다고 보고서는 전한다.

2018년 10월 MIT는 10억 달러(약 1조 1,000억 원)의 예산을 들여 인공지능 단과대학을 개설할 것이라고 발표했다.[101] 새로 개설되는 인공지능 단과대학의 이름은 3억 5,000만 달러(약 4,000억 원)를 기부한 글로벌 사모펀드 블랙스톤 그룹의 스티븐 슈워츠먼 회장의 이름을 따서 'MIT 스티븐 슈워츠먼 컴퓨터대학MIT Stephen A. Schwarzman College of Computing'이라고 지었다. MIT는 인공지능 단과대학 과정이 2019년 9월 학기부터 개설될 예정이며, 이를 위해 50여 명의 인공지능 관련 교수진을 채용하기로 했고, 그중 절반인 25명은 MIT의 다른 학과 교수들로 구성함으로써 학제 간 인공지능 연구를 촉진하고자 한다고 밝혔다.

라파엘 리프Rafael Reif MIT 총장은 〈뉴욕타임스〉와의 인터뷰에서 이 새롭고 실험적인 단과대학 설립의 목적이 '미래의 이중언어 사용자를 교육하는 것educate the bilinguals of the future'이라고 밝혔다.[102] 여기서 '이중언어 사용자'란 컴퓨터 기술을 잘 이해하고 다른 분야에 응용할 능력이 있는 생물학·화학·정치학·역사학 전공자와 같은 비 컴퓨터 분야의 인재를 의미한다고 리프 총장은 밝혔다. 또한 그는 미래를 준비하기 위해서는 현재 대학의 구조를 바꿀 필요가 있다고 주장했다. 한편 MIT 인공지능 단과대학 설립에 3억 5,000만 달러를 기부한 슈워츠먼 회장은 과거 미국 정부가 지원했던 월드와이드웹 관련 연구들이 훗날 PC·인터넷·IT 비즈니스에서 미국이 리더십을 발휘하는 것으로 결실을 맺었음을 예로 들며, MIT의 새로운 시도가 미국 정부의 인공지능에 대한 투자의 시발점이 되길 바란다고 밝혔다.

한국 정부 역시 인공지능 관련 인재가 부족함을 인식하고 관련 정책을 수립해나가고 있다. 소프트웨어 정책 연구소는 2022년까지 데이터 과학 분야에 3,000여 명, 가상/증강 현실을 포함한 인공지능 분야에 3만여 명의 인력이 필요하다는 전망을 발표했다.[103] 이에 대한 대책으로 과학기술정보통신부는 2018년 12월 26일, 인공지능 관련 인재 양성 계획을 골자로 하는 '4차 산업혁명 선도 인재 집중양성 계획(2019-2023)'을 발표했다. 이 계획은 MIT의 방식과 비슷하게 대학 내에 인공지능 전문 대학원 설립을 지원하여 860여 명의 인재를, 산업 맞춤형 부트캠프 등의 프로그램을 통해 실무에 투입이 가능한 7,000여 명의 인재를 양성하는 것을 목표로 한다.

구체적인 정책 내용들이 아직 발표되진 않았지만, 이 계획대로 시행된다 하더라도 한국에서 육성된 인공지능 관련 인재들이 일할 수 있는 적절한 비즈니스 여건이 갖춰지지 않을 경우, 중국이나 미국으로 인재가 유출되는 뜻밖의 부작용이 생길 수도 있다. 따라서 인재 육성 못지않게 한국이 중국-미국의 양강 경쟁구도 틈새에서 경쟁력을 갖추고 리더십을 발휘할 수 있는 분야를 찾고, 인공지능 비즈니스가 태동하고 성장할 수 있는 여건을 조성하는 데에도 신경을 써야 할 것이다.

정부의 4차 산업혁명 선도 인재 집중양성 계획('19~'23)

비전	4차 산업혁명을 선도할 수 있는 인재 강국
추진 목표	역동적 인재 양성 시스템 구축 4차 산업혁명 핵심 분야 선도 인재 1만 명 양성(2019~2023년)
추진 전략	혁신적 인재 양성 기관 설립 시장 수요에 맞는 수준별 맞춤형 인재 양성 민관 협력 체계 확대 및 해외 네트워크 강화
세부과제 2023	이노베이션 아카데미 2,500명 글로벌 핵심인재 양성 2,250명 AI 대학원 지원 860명 혁신성장 청년인재 집중양성 7,000명

출처 과학기술정보통신부

인공지능 스타트업 동향: 미국의 강세와 중국의 성장세

인공지능 스타트업 투자 금액은 전 세계적으로 증가하고 있는 추세로, 2018년에는 2017년 금액을 크게 넘어설 것으로 예상된다. 인공지능 비즈니스 패권을 놓고 미-중 정부와 대기업들이 전쟁을 하고 있는 것과 마찬가지로, 스타트업 업계에서도 이들의 싸움은 현재진행형이다.

2011년부터 2018년 상반기까지, 주요 국가별 인공지능 스타트업 투자 금액

단위 미화 10억 달러(US Dollar/ Balloon). (미화 10억 달러는 약 1조 1,000억 원)

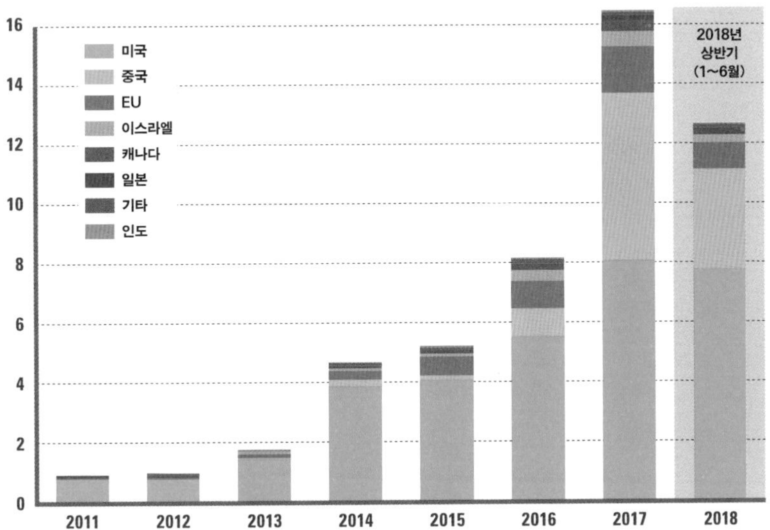

출처 OECD estimates, based on Crunchbase (July 2018), www.crunchbase.com

앞 페이지의 도표는 2011년부터 2018년 6월까지 국가별 인공지능 스타트업에 대한 투자금을 정리한 것이다. 2018년 상반기까지는 미국이 전 세계 인공지능 스타트업 투자금의 50% 이상을 차지하며 그 리더로서의 지위를 공고히 유지하고 있다. 다음 페이지의 도표에서도 알 수 있듯이 아직은 인공지능 관련 유망 스타트업의 숫자나 굵직한 인수합병 건에서 미국의 스타트업들과 대기업이 중국을 압도하고 있는 것은 분명하다.[104]

벤처 캐피털리스트이자 전 구글 차이나의 대표인 카이푸 리Kai-Fu Lee는 자신의 저서《인공지능 슈퍼파워AI Superpowers》에서 중국과 미국 실리콘밸리 인공지능 회사들 간의 차이점에 대해 설명했다.[105] 그는 미국 회사들은 '순수한 혁신pure innovation'을 창조하는 데 목표를 두는 반면, 중국 회사들은 철저하게 수익을 창출하기 위한 접근방식을 취하고 있으며 이를 위해 어떠한 일도 할 수 있다고 이야기한다. 또한 철저한 시장주의를 선택한 중국 회사들의 방식이 빠르게 움직이는 인공지능 분야의 스타트업에게는 더 적절한 방식이라고 주장한다.

카이푸 리의 예상이 맞을지 틀릴지는 시간이 더 지나봐야 알 수 있겠지만, 2018년 중국의 인공지능 관련 스타트업 성장세는 주목할 만하다. 특히 2017년에 글로벌 인공지능 스타트업에 투자하는 중국 펀드가 미국의 펀드 규모를 넘어섰다는 CB 인사이트의 통계는 그의 주장에 힘을 실어주고 있다.

2017년 기준 미국의 인공지능 스타트업 생태계가 중국보다 수적·질적인 면에서 다양하며, 2011년 1월부터 2017년 2월까지 미국에서 진행된 인공지능 관련 주요 인수합병은 총 55건으로 중국의 10건에 비해 월등히 많음을 보여준다

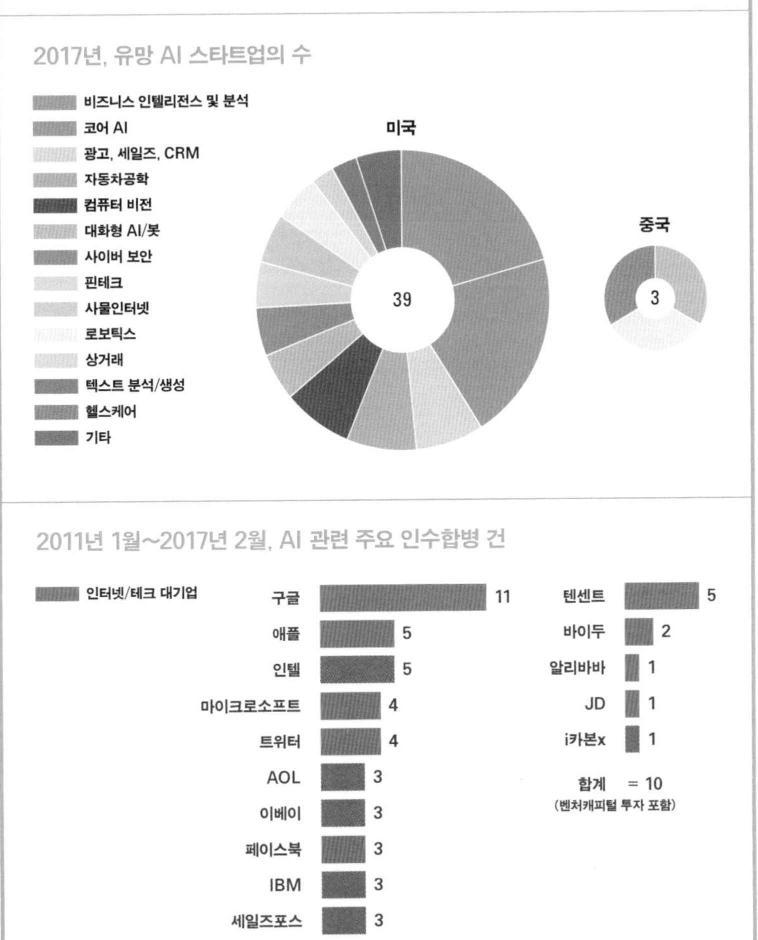

출처 맥킨지 글로벌 인스티튜트

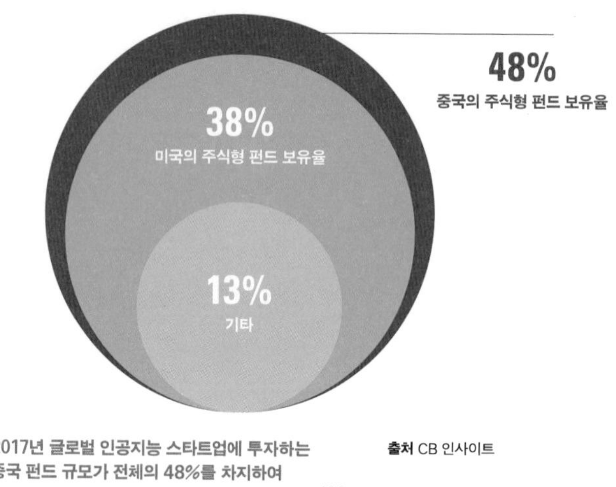

2017년 글로벌 인공지능 스타트업에 투자하는 중국 펀드 규모가 전체의 48%를 차지하여 38%에 그친 미국의 투자 펀드 규모를 넘어섰다106

출처 CB 인사이트

거대한 인공지능 비즈니스 시장을 놓고 미국, 중국을 필두로 세계 각국의 정부와 기업들이 치열한 경쟁을 벌이고 있다. 테크 대기업들은 인공지능 분야의 대가들을 자사의 연구 책임자로 영입하여 기술 수준을 한 단계 도약시키고 인공지능 비즈니스 개발에 힘을 쏟는 한편, 인공지능 관련 인재 확보를 위해 그들의 네트워크를 이용하거나 인공지능 스타트업을 인수하는 등 사용 가능한 모든 방법을 강구하고 있다. 스타트업들은 대기업들로부터 인재를 확보하고 지키기 위해 미국이나 중국이 아닌 제3국으로 진출하기도 하며 생존을 모색한다. 새롭게 도래할 인공지능 시대를 대비하기 위한 대학들의 노력도 주목할 만한데, MIT의 인공지능 단과대학 개설이 바로 그 신호탄이다.

아직도 인공지능 비즈니스가 무엇인지 그 실체는 모호하다. 다만 인공지능의 잠재력이 가공할 만하다는 것만은 확실하다. 그런 만큼 현재에 안주하지 않고 미래의 인공지능 비즈니스 경쟁에서 선두에 서기 위한 노력들은 앞으로도 끊이지 않고 계속될 것이다.

PART 01. 인공지능, 비즈니스의 미래를 꿈꾸다

1 https://www.youtube.com/watch?v=0rAyrmm7vv0

2 https://www.darpa.mil/about-us/timeline/personalized-assistant-that-learns

3 https://www.sfgate.com/bayarea/article/Charles-Rosen-expert-on-robots-co-founder-of-2710439.php

4 https://www.nsf.gov/statistics/2018/nsb20181/assets/nsb20181.pdf

5 https://qz.com/1170185/the-master-algorithm-and-augmented-the-two-books-helping-chinas-xi-jinping-understand-ai/

6 https://qz.com/698334/bill-gates-says-these-are-the-two-books-we-should-all-read-to-understand-ai/

7 Domingos, Pedro. 《The Master Algorithm: How The Quest For The Ultimate Learning Machine Will Remake Our World》

8 https://www.ibmbigdatahub.com/infographic/big-data-healthcare-tapping-new-insight-save-lives

9 https://www.disneyresearch.com/publication/deep-learning-denoising/

10 https://www.stats.com/artificial-intelligence/

PART 02. 인공지능 기반의 최신 비즈니스 전략

11 https://albert.ai/

12 https://albert.ai/artificial-intelligence-marketing

13 www.appier.com

14 https://www.youtube.com/watch?v=nr4XT8mvcvw&list=UUcHcKWPHdwQ6f2wVswvg9fw
15 https://www.tiktok.com
16 https://www.h2o.ai/products/h2o-driverless-ai
17 www.arterys.com/solutions
18 bluerivert.com
19 www.bluerivertechnology.com
20 www.kespry.com
21 https://youtu.be/qYIzqpynF40
22 https://orbitalinsight.com
23 https://descarteslabs.com
24 twoxar.com
25 www.forbes.com/sites/valleyvoices/2018/12/06/which-ai-business-model-is-right-for-you/#2ee3d0126af7
26 eMarketer.com
27 https://www.smartinsights.com/managing-digital-marketing/marketing-innovation/15-applications-artificial-intelligence-marketing/
28 https://www.youtube.com/watch?v=n5lj63-nc5g
29 https://www.youtube.com/watch?v=A3uwJNvQT8A
30 http://strategyonline.ca/2018/02/22/tech-in-action-natwest-hires-a-robot-teller/
31 https://arstechnica.com/gadgets/2016/03/dominos-pizza-delivery-robot/
32 https://www.youtube.com/watch?v=rb0nxQyv7RU
33 https://www.idc.com/getdoc.jsp?containerId=prUS44291818
34 The Race For AI: Google, Intel, Apple In A Rush To Grab Artificial Intelligence Startups, CB Insights, 2018/2/27
35 https://techcrunch.com/2013/06/12/how-googles-acquisition-of-dnnresearch-allowed-it-to-build-its-impressive-google-photo-search-in-6-months/
36 https://venturebeat.com/2018/03/10/google-and-apple-are-in-a-tight-race-to-acquire-the-most-promising-ai-startups/
37 https://www.nbcnews.com/tech/tech-news/siri-meet-nouvaris-apple-confirms-purchase-speech-recognition-firm-n71301
38 https://www.businessinsider.com/how-apples-vocaliq-ai-works-2016-5
39 https://www.crunchbase.com/acquisition/apple-acquires-catch-com--3acfdbe6
40 https://techcrunch.com/2017/10/04/apple-acqui-hired-the-team-from-messaging-

assistant-init-ai-to-work-on-siri/

41 https://techcrunch.com/2010/09/20/apple-buys-polar-rose-for-a-rumoured-22-million/

42 https://techcrunch.com/2015/10/05/apple-perceptio/

43 https://techcrunch.com/2017/05/13/apple-acquires-ai-company-lattice-data-a-specialist-in-unstructured-dark-data/

44 https://www.forbes.com/sites/quora/2017/02/22/why-did-apple-acquire-facial-recognition-company-realface/

45 https://www.forbes.com/sites/gregpetro/2017/08/02/amazons-acquisition-of-whole-foods-is-about-two-things-data-and-product/#59c441afa808

46 https://mashable.com/2009/07/22/amazon-bought-zappos/#ryJr5QoB9Squ

47 https://en.wikipedia.org/wiki/SimSimi

48 https://voicebot.ai/2018/11/23/amazon-now-has-more-than-50000-alexa-skills-in-the-u-s-and-it-has-tripled-the-rate-of-new-skills-added-per-day/

49 https://techcrunch.com/2016/09/19/thalmic-labs-teases-new-products-with-120m-raise-from-amazon-alexa-fund-and-more/

50 https://www.geekwire.com/2016/definedcrowd-lands-1-1m-amazons-alexa-fund-others-build-machine-learning-platform-ai-speech-apps/

51 https://www.cbinsights.com/research/report/amazon-strategy-teardown/

52 https://www.geekwire.com/2018/amazons-acquisition-ring-means-smart-home-market/

53 http://fortune.com/2016/12/05/uber-artificial-intelligence-acquisition/

54 https://www.theverge.com/transportation/2015/5/19/8622831/uber-self-driving-cars-carnegie-mellon-poached

55 www.cbinsights.com/research/briefing/artificial-intelligence-trends-2018

56 www.washingtonpost.com/news/world/wp/2018/01/07/feature/in-china-facial-recognition-is-sharp-end-of-a-drive-for-total-surveillance/?noredirect=on&utm_term=.1ff662cce697

PART 03. 인공지능 혁신의 3가지 열쇠, 특허·연구·협력

57 https://ai.google/research/philosophy

58 https://www.newyorker.com/magazine/2018/12/10/the-friendship-that-made-google-huge

59 http://www.cs.toronto.edu/~hinton/

60 https://media.utoronto.ca/media-releases/u-of-t-neural-networks-start-up-acquired-by-google/

61 http://www.image-net.org/challenges/LSVRC/2012/results.html

62 https://ai.googleblog.com/2013/06/improving-photo-search-step-across.html

63 https://ai.google/principles

64 https://www.blog.google/technology/ai/ai-principles/

65 https://ai.google/education/responsible-ai-practices

66 https://ieeexplore.ieee.org/document/5389202?arnumber=5389202

67 https://www.research.ibm.com/artificial-intelligence/project-debater/research.html

68 https://www.ibm.com/blogs/research/2018/12/ai-year-review/

69 https://ai100.stanford.edu

70 https://ai100.stanford.edu/sites/g/files/sbiybj9861/f/ai_100_report_0831fnl.pdf

71 https://www.partnershiponai.org

72 http://www3.weforum.org/docs/GRR17_Report_web.pdf

73 https://mitibmwatsonailab.mit.edu

74 http://news.mit.edu/2017/ibm-mit-joint-research-watson-artificial-intelligence-lab-0907

75 https://code.fb.com/ai-research/facebook-and-nyu-school-of-medicine-launch-research-collaboration-to-improve-mri/

76 https://developer.amazon.com/alexa-fund/alexa-fellowship

77 https://www.youtube.com/watch?v=vQXAsdMa_8A

78 https://deepmind.com/blog/deepmind-office-canada-edmonton/

79 https://www.ucl.ac.uk/news/2018/sep/new-deepmind-professorship-ucl-push-frontiers-ai

80 https://www.utoronto.ca/news/toronto-s-vector-institute-officially-launched

81 https://www.utoronto.ca/news/vector-institute-points-toronto-global-hot-spot-ai-research

82 https://www.utoronto.ca/news/uber-seeks-top-toronto-talent-200-million-investment

83 https://www.youtube.com/watch?v=cQ54GDm1eL0&t=5s

84 *AI Policy 101: An Introduction to the Key Aspects of AI Policy,* https://medium.com/politics-ai/ai-policy-101-what-you-need-to-know-about-ai-policy-163a2bd68d65

85 *Rise of the Machines, Artificial Intelligence and its Growing Impact on U.S. Policy,* Subcommittee on Information Technology, Committee on Oversight and Government Reform, U.S. House of Representative (2018)

86 NATIONAL SCIENCE FOUNDATION, NATIONAL SCIENCE BOARD STATEMENT ON GLOBAL RESEARCH AND DEVELOPMENT (R&D) INVESTMENTS NSB-2018-9 (Feb. 7, 2018), online at www.nsf.gov/nsb/news/news_summ.jsp?cntn_id=244465 (last accessed September 17, 2018).

87 Beijing is getting a $2.1 Billion AI District, *MIT Technology Review,* Jan, 4, 2018

88 US will rewrite safety rules to permit fully driverless cars on public roads, Oct 4, 2018, https://www.theverge.com/2018/10/4/17936576/self-driving-car-av-guidelines-3-nhtsa-elaine-chao

89 *Automated Driving Systems 2.0: A Vision for Safety,* US Department of Transportation https://www.nhtsa.gov/sites/nhtsa.dot.gov/files/documents/13069a-ads2.0_090617_v9a_tag.pdf

90 FDA sets goals for big data, clinical trials, artificial intelligence, Sep 4, 2018 https://healthitanalytics.com/news/fda-sets-goals-for-big-data-clinical-trials-artificial-intelligence

91 FDA permits marketing of artificial intelligence-based device to detect certain diabetes-related eye problems, https://www.fda.gov/NewsEvents/Newsroom/PressAnnouncements/ucm604357.htm

92 FDA names Flatiron Health executive Amy Abernethy deputy commissioner, https://www.forbes.com/sites/matthewherper/2018/12/17/fda-names-flatiron-health-executive-amy-abernethy-deputy-commissioner/#53ccee03a965

93 *Rise of the Machines, Artificial Intelligence and its Growing Impact on U.S. Policy,* Subcommittee on Information Technology, Committee on Oversight and Government Reform, U.S. House of Representative (2018)

94 McKinsey Global Institute, *Jobs Lost, Jobs Gained: Workforce Transitions In a Time of Automation* (Dec. 2017)

95 Ontario is axing its test of universal basic income, *MIT Technology Review*, Aug. 2,(2018), https://www.technologyreview.com/the-download/611797/ontario-is-axing-its-test-of-universal-basic-income/

96 Forget Killer Robots - Bias is the Real AI Danger, *MIT Technology Review*, (2017), https://www.technologyreview.com/s/608986/forget-killer-robotsbias-is-the-real-ai-danger/

97 Draft Ethics Guidelines for Trustworthy AI, Working document for stakeholders' consultation, Brussels, Dec. 2018

98 McKinsey Global Institute Analysis, *Artificial Intelligence: Implications for China*, page 7 (2018)

99 *Sizing the prize: What's the real value of AI for your business and how can you capitalise?*, https://www.pwc.com/gx/en/issues/analytics/assets/pwc-ai-analysis-sizing-the-prize-report.pdf

100 *The State of Artificial Intelligence 2018*, CB Insights, p. 26

101 MIT reshapes itself to shape the future, *MIT News*, Oct 15 (2018) http://news.mit.edu/2018/mit-reshapes-itself-stephen-schwarzman-college-of-computing-1015

102 MIT plans college for artificial intelligence, backed by $1 billion, *The New York Times*, https://www.nytimes.com/2018/10/15/technology/mit-college-artificial-intelligence.html

103 https://www.msit.go.kr/SYNAP/skin/doc.html?fn=3ba0fac2ed7fda60bf97c79968296a4b&rs=/SYNAP/sn3hcv/result/201812/

104 McKinsey Global Institute, *Artificial Intelligence Implications for China (2017)*

105 https://www.washingtonpost.com/outlook/in-the-race-for-supremacy-in-artificial-intelligence-its-us-innovation-vs-chinese-ambition/2018/11/02/013e0030-b08c-11e8-aed9-001309990777_story.html?utm_term=.126ae7512bf9

106 *The State of Artificial Intelligence, 2018,* CB Insights, p. 14